# 釋夢

作者 朱建軍

夢的解析，了解夢，認識你自己

# 目錄 Contents

寫在前面的話

# 懂夢的人最清醒

也許有的人覺得，夢是一種虛幻，夢境並不是真實的世界。不過，有些事情是很難說的。我們都覺得孩子不懂事，而成年人社會經驗豐富。可是有時候，恰恰是孩子會更容易感覺到一個人的品質是好是壞，而成年人卻常常被表面的掩飾所欺騙。孩子和成年人誰懂得更多呢？我們都認為古人是更無知的，隨著科學的發展我們對世界知道的比任何時代都多，但是誰知道呢？無知的古人懂得保護環境，他們不會亂砍濫伐森林，以免激怒山神帶來災禍，現代人認為那是一種迷信。而現代人亂砍濫伐，使得森林破壞之後，災禍的確降臨了。而即使災禍降臨之後，現代人還是沒有辦法制止別人亂砍濫伐。古人和現代人誰更聰明呢？

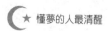

夢，可以說是虛幻的，因為夢中的事情在醒來後都是一場空。但是，爭名奪利的現代生活就不是虛幻的嗎？前半生用命換錢，後半生用錢換命，這樣的生活和夢相比，真的更理性嗎？在我們如夢初醒之後，會不會覺得這樣的人生也是一場空？

也許有的人覺得，夢和釋夢只是無關痛癢的小事情而已，只是消遣時的活動、閒談時的一個話題而已。但是心理學上卻有不同的見解——我這裡說的是深層心理學或心理動力學，也就是從眾所周知的精神分析學開始的那個心理學分支——夢是人們潛意識心理的表現，而潛意識心理對人的行為有著非常重大的影響。人們的許多行為選擇，表面上是人們清醒的意識狀態下的決定，但是如果我們有心理學訓練，就可以看出實際上完全是受潛意識所驅動的。因此，人們為什麼會這樣做，他自己未必知道，而心理學家卻可能知道。而對夢的解釋，就是心理學家了解一個人潛意識以及潛意識對其行為的驅動的最好辦法之一。

這本書會告訴你：夢，是人睡眠時潛意識中，原始認知的活動。醒時的邏輯思維和睡時的原始認知，是人類認識世界的兩種方式。在我們醒來的時候，我們站在邏輯思維的立場，就會感到夢很虛幻。而我們做夢時，站在原始認知的立場，我們就會感到夢非常真實。實際上，夢和清醒時的認知一樣，都能讓我們看到一些東西，都能讓我們對自己對世界有一些了解。因而，夢和思維都能影響我們的行為和我們的生活。事實上，夢並不比我們的思維更虛幻。夢中，我們其實用了另一種認知方式，對我們自己和世界進行了一些認識，看到了一些東西的真實——這就是夢的清醒一面，有時候它比所謂「醒著的人」更清醒。所以做夢的人和醒來的人，究竟誰更清醒呢？難說。

釋夢的有趣，就在於它構成了邏輯思維和原始認知之間的連接，它是一座橋樑，把這兩種不同的認知聯繫起來。

因此，釋夢可以超越單純的邏輯思維，以及單純的原始認知，是這兩者之間的一種交流，它能使我們看到的、懂得的，也許會更多。釋夢的人，比醒著的人和做夢的人可能都要更清醒，因為他對兩種認知兼聽，兼聽則明。

所以釋夢不僅僅可以成為心理學家了解人的工具，也可以成為人人都可能用的了解自己和自己所在世界的工具。哪怕你只懂一點，那也可以讓你更明白、更清醒一點。而這對人生，有意義。

懂夢的人，最清醒。

二〇一五年五月三十日

## 第一章

# 夢在表達什麼？

「我的房子是一個兩層的獨棟。前面有一片空地，種了一些蔬菜。我發現房子的部分房間住了別人，而不是我家裡的人。但是我也無意於去讓他離開什麼的。我關心的是我種的那些蔬菜和植物。遺憾的是那些苗不是都很茂盛，地好像不夠肥沃，水也不是很充足，因此只有少數的苗長得比較好，而其他的卻長得不夠好。有的苗上有蒺藜，它們掛在我的衣服上，並且刺痛了我。我只好小心地一點點把衣服上的蒺藜去掉，心想：我需要找到一種藥噴到這些蒺藜上，讓它們變成別的更好的植物。」

這是我在二〇一〇年做的一個夢。

一種現象很常見並不意味著人們就了解它。我們人人都做夢，而且常常做夢，可是人們對夢的理解仍然很少。彩虹，我們一年也許只能看見一兩次，可是我們對它的原理清清楚楚。而夢是怎麼回事，有多少人能說清楚呢？

雖然誰也不很清楚，但是人們對它卻一向很有興趣。夢是閒談的好題目。你講一個夢，我講一個夢，這麼一件簡單的事足可以消磨掉一個夏夜。

## 一、夢有意義嗎？

人們對夢的興趣一半是因為夢的新奇。人對新奇的事物總是有興趣的。報紙上登什麼連體嬰兒、五條腿的牛、人體自燃、野人怪獸，總是可以吸引讀者，儘管連體嬰兒只不過是種醜陋的畸形，而人體自燃也許根本不存在。報上的怪事終歸數量有限，情節簡單，遠不如夢人人都有，又千奇百怪。自然，人們會對夢有興趣了。

人們對夢感興趣的另一個原因，則是很多人或多或少相信：夢是有意義的，夢是傳遞訊息的密碼。

夢有意義嗎？有些人認為沒有。他們認為夢不過是這麼一回事：在睡眠時，大腦皮層總體上停止了活動，而少數地方還有微弱的活動，像熄滅的篝火中零零星星的火星。白天看到的形象毫無秩序地顯現在眼前，這就是夢。這就是建立在巴甫洛夫條件反射理論基礎上的看待夢的觀點。持這種觀點的人認為，總的來說，夢是沒有意義的。夢，就像是小孩子用一支筆在紙上信手塗鴉。但是，他們也不能不承認：當一個人在夢中感到饑餓時，他會夢見吃飯，感到渴時，他會夢到水。當一個人夢中聽到鈴聲時，他會夢到某種類似鈴聲的聲音。他們認為，這是人對內外界刺激的反應，如果說有意義的話，這類夢有一點點意義，它指出了我們正感受著一種刺激。提出這種觀點的，是俄國的生理學家巴甫洛夫。從二十世紀五〇年代到七〇年代，中國的科學界一直把他的理論奉為正統，他對於夢的觀點也被當成了唯一的科學解釋。

相信夢有意義的人還是比較多的，但是他們對夢的意義的看法卻形形色色。迷信、謬誤和真理混雜在一起，至今仍未完全澄清。這些觀點的共同之處，是認為夢的意義不是它的表面意義。在我的夢裡，我會飛，動物會說話，冰能變成寶石。這些顯然不可能在現實生活中發生。因此，相信夢有意義的人都同意，夢在荒謬的外表下有更深的意義。夢彷彿是密碼，傳遞著秘密的訊息。

## 二、夢的吉凶預兆

最古老的一種信念認為夢的意義是預兆。例如：景頗族認為夢見槍、長刀，是妻子生男孩的預兆；夢見鐵鍋，是妻子生女孩的預兆。漢族也同樣有這種觀念。殷商時期的甲骨文中，就有用夢卜吉凶的記載。歷代史書中，都有夢預言吉凶的記錄。例如《晉書》載，曹操曾夢見三匹馬在同一個槽裡吃食。曹操認為這預示著司馬懿、司馬師和司馬昭（三馬）父子將篡曹（槽）氏天下，還警告曹丕要留意。

傳說中這種例子多得不勝枚舉，如《左傳》中記載，宋景公死後，得和啟兩個人爭奪王位。得夢見啟頭向北躺在盧門外邊，而自己是一隻烏鴉在啟的身上，嘴放在南門上，尾在桐門上。於是得認為他的夢好，象徵著他將成功地繼承王位。後來他真的被立為宋的君王了。得為什麼認為這個夢好呢？因為中國古代有釋夢理論認為：「頭向北躺著，代表死；在門外，代表失去國家。」所以啟會失敗，而得面對南方（「南面為王」），而且控制著各個城門。自然得應該成功。

由於相信夢的預兆作用，中國古人會根據夢來決定自己的行動。據說唐朝開國皇帝李淵在剛剛要起兵反叛隋朝時曾做過一個夢，夢見自己掉到床下，被蛆吃。他認為這是表示自己要死的預兆，所以不敢起兵。而他手下的一個人解釋說：「落在床下，意思是『陛下』，被蛆吃，表示眾人要依附於你，這個夢表示你要當皇帝。」李淵聽了這話，放心地起了兵，後來他推翻了隋朝，自己當上了唐朝的皇帝。

西方文化中，也有與此相同的觀念。例如《聖經．舊約》中埃及法老夢見七隻健牛，隨後有七隻瘦牛出現並把健牛吃掉。約瑟夫告訴法老這預示著：「將有七個豐年，隨後有七個災荒年，它們把前七年的盈餘全部耗光了。」

這種古老的信念至今仍然存在。在我接觸的人中有不少人仍然相信夢能預示未來。雖然他們往往在理智上承認這是種迷信，但內心中卻隱隱覺得這種說法也有道理。

## 三、夢是另一種現實

稍後產生的一種信念認為夢的這種意義是另一種現實。也就是說，夢是人的靈魂離開身體後遇見的現實。據說，圭亞那印第安人認為：夢中的人是暫時離開肉體的靈魂，所以，人要為自己在夢裡做的事負責。如果在夢中打傷了別人，醒後他要去道歉；反之在夢中受人傷害，醒後也要去報復。如果夢見和別人的太太性交，就必須交付罰款。當地的土人如果告訴別人「我昨天夢見擁有了你的土地」，那麼對方就要拱手把土地讓給他。當然當地土人都為人樸實，不會說謊。如果我們不老實，對他們說個假夢，「你的土地都歸了我」，他們就慘了。

中國古代有這樣的故事：某道人見到一正在睡覺的和尚，從他的腦袋頂出來一條蛇。這蛇遇上唾液就吃，見尿就喝，出門過小溝，在花叢邊轉一圈後，又想過另一條小溝，因為有水沒過去。蛇回來時，道人把小刀插在地上。蛇見刀很害怕，另找路回到和尚頭中。和尚這時醒過來，說：「我夢見吃了好東西、喝了美酒，又過了一條小江，遇見一位美女，想過另一條江，水大沒過去。我回來遇上強盜，繞路才回來。」這個夢故事想說明的是靈魂可以用動物形態出遊而形成夢。

直到現在，這種觀念仍然存在。一九九〇年，在中國農村還發生過這樣的事：一個丈夫夢見妻子和某男人性交，於是他急忙跑到妻子所住的地方——一個看青（看守正在結實還未成熟的庄稼，以防偷盜或動物損壞）的棚屋，問誰來過。雖然妻子說沒有人來過，他還是不相信。他顯然是認為他做夢時自己的靈魂是真的看到了妻子和別人性交。後來，他竟然殺了那個夢裡出現的男人。

預兆觀和靈魂出遊觀並不相同。相信夢能預示未來的人有兩種解釋，一種是夢中鬼神或別人的靈魂可以告訴他未來，另一種則是認為自然界可以通過某種感應引起夢（即天人感應），因此，在發生大的災變或喜事前，人可以在夢中獲得預兆。而認為夢是「靈魂出遊」的神交觀，則不認為夢是「感應」，他們只同意鬼神可以和自己出遊的靈魂交流。

## 四、醒夢皆虛幻

古印度人關於夢的觀點是十分獨特的，他們認為夢可以成為我們所在的物質世界中的現實，而同時，我們所在的「現實世界」本質上不過是個虛幻的夢。換句話說，夢像現實一樣真實，而所謂真實的現實世界像夢一樣虛幻。古代中國人的夢觀與印度人有一個很大的不同，他們認為，夢是靈魂經歷的「真實事件」，和現實生活一樣是真實的。某和尚做夢時腦袋頂出來的蛇形的靈魂實際存在，並且確實吃過唾液，過了小溝，去了花叢。而印度人則認為夢和「現實」世界雖然本質上沒有什麼區別，但是卻都不是真實的，夢是虛幻，「現實」也同樣是虛幻，沒有什麼「真實事件」在發生。

印度經典裡有許多關於一個人在夢裡變成另一個人的故事，而且故事中他們醒來後，發現夢中的事都是實有其事的。《婆喜史多瑜伽》中，有一個這樣的特異的夢的故事。

有個國王在魔法師的催眠下睡著了。幾分鐘後，國王醒來了並迷惑地問道：「這是什麼地方？這是誰的宮殿？」他最終恢復感覺後，他告訴大家他的夢：夢中他騎馬去打獵，被野獸襲擊。後來一個低種姓的女子遇到他，給他食物。他和她結了婚，生了兩個兒子和兩個女兒。過了六年，他死於可怕的饑荒。然後他醒過來，發現自己在做夢。

但國王第二天真的去了夢中的地方，並發現了所有他夢見過的事物：他認識了曾是他的熟稔的獵手，找到了那個收留他的村莊。看到了這個與那個男子、女子，所有人們使用的東西，乾旱襲擊過的樹林，失去父母的獵手的孩子。他見到了曾是他岳母的老婦人。他問她：「這裡發生了什麼事？你是誰？」她給他講了個故事——正是他夢到的事情。

從這樣的夢的故事裡，印度人引出了他們特有的夢觀和世界觀。在印度人的觀念中，沒有什麼「現實的事件」，人在夢中、在日常生活中經歷的種種事件，對他的精神來說，是的確發生了。而且不同的人的精神意識或心靈中會出現同一個事件，彷彿大家同做一個夢，這種情況下大家就都認為這種事是發生過的真事而不是虛幻的夢。這種觀點顯然不是唯物主義的。

印度人的這種觀點，在中國不是主流，但莊子也曾說：「我曾夢見自己是蝴蝶，醒來後想，是莊周做夢成了蝴蝶，還是蝴蝶做夢成了莊周呢？」也許世界就是夢。而夢中的一個人的精神可以轉化或分解為幾個不同的精神。這些不同的精神既是同一的又是獨立的。這種觀點比中國古人認為人睡後有一個靈魂出竅形成夢或鬼神致夢顯然要奇特得多、神秘得多。

## 五、夢是身心活動的反映

另外兩類看法則不具有神秘感。其中一類認為夢是身體的狀態或病變的反映。中國古代醫生認為，如果夢見白物、刀槍，可能是肺有病變；夢見溺水則是腎有病變；夢見大火烤人則是心有病變……這種看法也同樣存在於現代，現代的說法是：當身體有輕微的不適，醒時人沒有注意到，夢中就會出現相應的內容。例如，心區微痛就會夢見被人用刀刺中心臟。

另一類觀念認為夢是思想和情緒、願望等引起的。因此，我們如果白天一直想著某一件事，就會夢見這件事，所謂「日有所思，夜有所夢」。我們如果盼望富有，也就會夢見成為富貴的人。如果想念某個朋友，就會夢見他。反過來我們如果恐懼、擔心什麼，也就會夢見可怕的事物。十九世紀末，奧地利偉大的心理學家佛洛伊德，用科學方法研究夢，發現了夢的本質規律，首次建立了關於夢的科學理論。他對夢的意義的理解也屬於這一類。他認為夢是一種願望的幻想性的滿足。夢的外顯的意義不同於內隱的意義，而內隱的意義就是某種願望。按他的理論，如果一個女子夢見打針，針很可能代表男性生殖器，而打針則表明她希望有機會性交。佛洛伊德等人的成就，使夢的研究最終進入了科學的殿堂。

## 第二章

# 慧眼讀夢

古往今來，有幾個人真的懂得自己的夢？即使在現在，科學對夢的了解，也遠遠比不上對阿米巴蟲、螞蟻和海星的了解多。可是，人們仍舊一代代活得還不錯。從這個角度看，破譯夢並不是件很必要的事。

的確，破譯夢不是生活必需的。人們必須懂得如何種糧食、如何蓋房屋、如何織布，不然人們就無法生存；而不懂得夢，人們仍舊可以生存得很好。

但是在另一方面看，科學家研究阿米巴蟲、螞蟻和海星，研究宇宙的起源和幾百萬光年以外的星球，研究質子和夸克，對生存又有多大的意義呢？比起螞蟻、天狼星和夸克來，夢和我們的聯繫大得多了，釋夢對生活的作用也是太大了。

釋夢是改進生活的一個很好的手段。雖然它不是唯一的手段，但卻是好的手段之一。沒有它我們能活得很好，有了它我們可以活得更好；就像沒有發明汽車時人也能旅行，但是一旦有了汽車，人就可能旅行得更多更遠也更輕鬆。

釋夢，能載著我們到心靈的深處旅行，並且帶回來無數的珍寶。

## 一、看破夢中鬼魅

釋夢，可以讓我們知道某個夢是什麼意思，也可以讓我們知道夢是怎麼一回事。除了釋夢的實用價值之外，讓我們知道夢是怎麼一回事也是它的一大價值。因為人類是最愛獲得知識的動物，我們連幾百萬光年外的星球是怎麼一回事都想知道，又怎麼會不渴望知道這每天晚上都能見到的夢是怎麼一回事呢？

當人們沒有發現關於夢的真理時，人們就不得不接受一些關於夢的迷信，好解除認識的饑餓。現在，有許多關於夢的迷信，這些迷信之所以難以消除，正是因為關於夢的真理還不為人們所知。現代人沒有人還會相信，太陽是由一個神用車拉著在天上跑過的，因為科學家已經清楚地知道太陽是什麼，而且把這些知識告訴了大家。但還是有人相信，夢是鬼神的顯現。這是因為科學家還沒有能夠使人們明白，夢究竟是怎麼回事。

因此，釋夢（**這裡指的是科學的釋夢**），不僅不會促進迷信的瀰漫，而且可以消除迷信。例如，一個孩子在夜裡看到一個可怕的白影子，以為那是鬼，聰明的父母不會讓他遠遠地躲開白影子，而會帶他去看清楚那白影子到底是什麼。同樣，釋夢就是讓我們看清楚夢是什麼，看清之後，迷信的謬誤也就不攻自破了。

這可以說是釋夢的第一個作用。

## 二、看出自己的精神

如果把我們心靈的領域比作一座園林的話，這也許應該說是一座夜間的園林：除了在一間房子裡亮著燈以外，樹林、池塘、草地和假山都處於黑暗之中。藉助淡淡的星光，我們可以隱隱約約看到房子以外的事物，但是那一切都是變形的，樹木像高大可怕的人，池塘閃著奇異的光澤，假山的洞穴更是神秘。亮著燈的房子是我們的意識，對意識中的思想我們很清楚。房子外黑暗的區域是我們的潛意識，是我們自己也不很了解的那部分心靈，是我們內心深處那些潛藏著的情感和意念。

許多人誤把亮著燈的房子當成他的全部心靈，他以為他完全了解自己。但是，有些時候，他也會被一種難以控制的情感左右，而他卻不知道這情感的由來。他會奇怪地說：「我今天是怎麼了，為什麼為這麼一件小事我會如此憤怒？」他不知道，雖然他否認房子外的事物的存在，但是樹林裡的風聲會傳到房子裡，草地裡的秋蟲會闖入房子裡，甚至毒蛇也會爬進房子裡，不論你是否承認潛意識的存在，潛意識中的東西都會對你產生影響。

而釋夢或許可以說是一個手電筒，它可以幫助你看清你內心中那看不清楚的一切，有時，甚至可以將它比作月光，可以照徹你的內心，使你在這一時刻真正完全了解了自己。

一次，一個十八歲的男孩對我講了這樣一個夢：「一隻小鳥被我踏在腳下，我想抓住它，想捆住它的腳。不料我一拉，竟然把它的頭和皮拉掉了，血肉模糊。我還記得我威脅它：『你跑就把你餵貓』。」

我馬上就猜出來了，「小鳥」指的是他的女友，但是出於慎重，我只說：「小鳥指某一個人，這個人在某方面像隻小鳥，你身邊有沒有一個使你想到小鳥的人？」

「有，」他說，「她是一個小鳥依人似的溫順的人。」

「這個人會飛走或跑走。」我說。

「對，」他說，「我很擔心她離開我。」

「於是你想捆住它的腳，但是你無意中傷害了它。」

「真的是這樣，我應該怎麼辦呢？」他問我。

其實，他的夢已經指出了小鳥想飛走的原因，他把「它」「踏在腳下」。經過釋夢，他可以明白這樣對待「小鳥」的後果是傷害了「小鳥」，而只要他不把「它」「踏在腳下」，「小鳥」就不會想「逃走」。

假如不釋夢，他就得不到這個啟示，就不能認識到他在戀愛中錯在了什麼地方。

有些時候，夢作為來自內心的獨白，可以幫助我們選擇人生的道路。

美國心理學家弗洛姆曾分析過這樣一個夢：「我坐在一輛停在高山腳下的汽車裡，該處有一條通到山頂的狹窄而特別陡峭的路。我猶豫是否該開上去，因為路看來很危險。但是一個站在汽車旁邊的人叫我開過去並不必畏懼。我決定遵從他的勸告。於是我開上去，但路越來越危險，已沒有辦法使汽車停止，當我接近頂峰時，引擎突然停止，剎車失靈，於是汽車向後滑回去，並墜向萬丈懸崖！我很惶恐地驚醒過來。」

做這個夢的人是一位作家。當時，他正面臨一個選擇，他可以得到一個賺很多錢的職位，但是他同時必須寫他所不相信的東西。夢中鼓勵他開上山路的那個人，是他的一位畫家朋友。他選擇一個賺錢很多的行業，做肖像畫家，現在雖很富有卻喪失了創造力。弗洛姆對這個夢的解釋是：開車上山象徵著像朋友一樣選擇錢多地位高的職業，但是，他內心中知道，這條道路是危險的。「在夢的意象裡毀滅的是他自己的肉體，這象徵了他的智慧與精神上的自我正處於被毀滅的危險中。」

夢使我們能洞察自己的內心，知道什麼是自己真正的需求。在我們面臨重大選擇時，我們的夢可以給我們啟示。

## 三、看透人間萬象

有兩種夢可以使我們洞悉別人的內心，一是我們自己的夢，二是別人講述的夢。因為這我們自己的深層自我（或者說潛意識）比起我們意識中的自我來說，要敏感細心得多，因為這個深層自我可以注意到別人的許許多多的細微的特徵和不引人注意的言行，並且根據經驗從這些小的地方去推斷這個人的品行。有時，我們初見一個人就莫名其妙地不喜歡他，我們自己說不出理由，甚至我們相信這個人是個很好的人，但是在心裡就是有點不舒服。其實，這就是深層自我做出了判斷，它根據一些細節判斷，這個人不好。這種判斷一般被稱為直覺。一般人不太願意相信直覺，因為直覺說不出理由，但是事實證明，直覺往往是對的。

在夢裡，我們的深層自我對一個人的判斷和評價會明確地用一個形象表現出來。如果我們會釋夢，我們就知道，我們內心中是怎麼看這一個人的。

在《夢的精神分析》一書中，弗洛姆舉過這樣的例子。

做夢者在做夢前，碰見過一位顯赫的要人，「這個要人素以智慧及仁慈為人所知」。做夢者拜訪他時，深深地為他的智慧及仁慈所感動。他逗留了約一小時後才離開，內心有種得以瞻仰一個偉大而仁慈的人之後的喜悅感覺。這天晚上他做了一個夢。

「我看到××先生（那位要人），他的臉和昨天所見的非常不同。我看見一個顯露殘酷及嚴厲的臉孔。他正哈哈大笑地告訴別人，他剛剛欺騙了一個可憐的寡婦，使她失去了最後幾分錢。」

對這個夢的分析表明，做夢者在夢中有更敏銳的洞察力，看穿了××的真面目，或者說看到了面具後面的臉。以後的觀察，證實了××的確是個無情殘忍的人。

弗洛姆舉出的第二個夢像是個預言性的夢。

有一次，A與B見面，以討論彼此在未來事業上的合作，A對B印象深刻而良好，因此決定把B當作自己事業上的夥伴。見面後的當晚，他做了這個夢：「我看見B坐在我們合用的辦公室裡。他正在查閱帳本，並篡改帳本上的一些數字，以便掩飾他擅用大量公款的事實。」

在A與B合作一年後，A發現B的確做了這種事，擅自侵吞公款，並塗改帳本。

A的夢，同樣反映了對他人的理解和洞察。別人講述他的夢，更是我們了解他的一個極順暢的途徑，它可以讓我們看到他不加掩飾地暴露出來的內心世界，因為人們雖然不願意對別人坦白內心，卻不在意給別人講一個自己的夢。

因此，作為心理諮詢和治療工作者，懂得釋夢是十分必要的。一個夢所講述的，也許比你幾次諮詢中所了解到的還要多。釋夢技術的使用可以使心理諮詢和治療專家節省諮詢時間，減少錯誤診斷。同時，為來訪者分析解釋夢的過程也可以成為一種心理諮詢和治療手段，可以起到讓來訪者提高自知力的作用。

心理諮詢和治療工作者使用釋夢技術，還有這樣的好處：釋夢可以激起來訪者的興趣，使他更好地合作。因為中國的民眾對夢有種傳統觀念，認為夢有預兆意義，所以他們對釋夢很有興趣。藉助這種興趣，可以讓他們講出夢來。

釋夢可以繞過某些阻抗。有些來訪者在談話中盡力避免話題深入。一旦話題接近內心癥結，他們就會把話題引開，或突然情緒激動使諮詢者無法繼續詢問，或乾脆拒絕回答問題。在這種時候，可以用釋夢去了解他的癥結，由於來訪者不了解夢的意義，他們可以較容易地說出自己的夢，從而暴露出他們不敢暴露的內心。一旦通過釋夢揭示了部分癥結，來訪者往往會不再掩蓋它。

釋夢還可以增加來訪者對心理諮詢工作者的信任。如果心理諮詢工作者能恰如其分地釋夢，來訪者就會對心理諮詢者的能力產生信任。由此看來，破譯夢是很有用的技術。那麼，我們何妨花上一點時間，認真地研究一下這種技術？

# 第三章

# 揭開夢的面紗

夢究竟是什麼呢？為什麼在我們睡眠時，我們腦海裡會出現這種奇怪的幻象？沒有夢我們不是也一樣可以生活嗎？為什麼要有夢？如果說夢是我們自己的創造，那麼為什麼我們自己反而不知道它的意義？如果說夢是鬼神的啟示，有什麼證據證明鬼神會這麼愛管閒事，每晚都進入人們的睡眠？每個人每晚都做夢嗎？夢是腦的哪一部分的活動？……關於夢，我們可以提出無數的問題。

自從夢被哲學家、科學家關注以來，這些問題一遍遍地被提出，又反覆地被解答。特別是自佛洛伊德把釋夢作為了解潛意識的利器以來，研究夢的科學家就更多了。有的問題現在我們有了較好的答案，但也有許多問題至今還沒有滿意的答案。在這一章裡，我將簡要介紹一些前人對夢的解釋，並闡明我自己的看法，本書後面所要講到的那些具體的釋夢方法和我對夢的根本看法是不可分割的。

## 一、夢與睡眠的實驗研究

一九五三年，美國芝加哥大學柯立特曼教授和他的研究生阿賽斯基正在用腦電波測量的方法研究睡眠。阿賽斯基負責觀察被試者——一些嬰兒——睡眠時的腦波圖。阿賽斯基也許是個很細心的人，再不然就是嬰兒可愛的面龐吸引了他。他在觀察腦波圖的同時，還看了嬰兒的臉，偶然間他發現，每當腦電波出現快波時，嬰兒的眼球就會快速運動，彷彿閉著的眼睛在看什麼東西。

這是怎麼回事？柯立特曼教授和阿賽斯基猜想這或許和夢有關。他們把一些成人被試者帶到實驗室裡，在他們頭上接上電極，然後讓他們睡覺。當腦波圖出現快波時，他們的眼球也開始了快速運動。柯立特曼和阿賽斯基急忙喚醒他們，問他們是否做夢，他們回答說：是的。

而當沒有快速眼動的時候，被叫醒的被試者大多數都說自己沒有做夢。

由此，人們發現，夢和腦波圖的快波和眼球快速運動是相聯繫的。

研究發現，一夜的睡眠過程是兩種睡眠的交替，在較短的快波睡眠後，是時間較長的慢波睡眠，然後又是快波睡眠，如此循環。慢波睡眠又可劃分為四個階段或稱四期。因此更具體地說，睡眠的程序是：覺醒↓慢波一期↓二期↓三期↓四期↓快波睡眠，然後再次重複慢波睡眠一期↓二期↓三期↓四期↓快波睡眠，如此循環。一般從一次快波睡眠到下一次快波睡眠的間隔為七十～一百二十分鐘，平均九十分鐘。一夜大致要循環四～六次。越到後半夜，快波睡眠越長、慢波睡眠越短。

由於快波睡眠期是人做夢的時期，我們由睡眠過程的腦波圖可推斷，一個人每夜一般會做四～六個夢，前半夜的夢較短，後半夜的夢較長。根據研究，整夜共有一～二小時的時間人是在做夢的。

由於每個人正常睡眠時間都超過一個循環的時間，由此可知每個人每晚都要做夢。有些人自稱自己睡覺從不做夢，是因為他醒來後把夜裡的夢忘記了。

早期的研究者們假設，只有在快波睡眠時才有夢。但是近期的研究卻發現，慢波睡眠期也有夢。慢波睡眠期的夢不像一般的夢那樣由形象構成，也不像一般的夢那麼生動富於象徵性。例如，一個從慢波睡眠中剛醒來的人會說：「我正在想著明天的考試。」研究者還發現，大多數的夢遊和夢話都是出現在慢波睡眠期。

腦電波可以指示出人是否在做夢，因此腦電波測量是研究夢的一個主要手段。但是腦電波卻不能說明夢和睡眠的生理機制，更無法告訴我們夢是什麼。關於夢的生理機制目前還極少研究，但是對睡眠的生理機制卻有很多的研究，這對我們理解夢有一定的參考價值。

早期的生理心理學家巴甫洛夫認為：睡眠就是大腦皮層神經活動停止，也即所謂抑制。夢是大腦皮層神經活動停止時，偶爾出現的殘餘活動，也即興奮。如果我們把清醒狀態下的大腦皮層比作一個燃燒著的火堆，那麼按巴甫洛夫的觀點，睡眠就是這堆火熄滅了，而夢就是在木炭灰燼中偶爾亮起來的火星。

近幾十年來，通過對睡眠的生理機制的研究，人們知道巴甫洛夫的觀點是不準確的。睡眠不是覺醒狀態的終結，不是神經活動的停止或休息，而是中樞神經系統中另一種形式的活動，是一個主動的過程。

如果很學術地說這個過程，我們需要使用很多生僻詞，比如網狀系統、藍斑、中縫核、五羥色胺、去甲腎上腺素、快波睡眠、慢波睡眠……為了不把大家搞瘋掉，我就簡單地說吧，腦裡面有專門控制人清醒與睡眠轉換的中樞，它彷彿一個轉換開關一樣，這個開關又受人的思維和感覺影響，而且有專門決定是不是有夢睡眠的中樞。同時，腦中的化學物質會影響到人是不是做夢。

對睡眠，特別是與夢有關的快波睡眠的生理層面的研究，使我們對夢的作用有了一定的理解。如果用藥物或其他技術抑制快波睡眠，被試者的注意、學習記憶功能就會受到損害，同時，情緒會變得焦慮、憤怒，並造成處理人際關係能力的下降。由此提示，夢對改善學習與記憶，對改善情緒和社會能力可能有作用。

還有一些研究也發現，當睡眠處於所謂快波睡眠的形態時，人更容易做夢，而夢可能與新訊息的編碼有關。一些沒有見到過的新形象在夢裡得到「複習」和「整理」，然後存入長時記憶庫中去。根據這種假說，嬰兒每天見到的新東西多，所以就需要多做夢，老年人難得會見到什麼新東西，因此就不必多做夢。實際上，嬰兒快波睡眠的時間佔總睡眠時間的比例也確實遠大於老年人。實驗也發現，在環境豐富的條件下飼養的大白鼠快波睡眠的總時間和百分比都比其他大白鼠更長更多。由此提示，至少「複習整理新形象和新知識」是夢的作用之一。

## 二、佛洛伊德的夢研究

不同流派的心理學家對夢有著不同的解釋。早期的一些心理學家認為夢沒有意義，而到了今天，這種觀點已不復存在。第一個提出對夢進行全面解釋的是奧地利心理學家佛洛伊德。這是一位心理學界的偉人，他曾和馬克思、愛因斯坦一起，被譽為對二十世紀思想影響最大的三個猶太人之一。繼佛洛伊德之後提出的新的對夢的解釋，無不或多或少受到他的影響。雖然新的解釋往往反對和批評佛洛伊德，但它們的產生也同樣是由於佛洛伊德夢理論的激發。這使得當今任何一本談夢的書，都不能不談及佛洛伊德對夢的解釋。

作為一名醫生，佛洛伊德經常要醫治一些精神病人或其他「腦子有毛病」的人。別人往往對這些人的話不屑一顧，但是他卻總覺得這些人的話也值得分析。假設這些人是撞壞了的汽車吧，我們不正好可以看看汽車內部的結構嗎？而在車子完好時，我們還看不到它的內部呢！在分析心理有毛病的人的過程中，他發現夢和精神病有些類似，於是他又用科學的方法研究夢。

有一天，他終於發現了夢的秘密。他高興極了，高興得發出狂言，說：「在這個酒館裡應該豎一塊石碑，上邊寫上『某年某月某日，佛洛伊德博士發現了夢的秘密』。」

這話看起來夠狂的吧，可是現在心理學家們不覺得他狂，反而說他偉大。因為，他的確發現了夢的秘密。

佛洛伊德指出，夢的材料來自三方面：一是身體狀態；二是日間印象；三是兒童期的經歷。夢的材料來源於身體所受刺激，這是幾乎每個人都承認的事實。例如，一個人如果餓了，在夢裡就會夢見吃飯；一個人如果腳冷了，就可能會夢見在雪地裡行走；一個人如果咽喉腫痛，就可能夢見被人卡住脖子；如此等等。佛洛伊德雖然也同意身體所受刺激會影響夢的具體內容，但是他卻認為這些身體所受的刺激只是被夢作為素材使用而已，對夢的意義影響不大。按佛洛伊德的思路，我們可以舉這樣一個例子。清晨男性有小便感覺時，陰莖會受刺激而勃起，這時男性也許會做性夢。按一般人的看法，這個男人夢見和女人性交的原因是，膀胱脹滿刺激引起了陰莖勃起。而按佛洛伊德的思路，可以這麼說，這個男性有性的願望才會做這種夢。如果這個男人沒有強烈性欲，即使陰莖勃起，他也不過是做夢找廁所而已。

白天經歷的事會進入晚上的夢，這也是很多人都注意到的事實。假如臨睡前看了一場有關戰爭的影片，有些人在晚上就可能會做戰爭的夢。再如佛洛伊德自己的例子。夢中「我寫了一本有關某種植物的學術專論」，其來源是：「當天早上我在書商那兒看到一本有關櫻草屬植物的學術專論。」佛洛伊德指出，兩三天前發生的事，如果在做夢前一天曾想到，也同樣會在這天晚上的夢裡出現。但是，他認為夢絕不僅僅是白天生活中瑣事的重現。夢中，我們藉助白天的一些小事，目的在於用這些小事影射另外的更重要的心事。

佛洛伊德提出，那些清醒時早已忘記了的童年往事也會在夢中重現。例如：「有一個人決定要回他那已離開多年的家鄉。出發當晚，他夢見他身處一個完全陌生的地點，正與一個陌生人交談著。等到他一回到家鄉，才發現夢中那些奇奇怪怪的景色，就正是他老家附近的景色，那個夢中的陌生人也是實有其人的。」再如：「一個三十多歲的醫生，從小到現在常夢到一隻黃色的獅子……後來有一天他終於發現了『實物』——一個已被他遺忘的瓷器做的黃獅子，他母親告訴他，這是他兒時最喜歡的玩具。」

佛洛伊德關於夢的一個重要觀點是，夢的唯一目的是滿足願望。例如，口渴時做夢喝水。夢可以滿足人的願望，這一點相信任何人都不會有異議。我們日常生活中，也總是把美好而又難以實現的願望稱為「美夢」、「夢想」。但是說夢的唯一目的是滿足願望，則並不是誰都能同意。一個人做噩夢被人追殺，難道是他內心有被殺的願望嗎？佛洛伊德認為是的，所有的夢都是為了滿足願望。

他舉例說，某女士夢見她最喜愛的外甥死了，躺在棺材裡，兩手交叉平放，周圍插滿蠟燭。情景恰恰和幾年前她的另一個外甥死時一樣。

表面上看，這不會是滿足她願望的夢，因為她不會盼著外甥死。但是，佛洛伊德發現，這個夢只不過是一個「偽裝後」的滿足願望的夢。這位女士愛著一個男人，但由於家庭反對而未能終成眷屬。她很久沒有見過他了，只是在上次她的一個外甥死時，那個男人來弔喪，她才得以見他一面。這位女士的夢，實際上意思是：「如果這個外甥也死了，我就可以再見到我愛的那個人。」

雖然就這個夢來說，佛洛伊德的解釋很有道理，但是我不同意佛洛伊德認為「夢都是願望的滿足」的觀點，我認為夢不僅能用來滿足願望，還可以用來啟發思路、認識環境等。不過，我這裡暫時先放下不說。

佛洛伊德由「夢是願望的達成」出發，推斷有些夢是「偽裝後」的願望達成。那麼，夢中為何要偽裝呢？說到這裡，就要講一下他提出的另一個重要理論了。

佛洛伊德認為人的心靈是由三個部分組成的，分別叫「本我」、「自我」和「超我」。每個人的心都是這三個「人」組成的小團體。

「本我」代表人的本能，它是我們心裡隱藏著的這麼一個「人」：極端任性，像一個小孩子一樣不懂事。他貪吃好色，誰惹了他他就想報復；沒一點涵養，只想怎麼高興怎麼來，不管別人怎麼想。要是依著他，他會無法無天地想幹什麼就幹什麼。

佛洛伊德說，不管你自己是否承認，每個人都有這個本我，有這麼一面。讓我們不自欺地想一想，你自己也一定有這麼一個本我：想為所欲為不受約束，貪圖享受。

當然，本我的欲望也不一定都是壞的，有時他只是喜歡玩玩遊戲，曬曬太陽。但是不容否認，本我欲望中有不少不道德的想法。人如果只有本我，就會不考慮未來，只想及時行樂，不講法律不講道德，完全放縱自己，這個世界將會一片混亂。

好在我們的心靈中，還有一個部分叫「自我」，自我是聰明的，知道一個人不能任意胡為。所以當一個男人見到一個美女時，他的本我雖然恨不得立即佔有她，但是自我卻不許本我這樣做。自我可能會說：「慢慢來，讓我先送給她一束玫瑰，先贏得她的好感。」

佛洛伊德說，本我只求快樂，而自我講究現實原則，要看一個願望是不是現實的，要考慮滿足自己願望的方法。

自我雖然也想一夜暴富，卻不一定想搶銀行，因為他考慮到這樣做後果堪憂——也許會被槍斃。

而且我們還有良心，良心也好像心靈裡的另一個人一樣，不過這是一個嚴厲的人。佛洛伊德將其稱為「超我」。超我像個員警，他像盯賊一樣盯著本我，不許他幹壞事：本我的欲望發洩不了，就只好靠幻想安慰自己，從而編一些美夢。咱們中國人常說的一句話是：做夢娶媳婦。不過本我這傢伙的欲望不僅僅是娶媳婦：有時候，他想把鄰居的老婆霸佔過來；有時候，他想有十個美女左擁右抱；有時候，他想殺了總經理，奪取他的財產……有時候，他的想法壞得無法說出口。

這就惹惱了正直的超我。看到在心靈的世界裡，本我總是偷偷摸摸地出版一些誨淫誨盜的書，超我不禁怒火沖天，決定採取書籍審查制度，不允許壞書「出版」。

本我為了躲過「書籍審查」，只好故意把話說得含糊、晦澀、拐彎抹角，再用上些雙關語、黑話等等，於是「書」終於騙過了審查得以出版，也就是說進入了我們的意識。

夢就是這樣形成的。在睡著了以後，本我就開始了幻想，但是超我這個審查員卻總在「審查書報」，於是本我只好做偽裝。經過偽裝後的夢是夢的顯義，而它所要表達的意義是潛藏著的，是夢的隱義。例如某男人夢見他妹妹和兩個女孩在一起。這個夢的顯義似乎是無邪的。而在隱義中，那兩個女孩則表示他妹妹的乳房。這個夢表示他想看想接觸他妹妹的乳房。通過偽裝，乳房變成了另外兩個女孩，使夢者可以去看而不受到道德的譴責。

佛洛伊德總結說，為了偽裝，夢採用了一些特殊的構造形式，或者說，一些特殊的騙術。佛洛伊德歸納為以下幾類：凝縮、移置、視覺化、象徵和再度校正。

凝縮，是把有聯繫的幾個事物轉化為一個單一的形象或單一的內容。例如，某一女子夢見一間房子，它又像浴室，又像廁所，還有些像更衣室。而實際上，這間房子所指的是：「脫衣服的房子。」利用這個凝縮，夢說出了一句不能直說的話：脫衣服（以及和脫衣服相聯繫的性交）。

移置，指夢把重要的內容放在夢裡不引人注意的情節上。這有些像一個害羞的借錢者，他先和有錢人東拉西扯地說好多話，然後好像順口提起一樣，捎帶說起借錢的事。

視覺化，指把心理內容轉變為視覺形象。夢好像一個黑社會的成員，他不能把黑社會聯絡的訊息寫在留言簿上。如果他寫上「明天到翠華樓去，我們要和××幫打架」，那麼，員警就會也趕到翠華樓。於是，為了躲避員警，黑社會成員在牆上畫了一個咧著嘴拿著根木棍的小孩，頭上有一朵花，同伴看到後就明白了。而外人卻以為那只不過是小孩亂畫的。

象徵，指用一個事物代表另一個事物。例如：「所有長的物體，如木棍、樹幹及雨傘代表著男性性器官，那麼長而鋒利的武器，如刀、匕首及矛也是一樣。箱子、皮箱、櫃子、爐子則代表子宮。」一個小孩夢見「爸爸用盤子托著他的頭」，佛洛伊德解釋為這是指割掉陰莖。

再度校正，指如果超我不小心讓一些不允許出現的內容出現在夢裡，本我就會通過一些話去努力減少這些內容的影響。例如，在夢裡加上一句話：「這不過是個夢。」再比如，改造夢的回憶，讓夢者對夢的一些「敏感性」的內容盡快遺忘掉。

佛洛伊德運氣不好，年紀好大了還沒被提為副教授。有一次他總算被兩位教授提名為副教授候選人。這天，一位朋友R來訪後，他做了個夢：「我的朋友是我的叔叔——我對他很有感情。我看見他的臉就在眼前，略有變形。它似乎拉長了，周圍長滿黃色鬍鬚，看上去很是獨特。」

佛洛伊德說R是他的叔叔，這能意味著什麼？他的叔叔是什麼樣的人呢？佛洛伊德告訴我們：「三十多年前，他為了賺錢捲入違法交易，並為此受到了法律制裁。」「我父親說他不是壞人，是被人利用的傻瓜。」因此，夢的第一個意思是，R是傻瓜。

在實際生活中，R早就被提名為教授候選人了，但是卻遲遲得不到正式任命。佛洛伊德現在也被提名，正在擔心自己會遭到R的命運。他在夢裡把R說成傻瓜，用意是安慰自己：「他是傻瓜，所以當不上教授。我又不是傻瓜，我怎麼會當不上教授呢？」

為什麼在夢裡他對R很有感情呢？佛洛伊德解釋，這不過是一種偽裝罷了。把人家說成傻瓜，良心上過不去，於是就裝出對R有感情來掩飾。

「叔叔是罪犯」又讓他想到，另一個同事N也是遲遲評不上教授，而N涉嫌男女關係問題。所以這個夢還有個意思是：「N是罪犯，我又不是罪犯，我怎麼會當不上教授呢？」

佛洛伊德又解釋道：「夢裡我把兩位同事一個當作傻瓜，一個當成罪犯，彷彿我像部長一樣發號施令。」夢為什麼這樣做呢？「部長拒絕任命我為教授，因而在夢中我便佔了他的位置，這就是我對他的報復。」

## 三、榮格的夢理論

在夢的研究中，另一位大師級的人物是瑞士心理學家榮格。榮格釋過數以萬計的夢，對夢有極為深刻的理解，但他的觀點與佛洛伊德的觀點不同，他不認為夢僅僅是為了滿足願望，也不認為夢進行了什麼偽裝。榮格認為：「夢是無意識心靈自發的和沒有扭曲的產物……夢給我們展示的是未加修飾的自然的真理。」在佛洛伊德看來，夢好像一個狡猾的流氓，拐彎抹角地說下流話。而在榮格看來，夢好像是一個詩人，他用生動形象的語言講述關於心靈的真理。這種夢所用的類似於詩的語言就是象徵。

象徵不是為了偽裝，而是為了更清楚地表達。這正如我們在給別人描述一個新奇的東西時，為了說清楚，需要利用比喻來加以說明。

夢的基本目的不是經過偽裝滿足欲望，而是恢復心理平衡。榮格將此稱為夢的補償。他認為，如果一個人的個性發展不平衡，當他過分地發展自己的一個方面，而壓抑自己的另外一些方面時，夢就會提醒他注意到這被壓抑的一面。例如，當一個人過分珍重自己的強悍、勇敢的氣質，而不承認自己也有溫柔，甚至也有軟弱的一面時，他也許就會夢見自己是個膽怯的小女孩。

他還認為，夢展示出做夢者自己內心的被忽視被壓抑的一面，因此往往可以起到警示的作用。榮格提到這樣一個例子。一個女士，平時剛愎自用、固執偏激、喜歡爭論。她做了一個夢：「我參加社交聚會。女主人歡迎說：『真高興您來了，您的所有朋友都在這兒等您吶。』然後，女主人領我到門口，幫我開門。我走進去一看，是牛圈。」

由這個夢可以看出，做夢者內心的另一面是謙虛的，它提醒這位女士，你平時的表現就像一頭強牛。

榮格還有一種觀點，他認為人類世世代代經歷的事件和情感，最終會在心靈上留下痕跡，這痕跡可以通過遺傳傳遞。例如，當一個人想到太陽，他就會想到偉大、善良、光彩照人，如同一個英俊的男子。想到月亮，就會想到溫柔、美好，如同一個少女。這是因為一代代的人都看到太陽和月亮，一代代人對太陽和月亮的情感通過遺傳傳到了每一個人心裡。一個現代人想到智者時，很容易在心裡浮現出一個白髮長鬚的老者形象，而不太可能浮現出一個活潑的少女形象來，這就是因為在過去的世世代代，最聰明的人是那些飽經滄桑的老人。

榮格把這種遺傳的原始痕跡稱為原型。他說原型本身不是具體的形象，而只是一種傾向，但是原型卻可以通過一種形象出現。在夢裡，有時會出現一些奇異的情節和形象，這些東西用做夢者自身生活的經歷解釋不了，那麼，這就是表現原型的形象。

有一個十歲的女孩做了一系列夢，夢中有極古怪不可思議的形象和主題。她把這些夢畫成了畫冊，畫冊上畫了這樣一些畫面：

（1）邪惡的蛇樣怪物出現，它有角，殺死並吃掉其他動物。但上帝從四面來到（**畫上是四個上帝**），讓所有動物再生。

（2）升天，上面異教徒在跳舞慶祝。下地獄，天使們在行善。

（3）一群小動物恐嚇她，小動物變大，其中一個吞吃了她。

（4）一隻小老鼠為蟲子、蛇、魚和人所穿透。老鼠變人。這描繪了人類開始的四個階段。

（5）透過顯微鏡看一滴水，她看到水中有許多樹。這描繪了世界（**或者說生命**）的誕生。

（6）一個壞孩子拿著一塊土，他一點點扔向過路人，過路人便都變成壞人。

（7）一醉婦落水，起來又成新人。

（8）美國，許多人在蟻堆上打滾並被螞蟻攻擊，一害怕，這個小女孩掉到河裡。

（9）月亮上有個沙漠。她往下沉，沉入地獄。

（10）有個閃光的球。她碰它，它便冒蒸氣，裡邊出來一個人把她殺了。

（11）她自己病危。突然肚子裡生出鳥來，把她蓋住了。

（12）大批昆蟲遮住了太陽、月亮和星星，唯一一個沒有被遮蓋的星星落到她身上。

榮格認為，這些夢的思想帶有哲學概念。比如以上每個夢中都有死亡和復活的主題，這種主題也存在於許多宗教思想之中，而且是全球性的。第四、五個夢包含著進化論的思想，第二個夢反映了道德相對性的思想。總的來說，這一系列夢思考了一組哲學問題，即死亡、復活、贖罪、人類誕生和價值相對性，反映了「人生如夢」的思想和生死的轉化。

那麼，一個十歲的女孩子怎麼可能懂得這些呢？又怎麼會想到這些呢？榮格認為，她能懂，是因為世世代代祖先的思考，已通過原型遺傳給了她。她要想這些，是因為她面臨了這個問題，她可能就要死了。

這個做夢的女孩，當時雖然沒有病，卻在不久後因為被傳染而病故。

在榮格眼中，原型並不是一些固定的形式，而更像一些潛藏在我們心靈最深處——榮格稱之為集體潛意識——的原始人的靈魂。這些原始人在夢中以種種不同的形象出現，當我們遇到難題時，他們幫我們想主意，當我們面臨危險時，他們警示我們。由於他們有幾百幾千代的生活經驗，他們的智慧和直覺遠遠超過我們意識中的思想。

榮格認為「我們心中的原始人」是用夢來顯示自己、表達自己的。我們如果能理解夢，就如同認識了許多「原始人」朋友，他們的智慧可以給我們極大的幫助。

榮格認為，不是所有的夢都有同等的價值，有些夢只涉及瑣事，不大重要，而另一些夢——原型介入的夢——則震撼人心，如此神秘和神聖，如此奇異陌生，不可思議，彷彿來自另一個世界，這些夢是更重要的。

夢不是願望的滿足，而是啟示，是對未來的預測或預示，所以，我們應重視夢的智慧。榮格在釋夢時，非常注意尋找原型。我們要想了解榮格釋夢的方式，就應該對他所說的原型有所了解。

我們知道在潛意識深處，榮格稱為集體潛意識的地方，儲存著大量原型。

原型是人類祖先在千千萬萬年內的生活經歷的產物，也是前人類甚至人的動物祖先的生活經歷的結晶。人以及人的動物祖先一代代經驗相似的東西，比如可怕的雷電、溫暖的春風，從而在心靈上凝結成一些「憤怒的雷電之靈」之類的原型。

原型雖然沒有固定的意象，但是卻有形成某種形象的潛質，所以人們可以很容易地把它和一些具體特徵結合起來。比如西方有聖母瑪利亞、東方有觀音，這兩個形象雖然不同卻有很多共性，很可能來源於同一原型。這兩個形象的不同是後天文化的影響，而其相同的特質則是各民族人心靈中共有的，而且是一直就有的，是一個原型。

同一個原型的形象雖不固定，但是它給人的感受或它的「性格」卻是較為固定的。正如不論是西方百姓心中的聖母還是東方百姓心中的觀音，都是同樣的善良仁慈。

對每一個人來說，對原型的反應一定程度上是先天的，不需要後天學習。例如人害怕蛇、害怕黑暗，都是生而具有的。就算他從沒有被蛇咬過，也沒有在黑暗中遇到什麼可怕的東西，他也一樣怕蛇、怕黑暗。原因是，他的許多代祖先——從動物遠祖開始，到猿人，再到原始人——都被蛇傷過或在黑暗中遇到過野獸侵襲。生活在山洞裡的祖先害怕天黑，因為天一黑狼就會來到洞口。這種恐懼進入了集體潛意識，使從來沒見過狼的現代子孫不敢走夜路。當然，如果這個人走夜路遇到過危險，他就會更怕黑，這是後天經歷對原型的強化。

原型會在我們的夢中顯現，當它在夢中顯現時，它會根據當時的具體情況成為某一種樣子，也許每次的樣子是不同的，但是如果我們熟悉原型，我們就能在變化多端的形象中，識別出它是哪一個原型。

在神話故事中，神仙或妖怪可以變化多種外形，比如孫悟空可以變成小女孩、小妖怪、蚊子和石頭，但是如果你有慧眼，你可以看出這多種東西都是他。原型就如同孫悟空，如同其他神仙、妖怪，在我們的夢中它每次會變成不同形象，但是如果我們熟悉它，我們還是可以知道它是什麼。

一般的象徵形象和原型顯現出的形象之間並沒有一條截然分開的鴻溝，它們也一樣是可以變化多端的。比如某男子對某個女孩有好感，在每天的夢裡，他會夢見不同的女性、不同的小動物，夢見花、溪流、彩雲，而他知道這些都象徵著她，都是她的形象在夢中的轉化，是這個女孩的象徵形象。這些非原型象徵形象和原型形象（又可稱原始意象）的區別在於，前者是外界實有的人物的象徵，或心中情緒、情結的象徵，不是與生俱來的東西，而後者是對內心中與生俱來存在的最深處的精神性存在的象徵。

榮格確定並描述過許多原型，它們一次次以各種形態在神話中、在人們的夢中出現。在不出現時，它們也存在著，以潛在的形象存在於人們的心裡。它們彷彿構成了另一個世界，一個神秘的鬼神世界。以唯物主義觀點看，它們不是客觀存在。但是，在心理結構中，它們是一種穩定的主觀存在。

我們不妨認識一下它們。

（1）**上帝原型**。如果你體驗過上帝原型力量的接觸，你會發現這種感受和你以為的有很多不同。你會感到恐懼，這種恐懼十分強烈，但是不含任何陰險、邪惡，舉個不十分恰當的例子，他像冬天凜冽的北風一樣，你竟不敢稱呼他的名字。

他的力量，彷彿無窮無盡；他的威力，彷彿能主宰一切。他以似乎極無情的方式懲惡，而賦予善良者使命，在這無情的背後是他對人的關切。

上帝原型極少在夢中出現，如果他出現，不一定會是人形，他可能顯現為光、雷電等。信仰宗教的人如果夢中有上帝原型形象，他會認為這是聖靈真的來臨。

（2）**惡魔原型**。惡魔原型體現為一種破壞性的衝動，毀滅的衝動，一種惡的快感。但是我們不能不承認這個原型極有力量，因為他可以和上帝原型的力量相對抗。

惡魔原型體現為一種恐怖的狂歡。惡魔的形象不一定總是猙獰的，有時他的形象會像個高雅的紳士。

下面的這段夢引自王溢嘉、嚴曼麗的《夜間風景夢：一位心理醫生談夢與人生》一書，夢者G是一位年約四十的女士。

有一個陌生人來告訴我，說我丈夫正在秘密籌開一個性狂歡派對，邀請的對象盡是一些浪蕩男女，而且據說我一位已婚的中學好友也將參加。這消息讓我於心不甘，當下我決定要偷偷出席那個派對。

當我抵達會場時，已經來了一些男男女女，我那位中學朋友也來了，奇怪的是沒看到我丈夫。更出乎我意料的是整個會場布置得十分光潔高雅，來的人們也都穿著整齊體面，看來不像是什麼性狂歡派對，反倒像要舉行一場盛大的宴會。

我和眾人一起等待著。忽然所有在場的人都不約而同地意識到，地獄就在我們腳踩的地板之下。大家因而不安地騷動起來。

沒多久，一個男人被架出人群，聽說他是奴隸。而不知從何處翩然出現的主人，居然是個中年婦人，她厲聲令人將該男奴作為祭品丟進地獄中。這時，有一個年輕女人發出歇斯底里的叫聲跳進大廳中央——那裡竟是水池。一個男人拿出一把巨型的餐用叉子將女人叉出水面，看來她似乎已經氣絕。

我一下子陷入末世人生的慘絕心境，跑到樓上，想跳樓了之，但又想或許先吃點東西可以增加勇氣。於是下樓來和我中學好友同桌進餐，吃著餐盤中的肉，我抬頭與好友目光相遇，我們心照不宣地知道盤裡的肉就是方才跳水的女人……

在這個夢中，雖然「惡魔」原型沒有直接化為一個單一形象出現，但是「性狂歡派對」、「整齊體面」的男男女女、「中年婦人」、用叉子叉女人的「男人」和吃人肉的夢者女友和她自己，都有惡魔原型的影子映現。我們可以由此看到惡魔原型的特質：性狂歡、整齊體面的外表、厲聲令人把男奴丟進地獄的中年婦人的殘忍。男人用大餐叉子叉死女人的野蠻，以及她和女友心照不宣吃人肉，這最後場景實際上是最「惡魔性」的。

原作者的解釋是：「丈夫可能有外遇」的陰霾，在擔心自己已然年長色衰的G女士心中，積壓成充滿懲治與報復的夢。夢裡丈夫要秘密進行性狂歡派對，簡直就是她憂心的「外遇」事件之陰影具象化。實際上對丈夫的可能外遇，她除了煩惱並無計可施。但在由她自編自導的夢境中，她不僅主動介入，意圖干擾，更進一步不讓丈夫出現，甚至，乾脆將使她不安、充滿邪淫的性派對「變成」正經的高尚宴會。但這樣的安排，仍無法使她完全擺脫身臨「地獄」（**丈夫之不軌意圖，於她猶如地獄之煎熬**）的惶恐，於是索性由中年女主人替她將象徵丈夫的男奴投進地獄。接著又讓「年輕女人」（**丈夫可能的外遇對象，也是她可能的情敵**）溺斃水中，並進一步「吃」了她。

「性」與「食」是人類的兩種本能。在夢中，令G女士憂心的「性派對」變成以「吃」為主的宴會，這種本能的「置換」意味著她的心理自衛，也許她在夢中仍無法面對目睹猖狂性派對的衝擊，因此以另一種本能來替代。而她在夢裡吃了年輕女人的肉，除了報復丈夫不忠之外，不禁讓人想起某些原始民族，認為吃過世長輩的「肉」，可以獲得這些長輩的經驗和智慧。擔心自己色衰的G女士，或許在夢幻的深層意識中也想藉此重拾青春年華吧！

這一解釋很好，在一個層面，這是個完全正確的解釋。但是，在更深一層，實際上夢者心裡的「惡魔原型」被喚醒，夢者心中的惡魔不是那個可憐無助的被欺負的女人，而是一個帶著一種邪性的歡樂欣賞並捲入地獄的魔鬼。與其說她恨丈夫和情敵，不如說她不恨，她和他們一同進行這個「狂歡」，厲聲令人扔男奴進地獄、叉女人、吃肉都是一種狂歡，而夢中的被虐者也是狂歡者，雙方共同進行虐待和被虐的狂歡。

這就是惡魔原型。

惡魔原型還有一個變化的形態，就是誘惑性的魔鬼，他外表漂亮、聰明，會給你你所要的一切，但奪走你的靈魂。

（3）**智慧老人原型**。在以後談象徵時，我們將詳細講解智慧老人的形象。智慧老人原型是原始智慧和直覺智慧的形象化。在夢中，他常常是以一個清癯的老人形象出現，往往有長鬍鬚，並且手上常有拂塵、扇子之類的東西。

（4）**大地母親原型**。這一原型在夢中以夢者母親的形象出現或以一個慈愛老婆婆的形象出現居多。體現出的主要性格是：包容、慈善、關懷。她像大地一樣胸懷寬廣，像大地養育萬物一樣充滿母性。

大地母親原型也會以大地（**或包含岩洞**）的形象出現，大地中的岩洞代表母親的子宮。夢見進入岩洞沒有性的意義，而是代表回到子宮的安寧中。

（5）**英雄原型**。英雄原型是一個英勇無畏、力大無窮的英雄，他光彩奪目，會創造奇蹟般的成就。

在各民族都有傳說中的英雄，如猶太人的參孫、中國藏族的格薩爾王、《荷馬史詩》中的阿奇里斯。這些傳說中的英雄類似於這一原型。

在實際歷史人物中，有岳飛等人們心目中的英雄原型。

在文學人物中，約翰．克利斯朵夫接近英雄原型。夢中出現英雄原型時，顯現的形象多為英雄、江湖好漢、大將軍之類的人物。

英雄原型的一個特有形態是「英雄少年」，他往往年紀很小，外表不強壯，但是出人意料地擔起了一個極大的責任。這一原型的例子有打敗巨人的大衛、少年時的亞瑟王等等。

**（6）阿尼瑪斯原型**。他是每個女人心中都有的男人形象。這一原型是女人心靈中的男性成分。心理學指出，每個人都有一些異性的特徵。女人身上的男性氣質就是她的阿尼瑪斯。阿尼瑪斯也是祖祖輩輩的女性對男人的印象的累積。

阿尼瑪斯一般體現為英勇無畏、智力發達、有藝術氣質等特點，有時也和控制和權力相結合。女人喜歡的有男子氣的男人，往往符合其心中的阿尼瑪斯形象。有些女人喜歡控制、征服甚至輕微地傷害她的男性，也正是因為她心中的阿尼瑪斯除了有正性特點外，還有控制、權力、征服甚至適度粗暴的一面。

女人崇拜的明星往往有接近其心中的阿尼瑪斯的地方。

由於不同女人身上的男性特質不盡相同，她們心中的阿尼瑪斯也不盡相同，她們在生活中喜愛的男性也就不同。

阿尼瑪斯形象在夢中有時以夢者生活中認識的某男性形象出現，有時是一個陌生的男性。

**（7）阿尼瑪原型**。她是每個男人心中都有的女人形象，是男人心靈中的女性成分。

阿尼瑪身上有男性認為女性好的特點，比如溫柔、善良、純真、美麗等等。但是也包含女人的愛慕虛榮、軟弱、變化無常、狡詐等特點。儘管後一些特點不被看作優點，但是如果一個男性的阿尼瑪有這些特點，他對這些特點就會感到一種喜愛。正如《卡門》中的唐．荷塞認為卡門是個放蕩的女性，但是他卻仍忍不住被她吸引，這就說明卡門和唐．荷塞心中的阿尼瑪原型較相似。金庸小說中常有一些調皮、刁鑽甚至狠毒和帶有邪氣的女人，如殷素素、趙敏、阿紫等人物。但是主人公卻愛她們，這也說明她們是主人公——或是金庸的阿尼瑪。

不同男性的阿尼瑪也是不同的。男性心中的阿尼瑪和他自己的性格常常很不同，卻又相互吸引。他們的關係很像《倚天屠龍記》中的張翠山和殷素素。

在男性遇到一個像他自己的阿尼瑪的女性時，他會體驗到極強烈的吸引力。

（8）**陰影原型**。陰影原型代表著人心中的被壓抑而沒有顯示出的部分，包括人的動物性。陰影原型是不馴服的、危險的、不受一般道德束縛的，有極強大的力量、激情和創造力。如果一個人的陰影被壓抑從不出現，他將膚淺而缺少生命力。

人在接受他的陰影時，會感到充滿力量；當人壓抑陰影時，他將缺少活力而且潛伏著危機，因為陰影會以破壞性的形式出現，而且變得凶狠殘暴。榮格指出，基督教國家的人們要求自己善良，強烈壓抑自己的獸性陰影，時間長了，陰影就會反撲，所以「世人從未目睹過比基督教國家之間的戰爭更為殘酷的戰爭」。

如果你也是壓抑陰影、過分要求自己是無獸性的人，在夢中，陰影將會以各種危險可怕的形象出現，如怪獸、惡鬼、邪惡的人等等，陰影使你的夢極為恐怖，陰影也會以「危險而神秘的黑衣人」面貌出現。陰影化出的夢中人幾乎永遠是穿黑衣服的。

（9）**人格面具原型**。人格面具是人在公眾中展示的形象，是人的社會角色的形象。

人格面具原型是一個扮演者，他往往按照別人的希望來扮演角色。人格面具過強，人就會迷失自我，把自己混同於自己扮演的角色。在夢中，人格面具會以演員等形象出現。

（10）**自性原型**。自性原型是一個人集體潛意識的中心，如同太陽是太陽系的中心。這一原型是人的真正的我。夢中這一原型較少出現，只有心理極健康、心理發展很完善的人才能經常夢見這一原型。

有時夢中的自性原型以太陽的形象出現，有時以佛、菩薩的形象出現，有時以一座莊嚴的神廟形象出現，有時以類似曼荼羅（壇城）的形象出現，也有時以一種寶物如鑽石或寶石的形象出現。

不論它以什麼形象出現，夢中都有一種安寧、平靜、神聖的感受。

除了這些原型之外，還有許多原型，比如武器的原型，自然力如風、雨、雲的原型等。並且，有時兩個或更多的原型會結合在一起，構成一些很典型的形象。這種形象的身上往往有兩個或多個原型的特點。

例如，巫術原型和阿尼瑪原型結合就成為了神秘女人的形象：她既有女巫的神秘，也有頑皮女孩的可愛，而且有一種激情。墨西哥電影《葉塞尼亞》中的女主人公就有些類似這一種女性的形象。

還有如太陽王子。這一形象是太陽原型和阿尼瑪斯原型的結合，被現代女性稱為白馬王子，他年輕、英俊瀟灑，性格充滿光明。

女孩子請注意，你也許會幸運地在夢中見到他。但是不要以他作為擇偶標準，因為在現實生活中能接近這一形象的男性太少太少了。如果你認為你的男朋友就是接近這一形象的人，那麼，你很可能是被愛情沖昏了頭。你在男朋友身上看到的優秀品質，實際上不是他所有的，而是你自己心目中的王子所具有的，你只是把心中的形象（像幻燈片一樣）投射到了男朋友身上。你是昏頭了，但是，這種昏頭是難得的、幸福的。

請看以下榮格釋的一個夢。

一個病人來找榮格。他四十多歲，出身寒微，靠奮鬥當了一所學校的校長。近來他患了一種病，感到眩暈、心悸、噁心、衰弱無力，類似瑞士的高山病。他說他做過三個夢。第一個夢是：他夢見自己身在瑞士的小村莊裡。他身穿黑色長袍，顯得莊重嚴肅，腋下夾著幾本厚書。有幾個孩子是他的同學。孩子們說：「這傢伙不常在這兒露面。」

按榮格的解釋，夢說的是：不要忘了你已從小村莊走到了校長位子。有如一個登山者，你一天爬到了海拔六千英尺，已經累壞了，不要想再「往上爬」了。榮格說：你產生高山病症狀也正是由於這個原因。

校長的第二個夢是：他急於出席重要會議，但衣服找不到了。好不容易找到衣服，帽子又找不到了。找到東西出門又忘了公事包，等他取了公事包跑到火車站，火車剛剛開出。他的注意力被引向鐵軌。他處在A處，心想：「司機如果聰明，機頭到D處時不要加速，要不然他身後處於拐彎處的車廂就要出軌。」機頭剛到D處，司機就全速行駛。果真火車出軌了，於是他大叫一聲醒來。

榮格說他夢中的阻礙是自己的內心。內心提醒他不要急著上火車。火車司機就是他的理智，司機看到前邊的路筆直，就急於加速，正如他急於追求更大的成就。但是司機卻忘了火車尾巴，正如他忘了他的心靈的另一部分——無意識。

他的第三個夢是：出現一隻怪物，半像螃蟹半像蜥蜴。他用竹竿輕敲怪物的頭，把它打死了。

榮格說這個夢反映了夢者的「英雄主題」，他與怪物的搏鬥，是英雄與龍搏鬥這種神話的變形。這個怪物又是脳脊髓系統和交感神經系統的象徵。夢再次提醒他：如果再這樣下去，你的身體要和你作對了。

三個夢都是要警告他，不要繼續拼命工作。

## 四、弗洛姆談夢的「語言」

美國心理學家弗洛姆也認為夢所用的是象徵語言。他說：「所有的神話和所有的夢境都有共同的地方：它們都是以相同的語言，即象徵的語言『寫成的』。」

「巴比倫、印度、埃及、希伯來和希臘的神話，是以相同的語言寫成的。生活於紐約或巴黎的人所做的夢，與幾千年前住在雅典或耶路撒冷的人的夢是一樣的。」夢是古今通用、世界通用的語言，這門語言真值得學習吧！學外語的朋友，不妨也學學釋夢，夢發自內心，可稱為「內語」吧。內語外語一起學，內外兼修，對人大有好處。

弗洛姆認為，用日常的語言，我們很難解釋清楚我們內心的感受。許多心情的微妙的部分，找不到適當的語言來表達。而運用象徵則可以把這些細微的感受表達出來。例如：「在日落時發現自己站在郊外，除了一輛牛奶車外四周空空蕩蕩，房屋破舊環境陌生，你找不到汽車或地鐵讓你回到家。」這個場景是一個夢，這個事並沒有發生過。但是，這個夢所表現的那種迷失和陰鬱的感覺，卻恰恰是夢者當時的心境。

弗洛姆把象徵分為三類：慣例的象徵、偶然的象徵和普遍的象徵。我們把一種會汪汪叫的動物稱作「狗」，把一種四腿坐具稱作椅子，這都屬於慣例的象徵。這種象徵沒有什麼道理。汪汪叫的那種動物我們稱為「狗」，還有的人叫「dog」，或者叫「犬」，如果一高興大家改稱為「驢」也無妨。它現在被我們稱為狗純屬一個慣例而已。再如，紅十字代表醫院，也是一種慣例的象徵。

偶然的象徵與其代表的事物則有一點內在聯繫。假如某個人向女友求愛時，是在一個大雪天。那麼，下雪天也許以後對他來說，就是戀愛的象徵。再如一個人正吃雞肉時，聽到了摯友死亡的消息，那麼雞肉對他來說，就是悲傷的象徵。由於偶然的象徵來源於某個人的經歷，其他人是難以理解的。

普遍的象徵與其代表的事物聯繫密切。例如，光明代表著善良、正義、成功等；火代表著熱情、勇敢、力量、活力還有危險等；墮落代表著地位下降、道德淪喪、犯錯誤、失敗等。光明、火、墮落等都是普遍的象徵。不論是什麼人，也不論他處於什麼時代屬於什麼民族，都可以理解這些象徵。

我認為，弗洛姆對象徵的分類很恰當、很準確。在夢裡，這三種象徵都存在，但主要是後兩種象徵居多。

弗洛姆認為，任何心理活動的表現都會出現在夢裡。他不同意佛洛伊德把夢說成僅僅是「願望達成」。

弗洛姆認為，清醒時人要面對外界，而睡眠時人卻不必面對外界，不必行動，而只需要面對內心。這是夢與清醒時的心理活動不同的原因。例如我認為一個人微不足道，我在夢裡就夢見他是螞蟻，這在夢裡是很合理的，它準確地反映了我對他的態度。但是清醒時，我就不能把他真當成螞蟻，因為清醒時我會有行動。比如，我把他一腳踏死了，我就犯了殺人罪。

下面是弗洛姆釋的一個夢：

「有個男人在經過一座果園時，從一棵樹上摘下一個蘋果。一條大狗出現並撲過來。」這個人恐懼萬分，於是驚醒了，嘴裡大喊救命。

弗洛姆解釋，夢者對一個已婚婦女產生了欲望。他想和她發生關係，卻有所恐懼。

事實確是如此。

## 五、我的釋夢觀

在我們列舉古今中外各種人對夢的品頭論足、敘述判斷之後，我們應該自己親眼看看夢了——就像我們聽許多人議論一個新娘子之後，現在已到了掀起蓋頭，看看她的真實面目的時候了。

「夢是正的還是反的？」

「夢見蛇好不好？」

「夢見殺人呢？」

關於夢的問題很少有一兩句話能說清楚的，夢沒有那麼簡單。

我將先從回答上面的較簡單的問題開始。你問夢是正的還是反的，就說明你對夢還有誤解。什麼叫正？什麼叫反？你是不是說夢和第二天的事相同就算正，相反就是反？

也就是說你認為夢能預見未來？

這就與我的看法不同了。在我看來，絕大多數夢的意義不在於預見未來，而在於揭示你自己內心中那些連自己都不知道的東西，那些潛藏的欲望、直覺的洞察和判斷。恰如榮格見到的那個校長，他的夢是揭示他不要太努力，應該放鬆一下自己。

再說，如果你夢見狗追你，那麼哪個是正，哪個是反？正，是不是說你第二天真的會被狗追？反，是不是說明天你會追狗玩？如果你夢見飛上天空，用兩個手臂當翅膀自由飛翔，那麼正，是不是說你明天真的會飛上天空，就像天女、神仙或妖怪那樣，反，是不是說你會從天上掉下來，或你會入地？用正夢反夢這種說法談夢，是沒有什麼意義的。

而問夢見蛇是好是壞這種問題的人大概是受到《周公解夢》一類書的影響。在《周公解夢》一類書裡，夢見蛇主什麼，夢見吵架主什麼，一一列出。那種釋夢法倒真是方便，手持一卷《周公解夢》，像查字典似的一查，就知道夢的意義了。

可惜的是釋夢並非這麼簡單。如果你不信，可以買一本《周公解夢》，每天用你的夢檢驗它的準確度，你會發現十次裡也難得有一次準。

夢見的蛇是什麼樣子的？這條蛇做了什麼？這條蛇在什麼地方？夢裡的你又做了些什麼？你有什麼感覺？……所有這一切，對解釋夢的意義都有影響。

譬如有個人問你：聽到一個人說「去」，這意味著什麼？我必須問他是誰在什麼情況下說的，語調如何，我才能知道這個字的意義。

如果你問朋友，想不想去蘇州玩，他說「去」，意思是他願意去蘇州。

如果是小孩子纏著母親，而母親正在做飯，「去」的意思是讓孩子離開她自己玩去。

如果你很害羞，走到別人介紹的女友的家門口不敢進門，陪你來的紅娘一推你，說一聲「去」，意思是讓你鼓足勇氣進去。

一個「去」字，會有這麼多種意思。夢中的蛇，意思就更多了。

我怎麼才能回答這一問題呢？我只能說，講講你的那個夢，講講夢裡你怎麼遇見蛇的。最好還要講講做夢之前的最近幾天，你遇到了什麼事。

那麼，夢到底是什麼？

佛洛伊德的觀點認為夢是願望的滿足，夢之所以表現出千奇百怪的樣子是為了逃避「超我」這個「審查員」的審查。

佛洛伊德去世後的今天，人們已經發現他的看法不能說明所有的夢。

首先，我們已發現，夢之所以要以一種難以理解的形式表達出來，並不是壓抑和偽裝的結果。我認為夢即使毫不受壓抑，即使沒有「審查員」，夢也不會採取其他形式。夢並不是為了欺騙「審查員」而說黑話。凝縮、象徵等方式就是夢的本來面具、唯一形式。比如，夢都是一些圖像，而不是思想和語言。在佛洛伊德看來，這和壓抑和逃避審查有關。但是，我們知道，用語言也是可以進行欺騙和逃避審查的。罪犯和間諜在騙人時並不裝啞巴用手比畫，相反他們說話，說大量的假話。因此，夢用圖像而不用語言去敘述情節，這不是為了偽裝而是另有原因。

再如，為什麼夢要使用一些奇怪的構造方式呢？佛洛伊德認為也是為了偽裝。但是，許多研究都指出，夢的構造方式和古代語言及詩人語言都很相似，表達比較委婉含蓄。例如，「慈愛」一詞在夢裡往往用一個象徵性的形象表示，比如用一個抱小孩的母親形象表示。如果你在夢中想表示你對某個人的感情是慈愛的，你可能會夢見你像抱小孩一樣抱著他。這種方法恰恰是遠古人的表達方式。他們如果表達思鄉的急切，會說「我是射回家鄉的箭」。後來人們開始用「好像」之類的詞聯結比喻的主客體，例如，「我對他好像母親對孩子」，「我思鄉的心跑得好像箭一樣快」。直到更近的時候，才出現形容詞「慈愛」、「急切」等，人們也才會說，「我對他很慈愛」，「我急切地想回家」。這種古代語言與夢的相似的例子比比皆是。春秋戰國時代的說客們多用比喻手法，這可以看成遠古語言的遺跡。詩人的語言也類似於夢，例如「夏日裡最後一朵玫瑰，還在孤獨地開放」。這裡的玫瑰指老人。但是詩人為什麼不說「一個老人還在孤獨地活著」，而用象徵性形象來表達呢？難道是為了偽裝，為了逃避審查嗎？夢為什麼要用刀代表男性性器官呢？如果用「口」代表或用「調」代表，不是更容易通過審查嗎？

因此我認為夢採用這種方式不一定是為了逃避審查，而是另有原因。

另外我不認為夢僅僅是為了滿足願望。如果夢的目的是滿足願望，那麼夢偽裝之後，意識中的自我並不理解夢的意義，這又有什麼滿足可言？打個比方，一個笑話說了，聽笑話的人沒聽懂，這個笑話說了又有什麼用呢？

另外，從我的經驗上看，有許多夢如果用「滿足願望」去解釋，十分牽強而且有的根本解釋不通。

在我看來，和佛洛伊德相比，榮格等人更深地發掘了夢的奧秘。夢與其說是偽裝，不如說是一種表達方式。在我們心靈深處，的確有個原始的部分存在，如同一個原始人。他不懂得現代人的邏輯和語言，他的語言是形象化的、象徵性的。夢就是他的語言。在過去的著述中，我把夢比做「原始人來信」。

「原始人」不會寫字，所以他寫信只好不用文字。用什麼呢？用圖畫！用連環畫！現代的文盲不也是這樣寫信嗎？

原始人想說，這個人勇猛威嚴如同獅子，可是他不會寫字，也不會說話，於是他就畫出一個人面獅子來。金字塔前的人面獅子像就是這樣創造的。夢裡的形象也是這樣創造的。原始人想說，這個女人狡猾、陰險，我被她誘惑了，這很危險。可是原始人不會寫字，於是他便創造這樣一個夢：一個熟悉的美麗女人帶我到一個屋子裡。我到屋子裡以後卻發現她不見了，屋裡有一條蛇，我嚇得飛跑，但卻跑不動。

原始人的信是用象徵的筆法寫的，類似一個寓言故事。這種筆法和文學家的筆法有些相似。要想知道原始人的信是什麼意思，你應該從頭到尾看完它。至少，也該看上一段話。如果從這封信裡抽出一個字「蛇」，誰也不知道它是什麼意思。

原始人的信會寫些什麼呢？

什麼都會寫。當原始人餓了的時候，他喜歡寫信談飲食。當原始人性欲不滿足時，他喜歡寫信談女人（**女原始人就談男人**）。有時他會編一個色情故事來過過癮。當原始人生氣時，他寫信痛罵他的敵人，編一個故事，故事裡這個敵人被殺死了，好讓自己痛快痛快。

有時候原始人心情很好，一切都滿足，他就會寫信描述他的美好生活和好心情。白天遇到了什麼人或什麼事，晚上原始人也會加以評論。並且提醒自己應該怎樣對待這個人或這件事。如果你白天做錯了什麼事，原始人就會指出應該如何改正。當你面臨一些重大的選擇時，他也會為你出謀劃策，為你詳細說明如何做會帶來何種後果。

白天有什麼難題解決不了，原始人也會動腦子幫你想。你聽說過嗎？有許多科學家都是在夢裡得到啟發，才有偉大發現發明的。比如說有個科學家研究如何使橡膠更牢固，他絞盡腦汁也想不出來。一天，在夢裡一個魔鬼告訴他可以往橡膠裡加硫黃。他醒後一試，還真對！於是他創造了硫化橡膠。

當然世上沒有客觀的魔鬼，告訴他主意的是他內心中的原始我，或者說他心靈的原始部分。

「原始我」有時還有特異功能。比如，它能知道遙遠的親人那兒發生的重大事情。釋夢就是翻譯原始人來信。我們心中的原始人雖然文化程度不高，可是卻具有一種樸素的智慧。他不會被詞句欺騙，更能看清事物的本質。他時時注意著周圍的事情，所以能注意到微小的細節，從中得出一些判斷。他很有自知之明，當你狂妄自大時他會及時提醒你應該謙虛。他還有幾百萬年來人類積累的經驗，因此他很善於辨別善惡，知道什麼對你是好的，什麼是危險的。他也不自欺欺人。

所以我們真的很應該看看他的信，應該學會這門「原始語」，學會釋夢。

原始人也會有恐懼緊張的時候，有不知所措的時候，有相互衝突的時候，但是，他很少有說謊的時候。

「原始人來信」這個比喻很恰當地反映了夢的本質，但是為了透徹地說明夢，我還將用更嚴謹的科學的語言來加以說明。

從佛洛伊德開始，心理學家發現了一件事：人的心理活動有一部分是潛意識的。

我們一般認為，所謂心理就是我的所思所想、我的喜怒哀樂，總之，是自己意識中的內容。人們從不認為，有些心理活動是自己意識不到的——「如果說，別人做一件事的原因是什麼我不知道，這是情有可原的，人心隔肚皮，我不是別人肚子裡的蟲子，但是如果說我有時自己都不知道自己的心理，不知道自己做事的動機，我難以相信。」自己不知道自己心理，這聽起來似乎很荒謬。

但實際上，人的心理很多是自己不知道的，心理學家稱為潛意識。有一個例子：有個女孩連續三次高考未考上理想的大學，在第四年複讀時，她感到非常疲倦。有一天，她騎自行車摔了一下，就突然失明了。到醫院檢查，查不出任何病，但就是看不見東西。這樣過了幾個月，在七月七日，也就是高考都開始的那一天，她的眼開始可以看到一點光亮；到了七月九日，高考結束那一天，她的眼睛竟不治而癒了。這件事就是潛意識心理活動的結果：女孩意識中很想繼續考，但是潛意識心理卻不願參加考試，於是潛意識截斷了視覺通路，讓她看不到東西，考不了試，直到考試結束，才讓她恢復視力。

這個女孩的例子可能比較奇特，但實際上我們平時不經意的一舉一動中，都常有潛意識心理在影響。比如，一個女孩暗暗喜歡一個男孩但無從表達，那一天她「偶然」跌倒在他懷裡（**雖然她的確不是故意的**）就是潛意識心理指揮下的行動。

處在潛意識中的那部分心理，或者簡稱潛意識，和意識中的心理有明顯不同。它不僅不能被意識到，也不容易受意志控制，正如前面例子中的女孩不可能用意志控制自己的眼睛瞎與不瞎。而且，潛意識活動更為情緒化。最主要的一點則是，它的認識活動大多是通過象徵性的形象進行的。

潛意識為什麼與意識心理如此不同？答案是：它是心理結構中較原始的部分。在人類的原始期，在人類還沒有語言或剛剛有語言的時期，人們都是以形象的、直覺的和情緒性的方式面對世界的。只是在進入人類的成熟時期以後，人類才學會用理性邏輯思考。現代人心理結構中，佔主導地位的是邏輯的、理性的思維，但是原有的那種象徵或形象思維方式也沒有消失，而是留在了潛意識之中。

潛意識的心理和意識的心理形式很不相同，而且在一定程度上相互獨立，當我們偶爾看到了自己潛意識的活動時，我們會覺得那簡直像是活動在我們身體裡的另一個人——一個原始人。

夢，就是潛意識中的心理，原始人的形象思維和象徵。

做夢，是我們與潛意識溝通的最直接的方式。

除了夢以外，優秀藝術家的靈感也來自潛意識。有些作家認為靈感是神的啟示，因為他們自己也不知道靈感是怎麼來的。突然靈光一閃，一個好的構思、一個形象、一句好詩就來到意識中，它似乎完全不是自己想出來的，因為它比自己能想出來的都要好，難怪他們會以為這靈感來源於神的啟示。而實際上，靈感就是潛意識（我們心中的原始人）創造的，是我們自己創造的。

神話故事、童話故事、民間傳說等往往也都是來源於潛意識。講出這些故事的人往往並不知道這些故事中蘊含了什麼象徵意義。

所以我們也完全可以把神話、傳說和把一些優秀的文學作品或藝術品當作夢看待，像釋夢一樣解釋它們，因為，它們和夢一樣，都是潛意識的作品。

還要說明一點，所謂潛意識並不是單一的一個東西。

人的心理結構是一層層的，在最淺層是意識，深層是潛意識。潛意識中，相對較淺的是個人潛意識，它離意識較近，不是太原始的。由這一層產生的夢比較平常，也比較接近日常生活，不是十分震動人。我們大多數的夢來源於這裡。而更深層是集體潛意識，也就是榮格所講的原型所在之處，由這一層產生的夢就是榮格所說的「大夢」，這些夢神秘奇異、匪夷所思，和日常生活相距極遠，而與一些古老的神話反而十分近似，這一層次的夢極具震撼力，會給夢者留下極深的印象。

有沒有更深層次潛意識中產生的夢呢？現代心理學對此還沒有定論。對夢的科學研究，現在還沒有到完成的時候，還只是一個年幼的兒童呢！

夢引領我們進入了潛意識的世界，進入了心靈深處。越了解夢，你就越知道，心靈的世界無比浩大，隱藏著無數的奧秘，你的心靈絕不僅僅是你的那一點可憐的思想，在你的心靈中，有無限智慧、無限潛能。

了解夢，就是了解自我，也就是讓自己獲得人類最深刻的智慧。釋夢除了前邊提到的作用外，還有一個更重要的作用：了解自己的夢可以改變自己，使自己的內心變得更豐富，使自己的智慧更深，使自己更懂得人、生命、自然和生死。釋夢，是一種完善人格的心理學手段。

今夜，閉上眼睛，你又將回到夢中世界。在經歷了它的奇幻之後，你不妨按本書下面講的方法，試著破解夢的秘密，不要把夜送給你的禮物隨便拋掉。

# 第四章

# 打開夢王國的寶庫

## 一、迷霧中的尋寶者

你可以看到許多談論夢的書，那些書旁徵博引，滔滔不絕地談夢，的確開人眼界，頗有趣味，但是它們沒有揭示夢的秘密，看完書之後，你還是不知道，你昨天晚上那個怪夢到底有什麼意義。這就彷彿你聽見有人在議論山中某處有地下寶庫，議論誰得到了寶貝，議論寶庫之中的種種珍奇，聽來的確有趣，但是，你仍舊窮困，因為他們沒有告訴你怎樣才能找到珍寶。

你也許會想到查查《周公解夢》之類的書，這本發黃破舊的書據說就是藏寶圖，但是你會發現它不是，它只是張假圖，至多只是藏寶圖的殘片，從上面你已經看不出什麼了。

且不說那些街上買的拼湊的所謂解夢書吧，就是專家挖掘出的真品《敦煌本夢書》，其中也是矛盾重重。例如在 P.3908 號「人身梳鏡章第六」，有一條「夢見馬者，主大凶」，而在 S.620 號「六畜篇第卅一」，卻又說「夢見馬，吉」，真不知道這個夢見馬的人到底該哭該笑，也許，面對著這張破碎的舊地圖，他只有哭笑不得了吧。

中國古代的確對釋夢有所研究，剔除迷信的東西後，仍舊有可取之處。但是，古代釋夢書為什麼不能用來指導我們釋夢呢？首先是因為其中夾雜了迷信，不是科學的。另外，隨著時代的變遷，古代人所用的象徵與現代人已經有所不同。古代人不會夢見飛機，所以古代夢書無法指導你釋一個有關飛機的夢。古代人穿衣服的顏色和社會地位有關，比如只有皇帝才可以穿某種黃色的衣服，所以夢見穿黃袍也許就是與稱帝有關。而現代人則不然，黃色的衣服也許只是一件普通的運動衫。還有，古人中精於釋夢者也都會秘藏他們的技術，不會輕傳別人。

夢的寶庫的藏寶圖和鑰匙現在只能到心理學中尋找。心理學以科學的手段，真正能使你了解夢的奧秘。

## 二、得到藏寶圖

學習釋夢是不是很困難呢？

釋夢的方法說難不難，說易不易。說難不難，是因為我曾經在大學心理學課上講過釋夢術，不過兩三個半天就有許多學生初步掌握了這門技術，而且成功地破譯了自己或別人的某個夢。說易不易，這是說如果無人指點，完全靠自己摸索，只怕十年八年也未必能摸索出規律來。當然，如果你讀了關於釋夢的書，而且這本書寫得很好的話，你也可以很快就掌握釋夢技術。佛洛伊德的《夢的解析》、弗洛姆的《夢的精神分析》都是關於釋夢的好書。讀一讀這些書，並且認真實踐，那麼半年一年之後，你或許就能釋夢，當然，你如果把我這本書讀完並且認真實踐，半月一月之後，你或許就能釋夢，個別聰明人還可以更快些——為什麼看我這本小書比看偉大的心理學家佛洛伊德和弗洛姆的書還好呢？原因很簡單，佛洛伊德和弗洛姆的書都不是為了教人釋夢而寫的，而是為了說明他們的理論而寫的，對於一般人來說，太高深了，學起來很不容易。

佛洛伊德的《夢的解析》，二十世紀八〇年代末在中國出版並銷售了幾萬冊，近年來也有好幾個版本。讀過這本書的人不少，可是從這本書學會了釋夢的人只怕一百個人裡也未必有一個。因為佛洛伊德的書非常難懂，夢的顯義、夢的隱義、意識、前意識、潛意識、原發過程、繼發過程等術語你必須都明白了，你才能搞清他說的是什麼。這本書厚得像磚頭似的，又充滿思辨、推理和論斷，一般人就算下定決心，沒有一年半載也讀不完，如果你決心不夠大，那只怕你永遠也看不完。

弗洛姆的那本書還好些，薄薄的一小本，不過十幾萬字，語言也還比較通俗易懂。可惜那本書裡直接寫釋夢術的只有第六章一章，二十五頁紙，舉了十來個例子。對說明什麼叫釋夢術來說，這些篇幅夠了，但要教會讀者釋夢，這麼一點篇幅是遠遠不夠的。

作為心理醫生，釋夢是我常用的基本技術之一。十餘年來，我積累了一些經驗，在與同行交流時，大家都對此很有興趣。我在北京大學等十幾個高校開過講座，聽眾也都十分有興趣。不少人希望學習釋夢，想請我教釋夢的方法。

可是我有些猶豫，擔心有些心地不夠善良的人利用釋夢術探查別人的內心，發掘別人的隱私，擔心有些人不能接受夢所揭示出來的事實，擔心有些人使用釋夢術時出了錯誤。

古代人，比如周公吧，很可能掌握了釋夢的技術，可是他卻從不傳徒弟，也不寫書。《周公解夢》之類的書淺薄錯謬之處很多，肯定不是真懂釋夢術的人所寫。那麼，古代的釋夢大師為什麼不願意傳授這種技術呢？一方面是為了壟斷：我會寫字你不會，我就勝過你；我會釋夢你不會，我也勝過你。另一方面則是出於一種信念，認為「天機不可預洩」，認為「多知者不祥」，教人釋夢會洩露天機，使別人多知是不好的。

不要從迷信的角度去理解「天機不可預洩」，這種信念的意思是，如果我們知道了有關他人的未來的事，而且我們把這種知識說了出來，就會干擾事件的自然發展，而這是不好的。

所以，在我猶豫了一下決定還是寫這本書時，我也決定至少要先說上幾句話給有心學習釋夢的朋友，以減少可能會有的消極作用。

首先，希望大家用釋夢術來幫助別人或了解自己，不要用於傷害和算計別人，不要損害自己的「陰德」。「陰德」這種說法並不是迷信，只是一個比喻。如果你用釋夢算計別人，你將受到自己潛意識的懲罰。如果善於釋夢，你將很容易洞察別人內心，發現一些別人還不十分清楚的東西。你可以因此而戰勝別人。但是，另外一個心理過程也在同時進行。釋夢是你和自己潛意識的溝通，經常釋夢，你潛意識中的各個原型都將被激發。每一個原型彷彿一種性格模式的人，有極大的心理力量。一旦你和某個原型有共鳴，你的性格會越來越接近這個原型。榮格發現，人的原型有「智慧老人」、「阿尼瑪或阿尼瑪斯」、「太陽王子」等許多種，各有其典型性格，例如當「太陽王子」原型被激發時，你的性格會開朗、活潑、瀟脫，如同王子。

你如果經常利用釋夢去做損人的事，就會喚起另外的原型，即黑巫師或魔法師，從而使你的性格變得陰鬱、鬼氣森森，而你自己的潛意識則會失去平衡，將來，潛意識的衝突會引起心理疾病。所以，釋夢只應用於對人對己都有利的目的。

再有，對釋夢的結果也不要盲目輕信。假如你通過釋夢，斷定你丈夫和你妹妹有姦情，不要貿然相信。因為你的「原始人」可能會有出錯的時候，再說你對夢的分析也極有可能會出錯。要把夢當作一個啟發，不要當成證據。

何況，夢中更多顯示的是心靈層面的事件。也許進一步分析，你會發現，「丈夫」是你自己性格中男性化的一面的象徵，而「妹妹」則是你自己性格中幼小的一面的相片。它們之間的關係是你內部心理整合和諧的象徵——這本是一個很好的夢。

夢是十分複雜的、多層面的，不要輕易以為自己已完全了解了一個夢。

還有，作為一個釋夢者，必須對人對己要寬容。人非聖賢，很多人在夢裡都會有一些「不好」的願望，比如想揍他的親哥哥，或者想強姦鄰居女孩等等，對此一定要寬容。

我們的道德只要求人們不幹壞事，並沒有嚴格到不許人們在夢裡想想壞事。如果在夢裡人人都被迫遵循道德標準的話（實際上，這是不可能的），這世界或許能增加幾百個好人，可是卻會增加幾百萬個因過分壓抑而發作的精神病人或心理變態者。

還有一點是，當你為別人釋夢時，務必要考慮一下，能不能把釋夢揭示出的事情告訴對方。如果對方很脆弱，那就不要把他承受不了的事情告訴他。再有，假如在大庭廣眾之下，一個女孩說出一個夢請你分析，而這個夢是關於她的性幻想或性隱私的，你最好假裝釋不出來。

釋夢的最深的危險就是干預了心理發展的自然進程。我們現在都很了解，自然界有它自然的自平衡和自然發展，有一個生態系統環環相扣，有時一些善意的干預會打破自然的平衡。例如，如果你同情美麗的鹿而把惡狼斬盡殺絕，你會發現過不了幾年鹿就會大批死亡。或者因為沒有了狼，鹿繁殖過快，結果吃光了植被，造成了大饑荒，導致大量死亡；或者因為沒有了狼，病弱的鹿沒有被狼吃掉，造成鹿群的素質下降，對疾病抵禦力下降，導致瘟疫流行和大量死亡。所以，我們都知道人類對自然界的干預要有限度。

同樣，一個人的心理也是一個環環相扣的大系統，而且是一個演變之中的系統，有它自己的節奏和過程。有時人必須要經歷一些苦難或痛苦，心靈才能成長。在這種情況下，你哪怕是出於善意使夢者避開了這種痛苦，你也會破壞他心靈成長的自然進程，有害於他的人格完善。在這種情況下，你的釋夢知識就是「不祥的」。當然，一個人如果能通過釋夢而干擾心理發展，那他的釋夢水準已經是相當高了。

這樣的人我想是極少的。但我還是想提醒這極少的幾位朋友，「大道自然」，我們應以謙卑的心面對心靈的無窮奧秘，切不可狂妄自大，試圖做人力所難以做到的事情。

如果各位讀者能接受我的這些勸告，那麼，讓我們開始釋夢術學習，踏上這一尋找和開啟寶庫的行程吧。

## 三、芝麻開門：釋夢

現在我們已來到寶庫附近，寫著誰也不懂的怪字的石碑是我們找到大門的關鍵。

我曾多次打過這樣的比方：釋夢是破譯用未知的文字寫的文章。考古學家挖出一塊石碑，上面是一種誰也不懂的古文。考古學家想知道石碑的內容，他怎麼辦呢？他會首先尋找與某種現代文字相似的字，因為很可能這個字和那個現代文字意義相近。假定他看到一個字「①」有點像「日」字，他就先把這個「①」當成「日」字，然後再看石碑上這個字出現了幾次，周圍是些什麼字，從而猜測出周圍的字的意思。猜出幾個字後，他再由這些字猜測這篇文字是寫什麼的：是記載一次日食，還是記載一次祭典或一次戰爭？最後他根據猜測的主題去推斷其他的字是什麼，盡可能地尋找旁證證明自己的猜測。最後他能自圓其說地把全文釋譯出來。

釋夢也有點像文學評論家解釋一首難懂的詩。比如李商隱寫了一首詩，題為《錦瑟》：「錦瑟無端五十弦，一弦一柱思華年。莊生曉夢迷蝴蝶，望帝春心託杜鵑。滄海月明珠有淚，藍田日暖玉生煙。此情可待成追憶，只是當時已惘然。」

這首詩是什麼意思呢？我們首先要在詩句裡尋找可以理解的片段。比如從「思華年」上，我們猜測這首詩或是感歎年老，或是追憶往事。從「此情可待成追憶，只是當時已惘然」，猜測這首詩是追憶往事。因為提到了「當時」，可見寫的是過去的事。由這樣一些片段材料串起來，我們可以猜測，本詩寫的是一個愛情故事。當然另外一些人可猜測為只是對人生的感慨，對沒有當上大官的惋惜。從主題出發，我們又可以去推斷一些難解的句子：「滄海月明珠有淚」，或許是追女友的一次垂淚，甚或是對性愛過程的描寫。總之要能自圓其說，旁證充分，也就成了一家之說。

雖然釋夢的過程類似譯遠古文字或解釋文學作品，但是還稍有不同。有時它比譯遠古文字難，難就難在每個人的夢都使用了一些只有他自己用的「詞彙」。有時它又比譯遠古文字容易，容易處在於我們可以通過和做夢者交談，從中獲得許多訊息。而譯遠古文字時，我們總不能要求墓中的枯骨告訴我們刻這一塊石碑是為了什麼吧？

下面我講講如何在夢中「找出能懂的字」來。

### （1）真正的「象形字」：象徵

夢是象徵，這是真正的象形字。我們也許看過最早期的象形中國字，那些字像一幅簡筆劃。比如，「水」字就像三道水波紋，「戈」字就像一個人扛著戈，但是那些字畢竟不是畫，畢竟簡化了。夢則不一樣，夢的「詞彙」是生動的一幅幅畫，是電影一樣清晰的形象，所以夢的象徵才是不折不扣的「象形字」。

象徵就是用一個形象表示一種意義。在日常生活中我們也常用。比如人們說納粹德國的隆美爾將軍是「沙漠之狐」，這絕不是說隆美爾長著一條毛茸茸的大尾巴，四爪著地在沙漠裡跑，而是說他像狐狸一樣狡猾，他仍舊是個穿納粹德國軍裝的人。同樣，美軍襲擊伊拉克的「沙漠之狐」行動也不是在沙漠裡養狐狸，而是說這一行動迅速如狐狸的行動。我們在年畫上看到小孩騎著一條碩大無比的魚，這也並不是記載以前有個小孩抓住過大魚的故事，而只是表示「年年有餘」罷了。畫一個倒掛的蝙蝠，也只是表示「福到」而已。

夢主要就是用象徵。只不過在夢裡，我們不說「張三膽小得像個兔子」，我們在夢裡可能會直接夢到一隻兔子，這兔子有張三一樣的小三角眼。有個女人夢見把便壺做成花瓶，白天用它作擺設。這個「便壺─花瓶」就是一個象徵。便壺是幹什麼用的？是排泄小便用的。花瓶是幹什麼用的？是擺設。什麼既像便壺可供人排泄又像瓶可供人觀賞，而且是夜裡做便壺白天做花瓶呢？夢者的答案是女人。女人夜裡可供男人排泄性欲，白天可供男人觀賞。不是常常有人把漂亮但沒有才能的女人叫做花瓶嗎？

由此象徵我們可以看出這個做夢的女人對性的態度。她認為性行為是骯髒的，有如男人往女人身體內排小便。她認為男人對女人的需要只有兩方面，一是性對象，二是觀賞對象。由此可以知道她對男性的態度一定是討厭的，我們甚至還可以推斷這個女人外貌不錯，否則夢見的也許就不是花瓶而是瓦罐了。

學習釋夢的第一步就是認識各種象徵。如果你對許多象徵的意義很了解，釋夢就會很容易。比如佛洛伊德的《夢的解析》一書中，就提出過瓶子可以作為女性生殖器的象徵。如果你知道這一點，就可以知道「便壺─花瓶」和女性生殖器有關，進而和女性有關。

下面我再從一個簡單的夢例出發，講三個象徵。

某女人從十幾歲起，在十幾年內常常做同一個夢：在廁所裡剛一脫褲子，就掉進深深的茅坑裡，很恐懼。

釋夢者遇到這種夢例，首先應該詢問夢者是否有過和夢中情景相似的真實經歷。如果有，也許此夢只是由於過去嚇壞了。如果沒有，那這個夢肯定是用象徵的語言在說另一件事。

在這個短夢中有三個象徵，它們都很常見。

第一個：廁所和其中的茅坑。

第二個：脫褲子。

第三個：掉下去或說跌落。

除此之外，夢中還有一種情緒，那就是恐懼。

廁所和茅坑象徵著骯髒。

脫褲子象徵著性交。

掉下去象徵著墮落。

因此這個夢的意思極為易懂，翻譯出來就是這樣：性交這件事是一種墮落行為，是骯髒的，是很可怕的。

懂得什麼是釋夢了吧？

當然實際釋夢並不這麼簡單。因為有許多象徵的意義你不知道，釋夢專家也不知道。這些象徵是夢者獨創的。對於這種「夢的詞彙」，我們只好猜測或從旁側摸索其意義。有的象徵的意義我們還沒有總結出來。有的時候夢者把一個普遍的象徵加以修改，表示一個特殊的意義，有少數時候夢也說謊。還有一點要提醒大家的，就是一個象徵往往有很多重意義，也就是說，它是多義的。所以我們在理解象徵時，也必須聯繫整個夢，聯繫夢境的「上下文」，才能較準確地理解這個象徵的意義。

## （2）象徵的多義性

同一個象徵，在不同的夢裡有不同的意義，有時在同一個夢裡也會有多重意義。比如說夢見跌落，它就會有多重意義。安．法拉第總結說，如果你夢見跌落，它可能表明在你的生活中真的有跌落的危險。例如：「我夢見從新建的七層公寓的陽臺上跌落下來，醒來後我立即檢查了陽臺欄杆，發現它們明顯地鬆動了。再有我的鄰人夢見他兒子從一架梯子上跌落下來。他檢查了他家的梯子，發現有一處鬆動了。」

安．法拉第說：「如果一場跌落的夢沒有這類表面的警告訊息，那下一步就要問夢者目前可能遇到哪種比喻性的跌落。」

一個大學生因成績差而害怕留級，遂夢見自己從學院的樓梯上跌落下來，這個夢表明他害怕失去地位。一位無線電臺主任的妻子在丈夫晉升之後，立即做了許多跌落的夢，這意味著她感到自己配不上丈夫了。也就是說，她認為自己在丈夫心中的地位「一落千丈」了。一個出身天主教徒家庭的少女與男友同居後，做了一連串不愉快的跌落的夢，這表明她很內疚，因為她感到自己「墮落」了。

所以同樣的跌落，可能表示真的跌落，也可能表示留級，表示地位下降，表示墮落，或表示其他意思。具體在某個夢裡它表示什麼，則要根據夢的「上下文」來確定。夢中從什麼地方跌落，提示著這個跌落是什麼意義。例如前邊例子中的大學生，夢見從學院的樓梯上跌落，這說明他的「跌落感」與學校有關，於是我們可猜想他所指的是留級。跌落的具體形式不同，其意思也會不同。比如一個女性夢見自己在床上躺著，突然感到人與床飄飄如雪花般向下落，感到有些害怕。我們可以從「床」猜測到此夢必然與家庭或性有關，因為床是休息或性愛的地方。這個女性已結婚，不存在把性視為墮落的心理。由此可推斷此夢中床的下落表示家庭根基不穩，表示婚姻生活不盡如人意。當我向夢者說出我的推論後，夢者隨即證實說她的確覺得丈夫對她不如以前關心了，她感到「失落」，因此此例中的跌落代表的是「失落」。

釋夢時絕不能機械地說「什麼象徵什麼」，必須根據具體情況進行具體分析。現有的一些「解夢」一類的書，之所以還不能被稱為是科學的，其中有一個很重要的原因就是它們都把象徵簡單化了、絕對化了，所以其結論往往是錯誤的。

例如，在一本較為嚴肅認真詮釋《周公解夢》的書中，有「門戶敗壞有凶事」一條目。一般來說，夢見門戶敗壞象徵著不好的事情還是有一定道理的。門戶往往代表家、自己，門戶敗壞當然在較多時候代表著家道衰落等不好的事。但是如果把這一點絕對化了，那就可能會出錯誤。有一次，我夢見一座舊房子，門倒牆塌，只剩一面牆還好，夢裡我興奮地用鐵錘把這面牆也砸塌了。按此書的說法，這應該是一個凶事的夢。但是事實上卻不然，經過我對自己的夢的分析，那個夢的意義是：「我正在打破舊的自我，正要再造一個新我。」是一件很好的事情。

在我的夢裡，舊屋早敗壞，但我正要蓋更新更好的新屋，這個象徵和衰落恰恰相反。

迷信的解夢和科學的釋夢，在技術上最大的差別是：前者機械地採用一一對應的方法，如《敦煌本夢書》，就把上至天文、天象，下至飛鳥魚蟲、車船衣襪的夢象都簡單地對應為吉、凶、災、病等。

但在科學的釋夢裡，每一個夢中的人物、景象、動作，它的意義都是依賴整個夢而確定的。比如「18」這個數字，在有的夢裡表示年齡。

一個老年人夢見自己去電影院看電影，他想找第18排的座位，可是怎麼找也找不到，在夢裡很焦急，也很惆悵。在這個夢裡，18代表的是年齡。老人對自己日益遲暮很焦急，希望回到「18歲」，回到年輕的從前。

但在別人的夢裡，甚至是這位老者另外的夢裡，「18」這個數字都可能是其他的象徵。

一個農村青年人想去大城市打工賺錢，有一晚他夢見自己要去這個城市，他坐的列車是「18次」。這裡「18」的意義也是不言而喻的，「18」即「要發」也。

如果我們真的想了解做夢的意義，期望從它那裡得到啟發和啟迪，那麼，斷章取義地生硬解釋，只會導致迷信。這樣做，既害人又害己。

### （3）尋找線索

有時單單從夢本身，我們一時搞不清其意義，或者對夢的意義沒有把握。我們就需要靠夢以外的旁證材料來啟發我們。

例如，問問夢者在做夢前做了些什麼事情，想了些什麼，遇見了些什麼人，就可能會從中發現一些關於該夢的線索。

俗話說：日有所思，夜有所夢。夢和白天所遇到的人與事總有聯繫，特別是當他白天生活中正有重要事件發生時，夢往往會和這件事有關。

另外，我們還需要了解一下夢者是什麼樣的人，近來正處在什麼情緒狀態中，這樣我們就有可能發現更多的線索。

請看下面一個夢例。

一位大學生，長期以來經常做一個夢：「這個夢沒有開頭和結尾，只是一個持續時間很長的畫面。在一個空曠的廣場花園中，有很多東西排列的蛇。而我在蛇的中間無法挪動。蛇活著但沒有生機，黏膩灰黑，大蛇不動，小蛇有小的移動。我也是灰黑色的，僵直地望著家的方向。」

夢者體會到這個夢的感受，是恐懼和無奈。他感到這正是他對生活的感受，他感到自己被困住了，而且對此狀態感到很無奈。他嚮往有熱情有活力的生活，但是實際上他活得很無聊和無活力。

「家的方向」，說明這個夢和家有關。夢者從很小的時候，就離開了自己的家庭，感到一直非常缺少家的支持。夢中，看著家的方向，是對家的嚮往。但是，他對如何回到自己心中的家，是感到無望的。

還有一位大學生做了這樣一個夢：他身穿中世紀服裝走進一幢很暗的房子，屋內很亂，突然有幾個人衝出來向他進攻。他猛地拿出一支衝鋒槍，向敵人掃射。把壞人全打倒後，轉身走出房子，很悠閒地點上一支煙，然後拿出一柄手榴彈向後甩去，屋子在他身後轟地炸了。這時他忽然意識到自己的課本落在屋裡了，可屋子已成一片瓦礫，找不到了。他一轉念，沒就沒了，也無所謂。釋夢者了解到，當天夢者看了電影《最後的英雄》。電影中的一段場景與夢相似。還有這個同學很愛玩又不願受約束，初來學校見學校條件不很好，規矩又多，不止一次抱怨過。還了解到這個同學在這學期沒有好好學，當時又面臨期末考試。於是他斷定：夢中黑暗的房子指學校，夢中殺敵炸房子是發洩被壓抑的感情。課本落在屋裡被炸，代表「該門課落下了，怕考試通不過」。但是這個同學平時就對什麼都無所謂，所以夢中他對課本落下的事也全不在乎。

這個解釋雖不完全，但基本上是準確的。而且，做夢的那個同學在期末考試中那門課果真不及格。

美國心理學家弗洛姆所釋的兩個夢也說明了旁證材料的作用。這兩個夢都是一位年輕同性戀者做的。第一個夢是：「我看見自己手中握著一把槍。槍管很奇怪，特別長。」第二個夢是：「我手中握著一根又長又沉重的手杖。那種感覺就好像是我正在抽打什麼人——雖然在夢中沒有其他人存在。」

這兩個夢不是在同一個晚上做的。槍和手杖都可以看作是男性生殖器的象徵，但是弗洛姆認為把這兩個夢都說成和性有關是沒有把握的。於是他便尋找旁證，他問這個年輕人做夢的前一天想到過什麼。年輕人回答，在做手槍的夢前當晚，他看見另一個年輕人，而且有強烈的性衝動。在做手杖夢的前一天，他對他的大學很憤怒，但是他又不敢提出抗議。他還聯想到，小學時的一個老師用手杖打過學生。

這些旁證材料使弗洛姆斷定，這兩個夢雖然相似，但意義完全不同。第一個夢表示他希望有同性性行為。而第二個夢表示他對老師——大學教授和小學老師——的憤怒，而且他希望以其人之道還治其人之身，用手杖去痛打老師。

我們說夢是「原始人」的來信。但為什麼「原始人」在這天給你寫這樣的一封信，而在第二天又寫了一封與前一天很不同的信呢？這是因為「原始人」的信也是有感而發的。

這裡的「感」指的就是我們白天所經歷的各種各樣的事情。

這些事情有時我們能意識到，有時我們意識不到。「原始人」就是根據這些經歷發出相應的感慨，並且用這些在他那裡還新鮮的形象給我們寫信。

小敏是個高級白領，事業可謂有成，但感情生活並不順利，有情人，但情人明確表示自己無意婚姻。在小敏的意識裡，她對婚姻也很反感，何必兩個人互相束縛？有愛情，無須婚姻保障；沒有愛，婚姻又在保障什麼？所以小敏對目前這種鬆散卻瀟灑的關係也還滿意。

一天她做了這樣的一個夢：

「我急著去上班，發現一份重要的報告沒帶。於是在房間裡翻箱倒櫃地找起來，心裡很急。後來彷彿要找的不是報告，而是一塊巧克力。我拼命找，一邊讓自己回憶究竟放哪裡了。就這樣醒了過來。」

由於這個夢裡，最特殊的一個東西，也可能是最關鍵的就是「巧克力」，我問小敏，最近幾天有沒有什麼事和「巧克力」有關。「沒有什麼呀！」小敏隨口答道。「再回憶回憶。」我說。

「噢，想起來了，」小敏的臉微微有點兒紅，「昨天，我在羅馬花園那裡，看見一對新人在拍結婚照，穿禮服的新娘在照相的間歇在吃巧克力。當時，我覺得她的這個舉動有點奇怪，就注意了一下。」

原來如此，在小敏的這個夢裡「巧克力」與婚姻有了某種聯結。在這封「原始人」的來信裡，「原始人」是在告訴小敏：「在我看來，婚姻也是很重要的，至少像你的事業一樣重要。」

在小敏的意識裡，她一直認為自己既新潮又灑脫。而其實在她的潛意識裡，傳統意義上的婚姻也很重要。從心理學的觀點來看，「原始人」的觀點不存在對或錯的問題，而是有沒有的問題。若有某種觀念或聲音，那就需要我們的意識去關注它、了解它，這樣才能進一步地藉助我們潛意識的力量和智慧，或者至少轉化掉潛意識中的陷阱和阻礙。

有個女孩的初吻是在汽車上，她的心中的「原始人」就把汽車當成了被禁止的浪漫愛情和性衝動的象徵。在十六年之後，她早已結婚生子，卻陷入一次婚外戀。於是她夢見自己站在汽車裡，又害怕又高興，而且還在猜測汽車要開到哪裡。

外人是不大可能從「汽車」上猜出她的心思的，因為對大多數人來說，汽車並不意味著被禁止的浪漫愛情和性衝動。

這種特殊的象徵往往需要另一種方式分析。那就是聯想，讓夢者從汽車開始進行聯想，問她從汽車能想到什麼。因為在她心中，汽車和她的初吻之間有聯繫，所以她很可能就會從汽車想到初吻。當她聯想到了初吻，我們也就明白了她現在夢中的汽車代表的是什麼。

科學釋夢技術的創始人佛洛伊德最擅長用聯想法來釋夢。

佛洛伊德介紹說，一八九五年夏，他曾以精神分析治療一位女心理病人伊瑪，但效果不理想。他想用一個新方法，但患者不接受，於是停止了治療。佛洛伊德的同事奧圖談伊瑪的情況時說：「看來似乎好一些，但仍不見有多大起色。」佛洛伊德覺得像在指責他，心裡不痛快，就把伊瑪的醫療經過詳抄一遍，寄給權威M醫生，想讓他詳判。當晚佛洛伊德做了個夢：「大廳裡賓客雲集，伊瑪也在。我走近她，責問她為什麼至今不接受我的『辦法』。我說：『如果你仍感到痛苦的話，那可不能再怪我，那是你自己的錯。』她回答：『你可知道我最近喉嚨、肚子、胃都痛得要命！』這時我發現她變得蒼白、水腫，我不禁擔心自己會不會疏忽了什麼。於是我帶她到窗口，藉助燈光檢查她的喉嚨。她有點不情願，像戴假牙的女人不願開口一樣，要我認為她不需要這種檢查……我在她喉嚨中發現一大塊白斑，並有小白斑排成像皺縮的鼻甲骨一般。我很快叫M醫生來再做一次檢查。……M醫師說：『這是病菌感染，但沒關係，只要拉拉肚子，把毒素排出就好了。』我很清楚那感染是怎麼來的。不久以前，當她不舒服時，奧圖曾給她打了一針，打的藥是Plopyl……Plopyls……Plopionic……acid……Tlimethylamin……其實，這種針不能輕率地打，可能針筒也不乾淨。」

佛洛伊德從第一個意象「大廳裡賓客雲集」開始了他的聯想。他聯想到他正打算為妻子開一個生日宴會，伊瑪也是被邀請者之一。因此這個夢似乎是在想像生日宴會的情景。這是第一個發現。

他責問伊瑪，說她病不好怪她自己是他的內心想法，也反映了他推脫責任的願望。這是第二個發現。

而對於伊瑪抱怨喉嚨痛、胃痛和腹痛，佛洛伊德知道她有些胃痛，但她從沒有喉嚨痛和腹痛。從這一線索中，佛洛伊德沒有找到什麼，他說：「為何在夢中我給她造出這些症狀，至今我仍不明白。」

「我不禁擔心自己會不會疏忽了什麼。」從這一點上有一個發現，他在內心裡說：「也許我以前疏忽了，伊瑪患的不是心理疾病，而是生理疾病，那治不好她就不怪我了。」他仍是在推卸責任。

「我帶她到窗口，藉助燈光檢查她的喉嚨。她有點不情願，像戴假牙的女人不願開口一樣……」佛洛伊德聯想到有個富婆，她年輕漂亮，但最怕檢查口腔，因為她有假牙。站在窗前的一幕使他聯想到另一個女人，他曾見過她那樣站在窗前讓醫生檢查。佛洛伊德希望這個女人也找他看病，但又知道她不會來。這時佛洛伊德從夢中伊瑪的「蒼白、水腫」想到了另一個人——一位老富婆，她蒼白而且有一次水腫過，她一向和佛洛伊德過不去。

由此，佛洛伊德知道，這段夢的意思是在說：「伊瑪像那個富婆一樣害怕讓我檢查，像另一個女人一樣不來找我，像X夫人一樣和我過不去，所以我才治不好她的病。」我們可以發現，如果不讓他自己進行聯想，誰也不知道在窗口做檢查，戴假牙似的怕開口和蒼白、水腫意味著什麼、象徵著什麼。

「M醫生說：『這是病菌感染，但沒關係，只要拉拉肚子，把毒素排出就好了。』」佛洛伊德夢中由「白斑」斷定伊瑪患了白喉。他聯想到庸醫中有人相信得了白喉拉拉肚子就會好。他把這種庸醫之見加到M醫生頭上，目的是報復M，稱M為庸醫，原因是生活中M也反對了他。

還有一個發現是針對奧圖的。夢中奧圖打了一針造成了伊瑪的感染。由夢裡的「Plopyl……Plopyls……Plopionic……acid」，佛洛伊德聯想到奧圖送給他的一瓶酒，酒味道很差。所以夢中他的意思是：「奧圖能送我那種酒，也就會給伊瑪打有害的針。」這一點，也只有通過佛洛伊德自己的聯想才能破譯。

「Tlimethylamin」使他聯想到不久前，一位老友告訴他，他發現「Tlimethylamin」是性激素代謝的中間產物。由此可見，夢中的意思是說，伊瑪的心理疾病與性有關。

「這種針不能輕率地打，可能針筒也不乾淨。」這是指責奧圖，同時這又使佛洛伊德聯想到，他曾極力推薦過一種藥可卡因，但是他有個朋友卻因濫用可卡因而早死。因此這裡又包含了他對自己「是否太輕率」的擔心。隨後他又聯想到有一位病人，兩年來，佛洛伊德每天給他打兩針。但最近他找別的醫生打針卻因針筒不乾淨引發了靜脈炎。

在夢中他以此安慰他自己：「從這件事看，你不是輕率不小心的人。」

如果不用聯想法，佛洛伊德這個夢中的許多細節我們都不可能破譯，因為它們用的不是普遍的象徵。

因此當我們面對一個解不出的夢時，也應該問夢者：「由此細節你能想到什麼？」

在應用聯想法的時候，要注意：一是夢者在聯想時必須放鬆。只有放鬆，腦子裡的聯想才是自由隨意的，才能順著潛意識中的聯繫聯結到我們要找的東西。如果不放鬆，他的聯想往往會是機械的、呆板的，和他自己的情緒沒有關係。比如從汽車聯想到火車、輪船、飛機，卻不想自己在汽車上的初吻。不放鬆時，有的人乾脆什麼也聯想不出來。二是，夢者有時做了一個聯想，但是馬上說：「這是瞎想，沒有意義，和夢無關。」在這種時候要知道，這個聯想肯定和夢有關，夢者的話只是一種不自覺的掩飾而已。三是，如果從夢者的聯想中，你發現不了和夢有關的東西，不妨讓他繼續聯想。如果在一個意象片段的聯想中找不到什麼線索，可以再從夢的另一個片段開始聯想。

聯想是釋夢中幾乎可以說必須用到的一個步驟。聯想的意義在於把每個「原始人」自己使用的「詞彙」和「原始人」公用的「詞彙」聯繫起來。有時，聯想還可以把某個「原始人」的「詞彙」一步步地轉變成非象徵性的「詞彙」。

聯想也可以說是順藤摸瓜。多年的釋夢和心理治療的經驗，使我不禁產生這樣的假設：「原始人」寫信給我們，是要我們懂的。當夢者向一個心理學家詢問夢的意義時，「原始人」也會「幫助」夢者和心理學家弄懂這個夢的。

比如，一個剛剛認識的人來找筆者，她說想和我聊聊。

「聊什麼呢？」她說，「其實也沒什麼事。」停了一會兒，她接著說：「我給你講幾個有趣的夢吧。我做的。」

想掩藏自己的人一般是不會找心理學家聊天的。所以，我想她其實是想表達什麼，或想解開心理的謎團。談夢難道不是最好的交流兼掩飾的工具嗎？

「我夢見和男朋友一起去爬山，他想在一個茅草房裡歇歇。可我覺得山上更好些，於是他就跟在我後面一起往上爬。後來，出現一夥強盜，他們要抓我。我男友和他們打。結果，他滿身是血倒在地上死了。我很傷心地哭。」

我對她雖然了解甚少，但初聽她的夢，我已從中看出了眉目。但為了避免主觀，甚至是我的投射，我決定追問細節。

「『爬山』你能想到什麼？」我問。

「想不到什麼，就是往上爬。」她說。

「『茅草屋』你能想到什麼？」我接著問。
「就是小說裡常提起的那種。像什麼人的家。」
「你夢裡的『茅草屋』破嗎？你形容它一下。」我說。
「不破，要形容的話，是簡陋，整潔，還有點溫馨。」她說。
「『歐歐』是什麼意思？」
「就是待著。」她說。
「那些強盜長得怎樣？你描繪一下。」
「仔細看，也不是什麼強盜，看得最清楚的一個人的相貌倒像我大學時一個年輕老師。」
「這個老師是怎樣的人？你用簡單的幾個詞形容一下他。」
「他後來出國讀了個博士學位，現在在耶魯大學任教。」
「你怎樣形容他？」我問。「他有知識，成功。」她說。其實形容一個人，角度是多種多樣的，我只說「形容他」，也就是說，既可以形容他的相貌，也可以形容他的性格、為人。但這裡夢者只告訴了我這兩點，即「有知識，成功」，我更願意把它理解為她的「原始人」對我的暗示。
「『強盜抓你』你能聯想到什麼？」我問。
「像小說裡說的，沒什麼兩樣。」她說。「你一問，我想起前兩天和人說起普希金的小說《杜布羅夫斯基》。」她接著說。
「這個小說是怎樣的？三言兩語說一下。」我說。這篇小說我看過。但每個人複述小說、談小說，都會有自己的投射。而這種投射也是「原始人」不倦的提醒。

「這是一個悲劇。一個年輕有為的貴族杜布羅夫斯基，愛上了一位貴族小姐，可當小姐打算跟他走時，他卻來遲了，小姐嫁給了別人。」她說。如果讀者有興趣讀讀這篇小說，會發現這種概括很耐人尋味。其實這種概括也是夢者的「原始人」在反覆提醒我這個釋夢者：「不就是這樣嗎？不就是這樣嗎？」

「『滿身是血』你能想到什麼？」我問。

「臨睡覺前，我看了一個電視劇，劇中的兩個女人愛同一個男人，最後一個女的被打死，滿身是血。這種故事往往只能這麼收場，要不怎麼也委決不下。」講述之後，她這樣加了一句評論。其實，這句評論又是她的「原始人」在「告訴」我，這封信究竟是什麼意思。到這裡，我想我可以很有把握地解這個夢了。否則她的「原始人」會認為我太笨，朽木不可雕。

「這個夢是關於你和你男友關係的。你希望你和男友一起在事業上不斷攀登（即夢裡「往上爬」），但你的男友更願意過在你看來是簡陋、整潔且有點兒溫馨的家庭生活。只是你堅持在往上努力，因為你覺得上層的生活會使你更愉快（即夢裡「山上更好些」）。你的男友受你的影響也在繼續努力，但你對他的能力或狀況不滿意（即夢裡「跟在我後面」）。這時，你的潛意識希望出現一個更理想的人愛你，並希望你目前的這個男友以某種不是你責任的原因消失。而且，你希望的這個人可能出現過，但錯過了。（大學時代的老師代表曾經出現過的人，但回憶小說《杜布羅夫斯基》的情節又表示此人已錯過。）在夢中最後傷心地哭，是表示你對自己的這種想法有內疚感，同時也是同情自己找不到理想的伴侶。對你目前的這個男友，你對他的依戀是他能給你溫暖，還有他對你的愛，但你對他的事業發展狀況及前景不滿意。」我說。

她聽了我的分析，低著頭沉默不語，既不贊同也不表示異議。

「我想起來了，從這個夢中醒來後，我再入睡，又做了一個夢，現在能記住的情節是：我和我初戀的男友（**上大學時談的**）手牽手走在一條街上，是夜晚，當時夢裡感覺很幸福。街兩邊掛著一排排紅紅的大燈籠。」她說。

說了一段夢又想起來一些細節或緊臨前後的夢的段落，或者記起以前曾做過的類似的夢，這些都是「原始人」在給夢者及釋夢者提供更多的資訊，是在說明夢者及釋夢者更好地了解自己。

「『紅紅的大燈籠』讓你想到什麼？」我問。

「想到電影《大紅燈籠高高掛》。」她說。

「這個電影……」

「我知道了，」她打斷我的話，「那個男朋友在和我戀愛時又和另一個女孩發生關係。雖然我很愛他，知道他在事業上會有很大的成就，可我無法忍受和別的人分享他的愛情。所以和他分手了。後來他去了美國，發展得不錯。」

「你希望理想的戀人，既如初戀的男友一樣成功、有事業心，又像現在的男友一樣愛你、可靠。」我說。

「這一直是我不快樂的原因。」她說。

最後，我勸告她：「作為女性，不必把事業上的追求與理想，甚至功利的目標投射到自己的另一半身上。這樣的投射只會給自己帶來不滿，給對方事業帶來壓力。他給你一個家，你自己給自己一個事業不好嗎？」

通過對上面這個夢的分析，你大概也會贊同我的說法，「原始人」在一遍遍地向我傳遞能讀懂它、了解它的訊息。

當然，「原始人」的提醒也是分對象的。「原始人」的眼睛很敏銳。如果你不是真心想了解他、能幫助他與夢者溝通的人，或者你是他覺得說得再多也無法理解他的人，那麼他就不會或沒有足夠的耐心提供訊息。所以，要想釋夢，真誠幫助別人的心最重要，你越真誠，「原始人」就對你越有耐心，也就會不斷給你理解的素材，直到你理解他。

## 四、寶庫的門開了：釋夢方法

尋找象徵、尋找夢外線索和聯想都是釋夢的一些基本操作，這些操作學會了，我們就可以釋一些簡單的夢了。當然，專業的釋夢過程要複雜得多。

例如一位女大學生的夢：「我和男朋友坐在長椅上，周圍有很多的鮮花樹木，突然很多像柳條的樹枝把長椅纏繞，男朋友一下子就消失了。」

這個夢可以一語道破：「雖然你們關係很好，但是你還是很不放心，周圍花花草草太多了。如果有個纏人的，那男朋友就有可能在自己的生命中消失。」

再如：某人小時候夢見一個人長了個鵝卵石腦袋，而且用鵝卵石砸她（夢者）的頭，把她的頭砸出一個個洞，後來她的腦袋也變成了鵝卵石。

這是一個較簡單的夢，鵝卵石腦袋象徵著頑固、生硬和冷漠無情的性格，砸頭表示傷害。夢的意思是，在她小時候，有個人性格頑固又冷漠，這個人經常傷害她。常常受到這種傷害使她自己的性格也變得頑固又冷漠。

再如：女大學生夢見和媽媽一起在一個攤位前，攤位賣的是化妝品和面膜等。這時來了一個商人，他砍價的本領非常厲害，可以一下子說出東西的底價。

化妝品和面膜等，都是用來修飾面容的，或者說用來讓一個人比實際顯得更美的。這和賣東西時要給出一個虛的更高的價格是一回事。而別人能一下子說出底價，說明在她心目中，相信別人是能夠看出自己的真實「價值」的。由此可見她有點自卑，她會有所掩飾，但是她相信別人會看穿自己。

一女學生夢見：「我爸媽被送到精神病院，是我姐送他們去的。爸爸把自行車鎖弄開，和媽媽，還有我，一起逃走了。」

「送到精神病院」意味著把他們當成瘋子。打開自行車鎖意味著解脫禁錮。「逃走」意味著偷偷地擺脫。但是，一般來說，她姐姐不大可能把她的爸媽當精神病人禁錮起來，而她爸媽要逃脫她姐姐的擺布也不必偷偷逃走。根據我的經驗，夢者常常用父母代表自己和自己的異性朋友。於是我猜測，這個女孩現在有了男友，她很喜歡他，甚至在她姐這類人看來，是「瘋狂」地喜歡他。估計她姐是個保守、嚴肅並且權威感強的人，夢者有些怕她。夢者偷偷打開了對自己的禁錮，和那個男孩一起逃開了限制。或許，她私下裡和男友有性接觸。

但是我不能肯定是否如此，因為她姐也可能是另一個人的象徵，當時我也不知道自行車代表什麼。於是我說出了自己的解釋。那個女孩很驚訝，因為她從不曾和人說過她的男友，我也不可能知道她有男友。驚訝之後，她對那些我不知道的細節作了解釋。

近年來，在教授釋夢中，我發現對於學習者來說，有一定基本程序對於釋夢有好處。因此，我確定了一種程序。按照這個程序去釋夢，可以讓經驗並不多的初學釋夢者，基本順利地完成釋夢。而老練的釋夢者，使用這個程序可以更全面地釋夢。

這個釋夢程序要求從整體到局部去體會和理解夢。

第一步，感受夢的整體氛圍。

釋夢者從頭到尾聽一遍夢，感受其總體的氛圍，不需要對其意義進行理解性的分析。

這樣可以避免釋夢者太理智化，能讓釋夢者保持一個感性的狀態。同時，也避免片面性，而能對整個夢有整體感受。

例如以下這個夢：「在一個廢棄的工廠裡，我和幾個同伴被一群戴黑臉罩穿黑衣的人追殺。在逃跑過程中同伴一個個被殺死，最後只剩下我和一男一女，我們逃進一幢白色的高樓。但是有一個殺手追了進來，女同伴被殺死。我和男同伴逃到高層陽臺上，男同伴被砍死，而我被從陽臺上推了下去。」

我們可以感受到，這個夢的基本氛圍是緊張和恐懼。

第二步，初步確定這個夢的主題。

初步確定主題，是為了對夢的整體有一個初步的理解。在進一步釋夢時，也許我們會發現這個主題需要被調整。

比如上面這個夢的主題就是「被追殺」。

第三步，尋找這個夢中重複出現的內容。

重複出現的類似的內容，往往反映出一種基本的模式。

上面這個夢中，重複的內容就是周圍的人被殺死，以至於自己越來越恐懼。這是一個簡單的重複，實際上其他夢中，很多重複不是這樣簡單，而是有一定變形的。

第四步，注意夢中特別的情節。

這種特別的，或者奇異的情節，往往是夢中比較關鍵的地方。還有，更吸引釋夢者注意力的、讓釋夢者感到特別的情節，和釋夢者的心理更為契合，所以也許更容易被解密。

第五步，通過聯想得到更多訊息。

比如上面這個夢，我們可以讓夢者通過聯想，看「廢棄的工廠」能聯想到什麼，而「白色的高樓」又能聯想到什麼。實際上，夢者的聯想是，前者有些像小時候媽媽工作的地方，而後者像現在大學的教學樓。

第六步，找出意義比較明顯的意象。

比如這個夢中，黑衣人的意象，其意義多指一種可怕的威脅。

在這些都做完後，再進行釋夢的工作。給出一個嘗試性的解釋，並把這個解釋說給夢者，根據其回饋，來調整對夢的解釋。

當運用純熟後，實際釋夢不需要腦子裡想著用什麼方式。你可以根據當時情況隨時改變釋夢步驟。

夢，這封「原始人」來信，常常也有著言外之意，需要釋夢者點破。

就拿前邊的例子來說吧。

有個女人夢見把便壺做成花瓶，釋夢結果是指女人夜裡可供男人洩欲，白天可做擺設。釋夢者還應該告訴夢者：

夢者對男性有潛在的敵意，她認為女人只是男人的工具，而不是男人平等的夥伴，她和男友或丈夫的關係必定不十分好。也許是這個男人只把她當作洩欲工具，也許是她以往的偏見影響了她和他的關係，也許這兩種原因都有。她應該對這一個觀念進行深入思考，思考為什麼自己會有這種觀念，是什麼經歷鑄成了這種觀念。其實，男女之間交往可以有其他形式，它們同樣可以建立良好的關係，最終克服這種觀念的消極影響。

另一個女人夢到在廁所一脫褲子就掉進便坑裡，釋夢結果是她認為性是骯髒的、墮落的。釋夢者也應進一步指出：這種觀念必然會對她產生消極影響，她或者會不結婚，或者結婚了也很容易離異（**實際上這個夢者結婚後很快就離異了**）。她也應該尋找一下這種觀念的根源，並且想辦法消除這種觀念。

## 五、釋夢同心圓

任何的釋夢都是以一種心理學理論為前提的，或推而廣之，是以一種對人心理、生理、心身關係，乃至人與宇宙關係的理解為前提的。就像任何理論都是在一點點接近真理一樣，釋夢背後的理論也是從不完善逐漸趨向完善的。所以，在這個意義上，釋夢的價值不在於這個夢到底是什麼，而在於它對夢者的啟示，對夢者人生的完善有什麼價值。也正是在這個前提下，我們才說用不同的理論來釋夢可能都是對的，但對不對並不重要，重要的是從這些解釋中，我們能得到什麼啟迪，對夢者心靈的成長有怎樣的意義。

一個夢就像投入湖心的一顆石子，一圈一圈的漣漪就是它的回聲。我們從不同的理論出發，有的聽懂、看清楚了它的一道漣漪，有的則聽懂、看清楚了另一道。所以對同一個夢，用佛洛伊德層面解是對的，用榮格層面來解也是對的。只是根據筆者多年的釋夢經驗、心理治療的經驗，我更傾向於榮格層面對夢的解釋，因為後者比前者更具建設性。榮格說夢是啟迪，是人潛意識在努力使整個心靈更趨於和諧、合理。而佛洛伊德說，夢是像野馬一樣的無法自制的衝動，它的欲望就是表達自己。佛洛伊德的釋夢是告訴你：你是這樣的，而這個這樣你的意識並不知道。榮格的釋夢是告訴你：你怎樣做會更好。

也許榮格聽懂、看清楚的漣漪也不是最後的一道。我們只有在不斷地探索心靈的過程中，才能更全面、準確地把握夢。

一位三十歲的女性夢見她兒時鄰居的伯伯的妻子死了，而這位伯伯忽然向她求親，請她嫁給自己。

在佛洛伊德層面解釋，這是個典型的願望滿足的夢。夢者希望自己取代那位伯母的地位成為那個伯伯的妻子。這樣完全解得通，夢者承認她從小就幻想這個伯伯是她的父親，因為他儒雅、溫和。

但是在榮格的層面上，這個夢是個人格整合的夢，夢中的伯父是夢者的阿尼瑪斯原型。這個「求親」意味著夢者的阿尼瑪斯與夢者現有人格的整合。而夢中伯母的死亡意味著夢者一種舊的人格面具將被新的所取代。通過分析知道，夢者認為這位伯母的性格是傳統而保守的。所以這個夢的意思是：「原始人」提醒夢者要改變傳統、保守的性格，把自己嚮往的儒雅、溫和的性格整合進來。這樣解釋也是合理的，因為這位女性的性格既有保守的一面，又會因為焦慮而常常發脾氣。從我的傾向性來看，我更願意從榮格層面解釋，因為這會為她的人格完善打開一扇門。

在解夢十餘年之後，我終於體會到，解夢的最高境界是不解之解。

一次，兩個朋友到我這裡閒談，一個朋友是哲學家，極為聰明，另一個是白領女性。哲學家說了他的一個夢，一個詭異的夢。夢中人鬼雜居，發生了許多在鬼故事中才會發生的事。他請我解夢。我當時完全浸入在那個夢裡，我感到那個夢正是這位哲學家的心靈生活的一部分。那個夢正是他心靈的存在形態之一。我想他作為哲學家應該可以了解，所謂實在不僅是指物質，心靈也是一種實在，其表現方式就是這些意象——這不是說「鬼」是實在的物體，而是說夢本身就是一種心理的現實。不必去用以前的方法去解釋這個夢，任何翻譯都是有歪曲的，因此我不必把夢翻譯為日常語言。於是我對他說：「我的解釋是這樣的……」接著，我重述了一遍他的夢。重複的方式彷彿是我自己做了這個夢。

那個白領女性在旁邊驚訝地問：「你為什麼不釋一下夢呢？」我說：「這就是我的解釋。」我又把那夢講了一遍。那個哲學家，夢的主人，說：「我懂得這個夢了。」

白領女性問我：「你能說說這種『不解之解』嗎？」

解夢的最高境界本來是不必說的，一個人解夢多了，自會領悟，而不曾領悟時，我說什麼都是沒有用的。但是，我不妨勉強解說一下，為什麼解夢的最高境界是不解之解。

任何對夢的解釋都是不完滿的。

在淺層次說，正如我們翻譯外國語言的作品一樣，不論你的譯文多麼好，它和原文總會有一些不同。Cat 譯為中文是貓，但是 cat 不等於貓，因為在西方文化中，cat 這種動物神秘而詭異，有如一個巫女，而中國人對貓的主要印象是乖順、柔和。因此，翻譯總會或多或少地改變了原文的神韻。翻譯文學作品如此，釋夢也是如此。任何對夢的解釋都損失了夢本身的一些神韻、氣氛。釋夢把生動有活力的夢固定化了，夢像鮮活的魚，而釋出的夢像魚的照片，哪個更生動更有意味？夢有時有無窮盡的含義。釋夢一般只是揭示出了它的一種或兩三種含義。即使釋得極為準確，也會產生一個不好的後果——聽到解釋的人誤以為「這個夢就是這個意思」。夢的一個被揭示出的意義無形中掩蓋了夢的許多其他意義。所以任何對夢的解釋都是不完滿的，正如任何譯文都是不完滿的——讓另一個人深入了解外國文學精髓的方法是：教他學習外語。同樣，對夢的最好解釋是不解，而是幫助夢者直接進入夢的世界，學會用象徵的語言、用夢的方式去理解世界，讓他直接體會夢，不經過別人或自己的任何翻譯過程。

更深一步說，本書前邊說夢的語言是象徵性語言，這種說法也應該打破。所謂象徵，是以此物代表彼物，在象徵者與被象徵者之間是有差別的；而達到解夢之化境，你就會明白，實際上沒有什麼象徵。或者說，夢中的象徵就是被象徵者本身。夢到自己是鳥在天上飛，這不是自由的象徵，而是你自由的靈魂，以鳥的形態在飛，不是你像鳥，你就是那隻鳥。這不是一隻動物學分類中的鳥，那種從卵裡孵化吃草籽小蟲的鳥，而是夢中的真正的鳥，雖然它沒有肉體，但是這隻鳥的現實性或稱真實程度在夢的世界中是無可置疑的。

因此，對夢進行解釋，就是把這隻鳥說成「自由的象徵」，這實際上是不準確的，是對日常邏輯的一種讓步。

不解之解不是解釋，也不是不解釋。別人講了一個夢，你把它重複一遍，這種解夢方法不是太簡單了嗎？別人夢見鬼，你告訴他：「這說明你的魂遇見了鬼。」這種解夢只是愚蠢的迷信。這些方式不是不解之解，只能稱為「不解」，是對夢的不了解。「不解之解」不是「不解」，而是「解」，是用「不解釋」的方式「解」。

不解之解是指解夢者已經用自己的「原始人」，完全把握領悟了對方的夢，這種領悟雖然不能用語言表達，但是十分明確、清晰，正如老子所說：「忽兮恍兮，其中有象……其精甚真。」（《老子．二十一章》）只有在這種領悟之下，你的「不解之解」才對對方有衝擊力，才有可能啟發對方，使對方懂得自己的夢。你雖然只是重述了一遍對方的夢，但是重述時，你的聲調語氣都不自覺地傳達出了你對夢的領悟。

有個老禪師已經開悟，人們問他：「什麼是佛？」他總是豎起一指，他的一個小徒弟看得多了，當有人問起時，也豎起一個手指。

老禪師豎起一指是對佛的「不解之解」，而小徒弟豎起一指則只是「不解」。

理解夢境雖然不可以和理解佛相比較，但是不解之解的境界也不是很容易達到的。

下面我們再來看看釋夢者的直覺。

作為科學的信奉者，我們一般不大喜歡討論直覺，因為談到直覺，容易讓人感到不客觀、不可靠。直覺不同於思維，它只告訴我們結論，而不告訴我們得到這個結論的過程，因此我們難於相信它。

但是在長期的釋夢實踐之後，我發現我不能否認直覺的作用。有時，聽完一個夢，直覺馬上給出了一個解釋，而且在內心裡我感到，這個解釋是真切正確的。我試著問一些問題，核實一下情況，發現直覺的確是對的。但是我不知道直覺是如何知道結論的。

我可以不提直覺的作用，用我的理論和方法解釋為什麼我這樣解釋這個夢，是的，用我的方法是可以得出同樣的結論的。但是不提直覺是不公正的，彷彿是一個上司把別人的功勞算到自己身上。

實際上，科學不像一些人想像的那樣，完全是嚴謹的思維而完全沒有直覺的地位，在科學中直覺起著極為重要的作用。愛因斯坦有一次聽到一種理論後，直覺的反映就是「這是錯的」，他沒有任何運算就得到了這個結論。當別人問他理由時，他只是說：「我覺得這個理論不美。」直覺往往先告訴我們結論，而我們在以後再為這結論找出證據。

心理學家更是不能忽視直覺。有一位美國心理學家說：「物理學家有儀器，心理學家也用儀器，而心理學最重要的『儀器』是我們自己的心。直覺就是這個儀器的測量。我們不應該忽視這個儀器。」

固然我們不能輕信直覺，但是也不能不用直覺。

在我的經驗中，對夢的意義的直覺了解能力是可以變化的。你釋的夢越多，你的直覺就越準確。在我十幾年前剛開始釋夢時，我幾乎得不到直覺的任何幫助，而現在我的直覺則相當準確。

而且我發現，有時有許多人讓我釋夢，一開始我釋得很準，但是連續釋了五～六個夢之後，我的直覺就變得不太靈敏了，彷彿直覺也會受我心理上的疲勞的影響。

直覺可以釋夢實際上並不神秘。所謂直覺，就是潛意識的活動，就是我自己內心的「原始人」的活動。釋夢的直覺，大致代表兩種能力，一是我的潛意識「原始人」理解別人的潛意識心理活動的能力，二是我理解自己潛意識的能力。換句話說，我的直覺了解別人的夢需要兩個條件，一是我的「原始人」能理解別人的「原始人」的夢，二是我能理解我自己的「原始人」。這樣，在別人講夢時，我的潛意識理解了，這是一種「下對下」，即潛意識對潛意識的交流。然後，我理解了我的潛意識，從而理解了夢。

在前面的釋夢中，彷彿是我的意識層這個「現代人」了解了「原始人」的語言，他通過翻譯夢者的原始語言而懂了夢。而在直覺式釋夢中，我的「原始人」先聽了夢，我是從我的「原始人」那裡知道了夢的意義。

所以，要用好直覺，就要我的潛意識「原始人」理解別人的潛意識心理活動，這種能力就是心理學家所說的「共情」能力，一種從心底裡設身處地理解別人的能力。還有就是自己了解自己的「原始人」，這能力源於大量的自我分析和對自己夢的大量解釋，達到對自己的夢和潛意識十分了解的程度。而要得到這兩種能力，你必須讓自己盡量關心別人，同時不自欺。

如果你能用直覺釋夢，就可以說是達到釋夢的較高境界了。

一個出色的釋夢者必須有對夢的敏感與直覺。有了直覺，在未分析時，就對夢者在講什麼有一種大致的感覺。感覺到一種情調、一種氛圍。在釋完之後，也能有一種感覺。

感覺「沒錯，就是這樣」，或感覺「好像有點不對」。好的釋夢者應該有一種洞察力、一種穿透力、一種神奇的領悟能力。這有些像有藝術鑒賞力的人對詩歌的那種感覺，它使人能一下子把握詩歌，體會到詩的意味。而那些缺少藝術鑒賞力的人，儘管看了藝術評論，學習了「如何理解詩歌」的知識，也知道如何分析詩歌，但是仍舊難於真正理解詩歌。

第五章

# 夢象徵參考詞典

由於每個人的經歷不同，所見所聞也就不同。因此，某一事物，比如魚，在不同人的不同夢裡，表示的意思是不同的。我們必須根據整個夢，根據對這個人的了解，才能知道在這個人的這個夢中，魚代表什麼。所以，從這個角度來說，編一部夢象徵詞典將象徵物的意義固定下來，供使用者對號入座，是無意義的，很容易誤導人。但是從另一角度來說，這種詞典也不是完全不能寫。雖然同一個東西有許多種意思，但是在大多數情況下，它所表示的不過是少數幾種意思。例如跌落，雖然在某個夢裡，某個人用它來表示旅遊，他也許覺得旅遊有危險，會從山上跌落下去。但是在大多數情況下，跌落無非代表真的跌落、墮落、失落、失去地位等幾種意思。人們在夢裡創造力也仍舊是有限的。在想不出太多的新鮮象徵時，人們就會用那些陳詞濫調的象徵。我們可以編一部詞典，把那些常用的象徵羅列一下，這樣人們在釋夢時至少有個參考，知道可以從哪幾種意思上去猜夢。象徵有多重意義，這不是寫不成「象徵詞典」的理由，因為就是在一般漢語詞典中，一個漢字也往往有幾個意思，比如「重」字，既可以表示一個東西「沉」，又可以表示「反覆」等意思。在不同的語言環境裡「重」一字意義也不同：「這東西太重了」，「報紙買重了」，「重新來」。因此，我們只有看了句子才知道這個字當時的確切含義。

本章是一部小小詞典。這部詞典只收了少數很常見的象徵，對每個「詞」的解釋也不全，但是對學習了解自己的夢來說，已經夠用了。記住，要活用，不要死套。

## 一、動物

### 1.魚

古釋夢書說，夢見魚表示發財。它說對了。從諧音上，魚和「富裕」的「裕」字同音，所以有些人夢見魚與「富裕」有關。另外「餘」也與「魚」同音。年畫中畫的魚所表示的正是「有餘」。但是魚表示財富絕不僅僅由於它的發音。

從遠古起，魚就在人們心目中代表財富。也許是對原始人來說，提到魚就是財富吧。

某男子夢見在海邊遊玩，發現海裡有許許多多的魚，有幾個人下海去捕撈。他也想去撈，但是害怕有鯊魚，於是沒有下去。後來，他下了決心要下海，不再擔心鯊魚了，卻發現海裡的魚已所剩無幾了。

這種夢寫出了許多當代人的經歷。一開始想下海經商，知道會發大財，但是又怕危險。順便說一句，鯊魚也是魚，但是在這個夢裡它不代表財富，而代表危險。這個例外也不難理解，當人們提到鯊魚時，你首先聯想到的不會是它的肉，而一定是它的牙。再說剛才那個人，等到他壯起膽子，打算下海時，卻發現錢已經讓人家賺走了，或者說，賺錢已不是那麼容易了，因為魚少了。

類似的一個夢是某人夢見池塘裡有許多魚，他想抓幾條吃，卻發現那些魚長得極為難看，讓人噁心。

魚在這裡代表財富，難看的魚代表不義之財，即贓錢。在你釋夢時，在判斷出魚是不是代表財富後，下一步就是根據魚的樣子、種類及魚處在什麼地方等判斷這魚代表什麼樣的財富。有時候魚代表的不一定是有形的金錢物質，而是無形的精神財富。

某人夢見自己在池裡養了許許多多的金魚，但是池子裡的水已不多了。他急著到處找水。好不容易找到一個水龍頭，但是水龍頭流不出水，池子裡的水卻仍在減少，許多魚死掉了，剩下的魚也半死不活。

經分析，這個人感到自己找不到滋養自己心靈的養料，他感到自己的內心正變得貧乏。

魚還有代表性。在西安半坡遺址，曾展出過一種魚鳥紋的陶瓶，畫的是一條魚張大嘴，吞一隻鳥的頭。想想，誰見過或聽說過魚吃鳥這種怪事，就算有這種事也一定極為罕見。為什麼原始人這麼願意畫這種畫呢？如果仔細看看那種魚鳥紋你就會清楚了。那個鳥頭形狀很像陰莖。而那魚嘴的形狀很像陰道的橫截面，非常像，讓人驚奇原始人的解剖知識。所以這表示性交。

在語言中，所謂「魚水之歡」，就是指男歡女愛。《三國演義》中劉備招親一段寫他與孫尚香成親，就用了歡如魚水的說法。在其他古典小說中用「魚水之歡」表示性愛已經多得成了俗套。

在情人之中，用魚作為生殖器的暱稱也是常見的，有時魚代表男性生殖器，有時也可以代表女性生殖器。

有個女孩夢見騎魚在水上玩，那魚擺尾拍了她一下，她感到很愉快。後來她隨魚沉入水底，發現水乾了。魚身上有青苔。她扯開青苔，發現裡邊是黏滑的魚身。

這個夢很可能是性，騎魚表示性愛，水乾了表示男人結束。魚身上的青苔表示陰毛。（此夢是否釋對，我沒有核實，只是根據推測是這個意思。也許這個夢也可以作其他解釋。有時一個夢可以作兩種不同解釋，卻都是對的。夢就好像一個大雙關語。）榮格在一次講演中提到：魚，特別是生活在海洋深處的魚，表示人心理上的低級中心，表示人的交感神經系統。這種說法也是很有道理的。在我的經驗中，魚常常象徵著潛意識或人的直覺。在一些藝術家的夢裡，它代表神秘而難於捕捉的靈感。

魚還可以表示「機遇」，因為「魚」與「遇」諧音。一女孩夢見一條大紅鯉魚從天而降，她很想要這魚，又怕被吞，就想用把椅子塞到魚嘴裡以防魚吞她。一遲疑，魚沒了。

這個夢裡，魚就表示轉瞬即逝的「機遇」，但是在這個夢裡，魚不僅指機遇，還代表性。又想要又怕被吞正是這個女孩對某個異性的態度。

夢見鯨魚和夢見一般的魚不同。

首先，它可以象徵你的母親或女性。如果鯨要吞掉你，則它象徵一個專制的母親，或與母親聯繫過密而使你無法作為一個獨立個體而發展。

另外，被鯨吞食象徵進入潛意識（**這可能很可怕**）。而結果是你發現了你的真實自我（**在夢裡往往用珍貴的石頭或珠寶代表**）。

## 2. 蛇

蛇是人最常用的意象之一。蛇表示的內容很豐富。首先，蛇表示性，特別是男性生殖器。從形狀上看這二者也的確相像。

一位女士曾講過這樣一個夢：「我夢見走進一座房子，這座房子的頂和壁都是玻璃的，彷彿是個花房。房子中間有一條大蛇，它被扣在盆子裡，好像上面有一個玻璃罩子。蛇在用力動，我很害怕它會衝出來。」

這個夢反映了女性經常會有的擔心，擔心因避孕套破裂而意外懷孕。蛇是男性象徵，而玻璃罩和玻璃房代表避孕套，房子同時又是女性的性象徵。

某男子夢見在一個小池塘裡有一條蛇，這條蛇昂起頭來，越變越大，變成了龍，然後它吐水。蛇和龍常常可以互相轉換，十二屬相裡的蛇，人們也都叫成「小龍」。你看這個夢，正是一個性交過程。陰莖勃起，變大，最後從裡邊噴出「水」來。

此夢作者是某個年輕戰士，夫妻分居。做這種性夢也是理所當然的。

一個女孩夢見一條蛇咬了她的腿，腿上出了血。

這表示一個男人侵犯了她，使她失去了貞操。如果這個女孩早已不是處女，那就表示她受到了其他傷害。

毒蛇往往象徵著有害的性，例如被強姦。但是毒蛇或蛇也可以表示與性相關的毒害、傷害，表示憎恨、仇怨等等。

例如，有人夢見自己和一個名人在一起，發現從地下冒出了許多毒蛇，要咬他們。那個名人跳起來避開了，而他卻跳不起來。經分析，蛇表示別人對他的嫉妒。他認為如果自己是個名人，就可以不被嫉妒或者說讓嫉妒者「咬不著」，但是作為無名小輩則無法避免嫉妒者的傷害。

某人夢見自己被一條小白蛇咬了一口。經分析，這表示他被一個穿白襯衫的同學傷害了。蛇表示他對那個同學的仇視，又表示那個同學對他的憎恨。

蛇還代表邪惡、狡詐與欺騙以及誘惑。這與許多神話和民間傳說中的蛇的形象相同。在《聖經》中，就是蛇誘惑夏娃吃禁果的。蛇往往被看成地獄中的動物、魔鬼使者。它把人拖向黑暗、墮落和邪惡。而它採用的手段主要是誘惑。民間傳說，蛇吃青蛙不是主動捕捉，一旦蛇發現青蛙，就用眼睛盯著它。而這時的青蛙就像被催眠了一樣，會一步步自己跳進蛇的嘴裡。在人們心目中，蛇正代表了這樣一種催眠性的誘惑力量。因此當人們發現某個人有誘惑力且很邪惡，稱之為毒蛇。如果這個誘惑者是個女人，那些我們就稱之美女蛇或者說這女人是毒蛇。

因此，夢中的蛇也許會是一個邪惡、狡詐，慣於欺騙，有催眠似的誘惑力或魅力的人。

從另一方面說，蛇又表示智慧，一種深入人內心深處的智慧或深刻的智慧。榮格指出：「醫神阿斯克勒庇俄斯是和蛇聯繫在一起的……在阿斯克勒庇俄斯的神殿裡，有一個被稱為阿斯克勒庇奧的古代診所。這個診所就是一個洞，洞口被一塊石頭擋住，洞裡住著一條聖蛇。石頭上有一個孔，求醫者把錢從孔丟進洞，錢就是他們所付醫藥費。……蛇還具有智慧及預言的本領。」在中國民間，對蛇的迷信也是有心理依據的，即蛇在人心理中象徵智慧。古代中國，人們把靈蛇稱為聖物，伏羲和女媧的形象就是人首蛇身。龍的形象也和蛇有關，但是龍一般不再有邪惡，而且比一般蛇更有力。神話中常常說到龍或蛇守著洞中寶藏，這寶藏就是那種智慧，那種對人性的洞察。

在一般夢中，蛇很少用來象徵智慧，因為當這個夢者面臨重大的內心衝突時，或他在深入思考時，才能夢到象徵智慧的蛇。

在生理上，蛇代表脊柱，脊柱的病變會以受傷的蛇來表示。從陰陽的角度來說，蛇表示陰。

蛇還有其他一些特性，比如冷血，所以蛇可以象徵一個人情感冷漠。再如蟒蛇會纏人，或者吞食人，因此蛇也可以象徵一種人的情感：對你糾纏不休，纏得你喘不過氣來；或者，對你關懷得無微不至，這種無微不至使你沒有了獨立性。一個過度溺愛孩子的母親在她孩子的夢裡就可能會變成一條大蛇，要把孩子吞下去。

## 3.公牛

公牛代表你的男子氣。如果你是個女人呢？公牛也可能還是代表你的男子氣，代表你身上的陽剛的一面。心理學發現，任何男人心理上都或多或少有一點女性的成分，反之，任何女人心理上也都或多或少有一些男性的成分。一個風風火火、敢作敢為的女性，其男子氣成分可能更多一些。

在夢裡，這種成分就可以表現為公牛。

當然，一個女人夢見公牛，也可以代表她生活中遇到的某一位男性，代表她對他的潛在的情感。

公牛代表力量，一位男性夢見自己是一頭公牛，意味著他對自己的力量很自信。如果你夢見鬥牛，則可能象徵著你在克服或抑制自己的生物本能。

它也可以是種性象徵。男性可能會有自己的類似動物的性經驗。相對他們的高尚的追求而言，這種動物性是可怕的。

同樣地，女性在意識或潛意識裡視男性的性行為為粗暴、凶殘的，並且男性特徵的其他方面也適用於這種看法，如競爭性等。

如果女性夢見自己被公牛追趕，這可能意味著害怕與男人的性關係。公牛也可代表夢者的父親，這種情況下就需要解決她的戀父情結。在任何情況下，這類女性夢者都需要堅持她的女性特點，而不是壓抑它。她應該自信，女性特點完全有力量馴服男性的色欲並把它轉成溫柔的性渴慕。

一頭馴服的公牛表示動物性，尤其是性的和諧整合，或是你被掩蓋的全部潛意識的整合。作為祭祀用的牛表示精神戰勝動物性（或是已完成或僅是一種願望）。而僅僅一頭被殺死的公牛代表情緒或本能的壓抑，或是你的男性氣質的壓抑。

它還可以代表生殖。如果你允許自己的潛意識進入意識，那麼它完全有力量給你帶來新生。

一年輕人夢見一頭公牛正在村子裡的大路上橫衝直撞，跳進了水池，一下子變成了一隻平靜而優雅地在水面游動著的天鵝。

這個夢的意義據我估計，是指粗魯莽撞的他，在遇上一個女孩後，變成了優雅穩重的他。

上面所說的公牛是那種野性的牛，如果你夢見一頭老老實實的普通牛，那麼它代表的只是勤勞。有時，夢見牛代表你現在工作得太疲勞了。

## 4. 鳥

鳥常常代表自由，或自然、直接、簡明和不虛飾。在這種情況下，你的夢可能是告訴你，在你的生活中你真正需要什麼，或你該有的基本生活態度。

鳥代表一個進入精神力量（由天空來表徵）的入口。如果夢中的鳥展開翅膀，那麼問問你自己，是否你或你的某個部分需要展翅，如你是否感到受環境限制。

如果那鳥是從天空向你飛來，那麼你可以考慮鳥的哪一種象徵？在神話裡，鳥是天神的使者。在心理學意義上，你的夢讓你知道你的潛意識告訴你了一些偉大的真理、一些問題的答案，或通往新生活的方法及道路。

有時，這種鳥與太陽有關。太陽一般作為真理（之光）和新生活的象徵。黑色的鳥，除一般象徵你潛意識中的某部分外，還可象徵女性的消極部分。

食腐肉鳥——兀鷹、烏鴉、渡鳥等是與死亡相關聯的。真正預言性的夢是罕見的。所以，夢中的死多是表達你對死亡的焦慮。這樣的夢，另一個意思是，你的潛意識告訴你，你的一些習慣、消極的態度等該死亡了，你該有所發展。

鳥也可以是性象徵。前面說過在半坡遺址中的彩陶上，有種魚鳥紋，畫的是魚把鳥的頭吞到嘴裡。魚吞鳥頭這一事件是不可能發生的，世界上還沒有吃鳥的魚。真正發生的是魚所象徵的女人和鳥所象徵的男人之間的性關係。

進一步講，魚和鳥也是精神層面的女性和男性的象徵。

魚生活在水中，水實實在在，代表較現實的精神，鳥生活在空中風裡，風是自由而不現實的。女人往往比男人現實。水是一種滋養，風是一種靈氣，這也是女人和男人的區別。魚吞鳥，還可以表示女人對男人的包容。

鳥的飛翔，可以象徵男人的性能力強；鳥的墜落，可以表示男人性無能。

鳥還可以有其他的象徵意義。某男人夢見他乘著鳳凰在天上飛，這是一種性象徵。他把自己的女友比作鳳凰。

某學生夢見把一隻小鳥踏在腳下，罵道：「看你還跑不跑，再跑我就扒了你的皮。」說明這個男孩的女友有心和他疏遠，男孩對「小鳥依人」般的女友突然如此大為憤怒。於是做了這個夢。

### 5.狗

狗的特點是對主人忠心，對敵人凶狠。它常常被用來象徵道德、自我約束、自我要求和紀律，或者精神分析心理學所說的超我。員警是社會的行為規範即法律的保衛者，夢中的狗則是你內心行為規範即道德的保衛者。好的員警應該如好警犬一樣嗅覺敏銳，能迅速找到賊的蹤跡；死追不放，直到抓住賊為止，毫不留情，冷酷地對待賊。夢中的狗也一樣。狗是防賊的，所謂賊，就是內心中那些不合乎自我道德的欲望和心念。狗是平日人們所說的良心。

某女士，夢見被狗追趕。她四處躲藏但仍藏不住，拼命逃跑但是跑不掉，用棒打狗卻打不死它。綜合她的另一個夢，我分析出她有婚外戀的念頭，但是她的道德觀，她的良心不允許。於是她內心中的狗就去追趕她，使她恐懼萬分。

弗洛姆曾談到過這樣一個夢例：一位男士夢見自己路過一個果園，從樹上摘了一隻蘋果。一條大狗跑來向他吠叫。他害怕極了，叫著救命醒了過來。

想偷吃禁果，卻害怕良心和輿論的譴責，這夢就是這個意思。

### 6.馬

喀爾文．霍爾收集了幾千個美國人的夢，統計發現夢中出現最多的動物是馬，其次是狗和貓。在中國，沒有人做過統計，但以我的經驗，夢見馬的沒有這麼多。喀爾文．霍爾認為馬是野性動物本能的象徵。馬力大無比、精力旺盛而且魯莽衝動，因此常常表示男性性欲。古希臘的阿德米多斯認為馬代表女性性欲。佛洛伊德分析某兒童的戀母情結時，發現這個兒童把馬看成他父親的象徵，當然也是他父親的性——針對他母親的象徵。

我認為馬主要象徵人，特別是象徵有力的男人，而當夢到這個人時，主要是被他的性能力所吸引。美國女性夢見馬的次數是男性的兩倍，正是說明馬主要象徵男人。

當然男人也同樣可以把女人叫做馬。

某中年女士，夢見一匹白馬懸在半空中。白馬象徵男人，這匹馬不落地是因為它下面有一個看不見的支撐物。那就是一個女人。

野馬還可以象徵自由、無拘無束。上了套的馬表示被控制入了軌道。

## 7.貓

貓常常被用來象徵人的某種特性，或者說象徵某種人，常常是女人。她們慵懶、漂亮而又可愛。她們有點自私，有點小脾氣，有點貪嘴、貪睡，有點狡黠，但是她們仍舊被男人喜愛，因為她們的那種乖巧、那種柔順讓人憐愛。

但是這只是貓白天的樣子，夜裡的貓應當完全不同了。

夜裡的貓雙眼發亮，一掃白天那種懶洋洋的樣子。貓對待老鼠十分殘忍，抓住了不馬上吃，還要逗它玩，要看老鼠那種無望的掙扎。夜裡貓要鬧春，情欲旺盛。像貓的女人，表面上像白天的貓，實際上都有夜裡的貓的一面。貓的爪可伸可縮，縮進去後，它的小爪軟軟的，很可愛，可一旦伸出來，抓人可狠了。

古人稱貓為狸奴。貓有奴性，但是貓的奴性不同於狗的奴性。狗是人的爪牙、人手下的打手；

貓是人的弄臣、幫閒。狗忠誠於主人，而貓對主人也不忠。

魯迅在雜文中，提到過他仇貓，因為他討厭那些像貓一樣的幫閒文人。

某男學生，夢見兩隻貓，一隻黑貓，一隻紅貓。他奇怪地問我貓為什麼有紅色的。我笑著問他：「你是不是身邊有兩個女孩，一個愛穿黑衣服，一個愛穿紅衣服，她們也挺狡黠、挺厲害的？你對她們倆都有點喜歡，又有點怕她們『抓你』。」他不好意思地點了點頭。

貓也有象徵別的事物的時候，但是指這樣的人的時候居多。

**8. 蝙蝠**

對西方人來說，蝙蝠是一種可怕的動物，作為一種夜間動物，它可以象徵與早期的創傷性經歷有關的潛意識內容。

另一方面，蝙蝠也可以象徵直覺的智慧。因為蝙蝠不用眼睛，可以在黑暗中飛行，這可以象徵直覺。

在中國，「蝠」和「福」同音，因此有時夢見蝙蝠象徵著得到幸福。

但是，在西方廣泛流傳著蝙蝠是吸血鬼的傳說，這種傳說通過文藝作品也傳到了中國，所以有時蝙蝠代表吸血的東西。

夢見蝙蝠究竟是福是禍，還是要看整個的夢才能知道。

### 9.狼

狼象徵你自己心中害怕的各種東西，尤其是你認為有「獸性的」、攻擊性的、破壞性的東西。可能你的害怕是非理性的或是童年創傷經驗（如戀父、戀母情結）本能壓抑的結果。

狼在女性的夢中象徵對男性性的恐懼，也就是所謂的「色狼」。即在潛意識裡，將其視為具有威脅性的。

不過狼也常常象徵「母性」，在中文中，狼和娘的字形是很類似的。狼本身是一種陰性的動物，但是它很重視歸屬感，因此也常常和家庭歸屬等主題有關。

### 10.熊

熊在人們心目中代表笨拙，但是有力量。多數時候，熊是溫和的、憨厚的、可以親近的，而且讓人很能依賴——因此它有時可以象徵男性心理的女性成分，象徵母親。熊適合被「抱抱」。

不過，當被激惹後，熊也會非常危險。

### 11.其他動物

夢中動物的含義大多和童話中或日常比喻中差不多，因此，像理解詩歌童話一樣去理解動物表示的意義往往不會錯。

例如，在夢中，螞蟻代表極其微不足道的小人物，獅子、猛虎象徵威嚴勇敢的人，老鼠表示膽小怕事的人，蜘蛛代表束縛，因為蜘蛛是會結網的。但蜘蛛有時也代表性，因為它毛毛的爪子使人想到陰毛。蜘蛛有時候還代表母親，代表那種把孩子管得緊緊的、抓得牢牢的母親。這種母親在白天可能也很溺愛孩子，孩子也和她感情不錯，但是在夢裡夢者卻會很恐懼：蜘蛛要把他吃掉。

有一個大學生夢見一隻大烏龜咬了他一口，表示一個同學挖苦了他。在夢中，他就把這個同學變成烏龜，夢中他也會罵人。

對中國人來說，動物還可以有另一種意義，就是用十二屬相的動物代表相應屬相的人。例如用牛表示夢者生活中屬牛的親友。

夢中的動物也可能並不象徵這些特性。例如，獅子一般象徵勇敢、威嚴等，但是某個人夢中常常夢見黃獅子，心理學家發現，那是由於他小時候有一個獅子玩具。因此在此夢中的獅子，也許象徵著「過去的寵物」。

## 二、交通工具

### 1. 汽車

汽車可能代表你自己的身體或自己的情感，它所去的方向意味著你的生活道路指向。查爾斯·萊格夫特是位對夢頗有研究的心理學家，他認為「正如柏拉圖時代人們用騎手和馬之間的關係」表現人自己和自己欲望的關係一樣，現代人用汽車來代替被自己駕馭的欲望。

因此，夢見掌握不好的方向盤表示無法自控，夢見車燈或擋風玻璃的雨刷出毛病表示看不清方向，夢見油用完了表示缺乏精力，夢到車胎爆表示「洩了氣」。

例如，某年輕男子夢見自己是個大官，開車去視察，發現土地很荒涼，地都乾裂了，上面的莊稼也枯萎了，當地的農民都窮得衣衫襤褸，於是他忍不住痛哭起來。

這個夢裡，大官是他對自己的評價。他一直很自負，認為自己應該成為一個大人物，開車去視察表示他駕馭著自己的意識去觀察自己的領域，土地荒涼是對自己身體、心靈和事業的總評價。

這個人是以身體不好，以及手淫等問題去某校心理諮詢部就診的。

心理學家亞歷山大．格林斯坦舉過一例：一個年輕男人夢見一個和他年紀相仿的男人。還有一個年紀大一些的男人指給他們看一輛汽車。這是一輛有帆布篷的綠色小貨車。夢者在夢中很有禮貌地問後座能否拿得出來。

亞歷山大．格林斯坦分析：這個男子有同性戀傾向，汽車代表人的身體。夢中的這輛車有些像夢者叔叔的一輛車，綠色在英語中的發音又和「格林」相似，即指心理學家亞歷山大．格林斯坦自己。這個男人對他叔叔和對心理學家的汽車即身體都有興趣。後座能否拿得出來所指的是相反的意思即放進去，把什麼東西放到後座裡即肛交。

如果你只是個乘客，意味著你還沒掌握你的生活或其他某些部分。那麼誰在開車——是什麼樣的潛意識控制著你的生命？或者，是誰對你進行著控制？

公共汽車也可以代表你自己，乘客代表你人格或心理的部分或元素。

汽車也可以象徵一個小環境，例如一個家庭、一個班組等。

某女士夢見和她丈夫在公共汽車上，沒有座位，站著。車上要裝空調，需要密閉，用泥去糊縫，但是縫又裂開。夢者想，這樣有縫多費電。

此夢可這樣理解：夢者夫妻不是自己過，而是與某方父母共同生活在一起。公共汽車代表他們共同的家。沒有座位表示她在家裡沒有地位。夢者證實了這一解釋，並說前一段時間家裡想裝空調，讓他們夫妻出錢，她有點怕費錢——這正對應著夢中的費電。而那種想密閉又閉不上的處境反映了她對擁有自己的私密空間的渴求。

## 2. 自行車

自行車也可象徵自己的身體或心靈。某人夢見女友和同學同騎一輛自行車，感到非常嫉妒。這是一個性象徵，兩人同騎一車表示性愛。

前面曾談到過一個女學生的夢：爸爸媽媽被送到精神病院，是姐姐把他們送去的。爸爸把自行車鎖弄開，和媽媽還有她自己一起跑了。

在夢中，她用爸爸媽媽代表男友和自己，希望擺脫姐姐的約束。夢中爸爸把自行車鎖弄開，象徵著讓男友打破別人對他身體的禁錮，也即勇敢地「打開」她的身體。

另一個女孩夢見和女友各騎一輛自行車，她自己的自行車是用橡膠之類軟的物體製造的，騎一會兒就軟，要下車擺弄修理一下。但她在心裡對女友並不羨慕。

經分析，這個女孩和她同宿舍舍友，即夢中女友，曾談過關於對男友愛看別的女人的看法。舍友說這是不可避免的，她能控制自己的嫉妒。而夢者說她不能不嫉妒，忍也忍不了一會兒。因此夢中的自行車代表自己的情緒。夢者認為自己的情緒不穩定，但是對舍友的那種嚴格控制自己情緒的行為又深感不以為然。

### 3.船

船和水有關，和水一樣，它可以象徵女性，比如你內心中的女性化部分，或者母親、母性。船也可以是女性的性象徵，乘船的搖晃感也可以作性的解釋。

離開本國的海濱而駛往國外的船象徵著進入陌生的領域。

船橫渡一個窄的水道，則象徵死亡或者從生命的一個階段到另一個階段，或和過去決裂開始一段全新的生活。

在希臘神話中，死的使者用船把靈魂渡過冥河。在中國也有同樣的信念。比如《西遊記》裡，唐僧歷盡磨難到了如來靈山腳下，有一條大河擋住了去路。這時「忽見那下溜中有一人撐一隻船來，叫道：『上渡，上渡！』長老大喜……那船兒來得至近，原來是一隻無底的船兒」。唐僧正不敢上，悟空一把將他推上船。「那師父踏不住腳，轂轆地跌在水裡，早被撐船人一把扯起，站在船上。師父還抖衣服，跺鞋腳，報怨行者。……只見上溜頭泱下一個死屍。長老見了大驚，行者笑道：『師父莫怕，那個原來是你。』」這一段裡，渡河象徵由俗人的世界渡到佛的世界，由迷轉到悟，也代表舊我的死和新我的生。

如果你在夢中丟了船，則意味著你失去了一個改變你的生活的機會。

### 4.火車

火車是定時的，因此除了汽車所有的意義之外，還可以象徵時間、時代或時機。

當然，有時火車的含義較為直接。「有人夢見他在一列火車上，火車又變成船，他和母親在一起，和美國行為主義心理學家斯金納在一起討論問題……」這個夢很長，有許多可以分析的內容，但是其中的火車和船的意義卻不十分複雜。夢者是一個四川人，他離開母親到北京的路上需要坐船，也需要坐火車——因此火車和船表示「離開母親」。

## 三、房屋

### 1.房子

房屋也可用來象徵身體。它不僅可用來表示自己的身體，也可以用來表示別人的身體。同時，房屋也可以象徵人的心靈或頭腦。房子的確像人體，房子有前後門，像人有嘴和其他有開口的地方。人們說眼睛是心靈之窗，古人說身體是靈魂的宅舍。

有一個女人聽說同事家中被盜，當晚做了一個夢：她回到家裡，發現家裡好像來過人。她走進一個房間，發現裡邊被翻動過。她又想去另一個房間看看，卻擔心小偷還在那間屋子裡沒走。雖然擔心又害怕，但她還是很好奇，很想看看那個人。

表面上看這個夢很簡單，只不過是聽說竊案，擔心自己家也被竊而已。但實際上，此夢中的房子代表她自己的內心。她發現，有人偷偷潛入她的內心，把她的心搞亂了。她不知道這個人是不是還留在她心裡，她有點害怕，但是，出於女人對浪漫故事的需要，她又很好奇。

心理學家榮格做過一個夢，夢見他站在一幢陌生的房子裡，儘管陌生，卻還是他自己的家。他在二樓找到了一扇大鐵門。打開後，他發現一條通向地下室的樓梯。他走了下去，發現這是一個富麗堂皇的地窖，陳設古老精緻。他又看見一條樓梯通到下層地窖，下面白骨成堆，有一些破碎的陶器和兩個頭蓋骨。

榮格分析，房子代表他的內心，地窖是他的潛意識，下一層地窖是更深的潛意識。

某人和一個有夫之婦交往，做夢夢見攀牆進入紫禁城，有些害怕。

如果對方不是已婚者，他就會夢見買票進城而不是跳牆了。

和汽車類似，房子也可以代表家庭、集體。例如學生夢見身穿中世紀服裝走進一幢很暗的房子等等，經分析他夢中的房子指他所在的大學，他認為這個學校很灰暗。

當然，也有很多時候房屋不象徵任何其他東西，只是表示房屋而已。

要了解具體夢中房屋代表什麼，可根據房屋的具體情況分析。先看是什麼樣的房子，再參考前後情節決定它的意義。

**2.地下室**

夢中的地下室往往代表潛意識。地下室中會出現奇怪的東西，比如蛇。死人、鬼，象徵潛藏在心靈深處、不為人知的衝動、欲念和情緒。

**3.亭子**

亭子是自然中的房屋，既開放又遮蔽，可以象徵心靈。

筆者經常會夢見風景區之中的亭子。這說明，在筆者的潛意識中，人生彷彿一次旅行，每個亭子可以代表人生的一個階段。

**4.門廳或前廳**

夢見門廳或前廳通常意味著你開始暴露你自己。

**5.廟宇**

正在進行心理治療的人的夢中，經常出現廟的形象。廟是我們對生活的意義、對人生、對人性進行思考的象徵。有時，廟也可以用來代表安寧平靜、與世無爭的生活方式。

有位大學生的夢就證明了這一點。他在讀書期間曾認真學習心理學，努力完善自己。在他即將畢業的時候他做了一個夢：「我沿著一條山路走，前邊有個三岔路口，我走了右邊的一條，路邊發現了一座廟。我在廟裡住了十年，這時我想到廟外看看。一出廟我就騎上了自行車，好像在進行比賽，獎品是三個美女……」

在這個夢裡，廟一方面代表大學，代表大學裡的與世無爭的生活，另一方面，也代表對人性的思考。在夢的後邊，他認為外面世間的生活就是一場比賽，他必須靠自己的力量（自行車）來贏得美女。

處於心理治療中的人所夢見的廟，往往是暗指心理診所和心理醫生。實際上，過去的寺廟所起的作用和心理醫生的作用有些類似之處：都是為了解除人的心靈的煩惱。因此，用廟來象徵心理醫生也是恰當的。

## 四、穿戴之物

### 1. 衣服

衣服往往表示人的外表。還有，當人們不在夢裡直接夢到某個人時，也往往用衣服代表人，正如古詩文中常常用「裙釵」代表女人一樣。衣服還可以象徵虛偽，因為衣服是一種掩蓋。衣服還是身分的象徵，因為從衣服中可以看出一個人的地位。衣服還可能代表人的特性，如同商品包裝上畫著商品的樣子。

例如，有人夢見一個不很熟悉的初中同學。在和她說話的過程中，她脫了軍大衣，然後又脫了一層軍大衣，然後又是一層，連續脫了好幾層。

這個夢最後分析出來的意思是，現實中對方交淺言深，和自己說了很多內心深處的話，讓他感到很是驚訝。這個「軍大衣」代表的是對方的心防。

一個女士夢見早上趕著上班，匆忙中穿著睡衣出了門。到了公司，她借了一套外衣和裙子，卻不肯穿別人借給她的內衣，說：「只要讓顧客看到外表就行了。」

顯然她認為為了應付社會，她需要「借」一個不適合自己的別人的樣子出現，但是，她不願在更深一層的內心中，或私生活中，也借用別人的樣子。

還一個有趣的夢例：某人原有一個女友甲，比他大三歲。他又對另外兩個女孩乙、丙有好感，想和甲分手。

於是他夢見乙在公園裡賣東西，穿一件紅色運動服。甲在公園裡，穿一件舊軍大衣，上面貼著小孩的貼畫。

在此夢中，不同的衣服指人的不同特性。甲年紀大（用舊軍大衣表示）但幼稚（用貼畫表示），而乙熱情開朗，充滿生機（用紅色運動服表示）。這個男孩的夢告訴我們，他的心已變，大概不久之後他就會離開甲而去了。

**2. 鞋**

鞋最常見的是用來象徵異性，或象徵婚姻。俗語說，婚姻就像鞋子，合不合腳只有自己知道。

一已婚女人夢見她的一個朋友，這個男士是某公司經理，獨身，夢裡他像平日一樣穿著筆挺的西裝，卻穿著一雙大而舊的解放鞋。

經分析，我斷定她對這個朋友有意，希望離婚嫁給這個人，但是她卻擔心對方不會接納她，因為她年紀比對方大，不是很漂亮，又結過婚。

鞋大，表示人年紀大。舊，表示結過婚。解放鞋的「解放」兩字，表示離婚。

另一位已離異的女士做了兩個夢，它們都和鞋有關。

一個夢，夢見一個女友送給她一雙鞋，鞋是黃色底的，黃色是她不喜歡的顏色，八成新，她穿上卻挺合腳。

經分析，該夢的意思是她的女友為她介紹了一個男朋友，這個人或者年齡大或者結過婚，但是她感覺挺合適的。

另一個夢，夢見某位男士送給她一雙鞋，鞋的顏色是她所喜歡的黑色，她試了試稍大，但是也很舒服。

我也作了類似的解釋。夢者證實的確是有這兩件事。

### 3.帽子

有時固然只表示帽子，但是它也常被當作性象徵，還可代表男性。

一個人夢見他和妻子以及他的朋友夫婦去戲院看戲，散場後去衣帽間取帽子的時候，發現他的帽子變得式樣古怪可笑：大了很多，柔軟有褶皺。他笑了。

這個夢的意思是：他對朋友的妻子有好感。他用帽子代表自己或自己的能力，特別是自己的性能力。

## 五、身體各部位

### 1.肚子

有時，它象徵新的生活，或者一種新的發展的潛在可能性。

有時，它也象徵對死亡的渴望或從生活的困苦中解脫的願望。

夢見肚子時，可能你在重新體會你在母親肚子裡時的感覺，體會那種平靜、安寧的感覺。這是你的潛意識想讓你關注自己一些非理性態度或行為的根源，或者它意味著你正在尋找，或被潛意識邀請去尋找你原初的和真正的自身。

**2.胸和乳房**

有時代表性和愛的願望，有時代表母親。但是如果一個成年人不止一次夢見母親的乳房，說明他在感情上和心理上還沒有「斷奶」，也就是說，太依賴母親，太缺少獨立性。

有時，乳房象徵大地母親。夢是在提醒你去尋找新生命的源泉。

**3.陰道**

男性夢見陰道可能是性夢。如果夢中的陰道似乎要緊緊抓住你，則象徵著有一個女人很強悍，總要控制你。不過陰道也可以象徵「生命的源頭」，代表和生命的本原有關的事物，或者代表自己的人生中最根本的事物。

**4.鬍鬚**

鬍鬚可表示男子氣或男性的性。因此，在男性的夢中，一個多毛的男人象徵夢者自己的性能量或原始的心理能量。

夢中如果有長鬍子的老人對你講話一定要認真傾聽：他可能代表預見性的但可行的智慧，這種智慧深置在你的內心。

**5.血**

血象徵生或死（如果是流血）。手上的血，有時是罪惡的象徵。

血還象徵情感，尤其是愛或憤怒。

血也可能是經血的替代。這裡的替代是說，你在夢中看見的血不論是在人行道上還是身子上，都可能暗指經血。如果你是女性，這個夢可能表達了與性有關的焦慮；如果是男性，它可能表達了你的恐懼——對性或女人的恐懼。

喝血意味著獲得新生或能量（按照西方人的觀念，有宗教意義，象徵性地喝犧牲者的血或動物的血，表示吸取了上帝的生命的力量）。我曾經釋過這樣一個夢，夢者是一位男士，他連續幾天夢見吐血、流鼻血。我半開玩笑地解釋說這是經血的象徵，當時在場的其他人本以為他會嘲笑或反駁，而出乎意料的是他竟一言不發。當大家都離開以後，他找到我悄悄地說：「我夢到的當然不是經血，我是男人嘛！不過，如果是的話，那麼這些夢意味著什麼呢？」

我回答說：「如果夢者是個女人，那麼這些夢也只是表明她害怕出事，盼望例假能盡快來而已，至於其他，我還不能從夢中發現明確的象徵。」

「那她的例假會來嗎？」他問。讀者看到這裡應該明白是怎麼回事了。

夢見血還有另外一種意義，就是俗語所說的「出點血」或「吐點血」，表示（忍痛）掏出錢來給別人。

**6. 身體**

總的來說，對身體的解釋有以下幾個原則：

（1）如果是你自己的身體且穿著衣服，則它代表你的自我。

麼。

（2）如果沒穿衣服，那麼其意義由夢境來決定，即你在用你的身體做什麼，或你感覺到什麼。

（3）若是別人的身體，則它可能代表你自己的某一部分。若是異性的身體，則它代表你的靈魂、你的異性部分。

（4）屍體代表你自己的被壓抑的部分，或你對某人的敵意，或你對死亡的焦慮。

（5）具體的身體部位有自己的象徵。一般來說，軀體的下部代表性、本能或潛意識；胸象徵情緒，女性的胸部也象徵性或母親；頭象徵智力、理智。如果上述某個部位單獨出現，表示你對這個部分或其所具有的功能過於忽視或過於重視了。

## 六、物品

### 1. 電話

電話鈴響意味你的潛意識有重要的事要告訴你。你是否怕回答它？如果是，這意味著你害怕你的潛意識，或害怕別人。你應該聽從你的潛意識，以便了解害怕的原因。

你怕用電話嗎？也許這意味你害怕受罰。

### 2. 瓶子

瓶子可以象徵女性性器官。

如果瓶子裡裝著東西，則瓶裡的東西表示其象徵意義。

如果瓶子是空的，則它有可能代表你自己的空虛。你是否感到筋疲力竭，對生活失去樂趣呢？若這樣，你該向自己的潛意識要求能量，然後在下周前後仔細關注自己的夢。

**3.瓶頸**

象徵阻礙你的心理或身體能量自由流淌的某種障礙。

**4.盒子**

（1）女性象徵。

（2）你自己或你的內心。打開的盒子表示你對自己有了了解。如果盒子裡裝著某種貴重的東西，則它可能代表你的真實、基本或深度的自我，以及豐富的能量、力量、智慧和愛。

（3）如果這盒子令你恐懼，像潘朵拉的盒子，裡面充滿瘟疫般的東西，那麼其象徵至少有三種可能：一是象徵你的潛意識中被壓抑的力量、本能衝動，以及被掩藏的情緒。二是如果你是男性，這盒子可能代表女性的消極成分，她引誘你去破壞，或者代表專制的、阻礙你獨立的母親。在這種情況下，你應該與你的女性成分接觸，或（以及）重新審視你對母親的情感。三是代表災難的源泉。在你的內心、家庭或工作環境中有什麼令你擔憂的嗎？

**5.燈**

燈往往代表智慧的指引，因為燈是光明，能照亮人的方向。

某女，夢中沿著一條道路走，途中遇到過許多危險但是都度過了。在某處，有人告訴她，前邊路上會有燈，這個燈非常亮，功率高達四千瓦，並且很像一個人的臉。有人會討厭這燈，而走另一條路，這些人會死掉。

分析後發現燈象徵著她當時的心理治療師。治療師提出了關於她的內心的一些解釋，她不大願意接受。但是她也知道，討厭這些知識對自己的心理是不利的。

燈還常常象徵生命力。

佛洛伊德舉過一個夢例：一個老年男子夢見他和妻子在床上睡覺，突然有人敲門，他想打開電燈，燈卻怎麼也不亮。

燈不亮，象徵他的生命力已近於枯竭。我們說一個人生命力枯竭時，不也是說「油盡燈枯」嗎？

順便再提醒大家一下，燈也許就是代表燈，不象徵別的東西。前面提到的鞋也許就是代表鞋，當你發現用象徵解釋牽強附會時，就不要一定用象徵解釋。一個小孩白天看中了一雙運動鞋，爸爸媽媽卻不肯給他買。晚上他夢見自己穿上這雙鞋在打球——這不表示他對婚姻有什麼想法，而只表示他通過做夢，滿足一下擁有這雙鞋的願望而已。

**6.錢**

有時錢代表錢本身。例如經濟上比較窘困的人夢到撿了大量的錢，無比高興。只可惜一覺醒來，夢中的錢沒了蹤影。他歎息道：「假如我當時把錢存到夢中銀行裡就好了，那樣我至少可以在下一次做夢時去花——醒著時雖是窮人，睡著了還能當富翁。」再如某人夢見丟了錢包，第二大早晨去看，發現錢包還好好地放在手提包裡，但是手提包開線了。於是她趕快修好了手提包。此夢就是那個「我們心中的原始人」發現了錢包開線，用夢提醒她要防止丟錢。

錢還能表示價值。有個女孩夢見地上有一個閃閃發亮的硬幣，仔細一看是一口痰。表示她一開始認為某人或某物有些價值，後來發現這個人或這個事物不僅沒有價值，而且讓人厭惡。

安·法拉第提供的一個夢例很能說明問題，夢者是一個剛離開丈夫的少婦，她感到孤獨和憂慮，因此許多天不斷夢見從船上掉到水裡（丈夫就是她的船）。後來有一天，她又夢到在船上，但不是一個人而是與一大群人在一起，他們從船頭落入水中，她也落水，但沒有被嚇醒，而是夢見穩穩地站在岸上，還意外地撿到了銀幣。醒來之後，她不再憂慮了。

這個夢的意思是，她後來投身於危險（用水表示）之中但是沒有被淹沒，還發現了新的有價值的東西。銀幣象徵她的所得，即她所獲得的獨立性。

夢中撿到錢後，夢者都會很高興。但是對待這種橫財的方式卻不盡相同，有的人收下，有的人把它交給員警。哪種人好呢？收下的。那些把它交給員警的人，不要表揚你自己，不要說你在夢中都那麼高尚，因為在夢裡撿錢交公，往往反映了一種不自信，一種認為好事輪不到我頭上的態度。所以，下次夢見撿錢，一定要努力讓自己收下。當你能夢見撿錢並收下時，說明你的自信心已提高。或者，在醒後的白天多努力提高自信，當你做夢又夢到撿了錢，而你收下了時，就證明你已獲得了自信。需要說明，夢中的「拾金而昧」與生活中的「拾金不昧」是意義完全不同的兩回事，因為夢中的錢，往往代表某種有價值的東西，不一定是物質，很可能是精神上的。

**7.炸彈**

炸彈可以代表潛意識的情緒力量，如性或攻擊。壓抑願望及動機只會給自己和他人造成大的傷害。應該給予它們關注及恰當的位置。在所有的噩夢裡，一直做到夢真的結束是有益的，而不是在危險結果發生前醒來（**爆炸、從高處摔到地面或其他**）。你在夢結局出現前醒來，意味著你對你的人格或你外在的生活逃避責任。

若是原子彈，則夢代表你對世上的事感到焦慮。另外，擔心原子彈是自己焦慮的一個象徵。

**8.書**

書有積極意義——明智或有價值的知識。

書也有消極意義——僅僅是觀點、理論、表面知識。

你在夢中的感情將決定其恰當的意義。

**9.氣球**

空中的熱氣球可以象徵擺脫（**或渴望擺脫**）與日常生存或客觀的形而上觀念有關的問題，從而獲得自由。

許多彩色氣球可以象徵快樂、幸福，即要慶祝的東西。

### 10.刷子

（1）象徵陰毛。

（2）洗東西用的刷子可能代表你對清潔的態度。你是否強迫性地愛清潔呢？如果是這樣，那麼你想隱瞞什麼罪惡感呢？

（3）你夢見過刷牙嗎？若是這樣，夢的意思可能是，你該注意你與人交談的方式，或者是你怕變老。

### 11.籃子

夢中的籃子也可以作為女性的性象徵。裝滿水果或其他食物的籃子可以象徵健康、豐饒。一個空籃子可以代表空虛。

### 12.包裹

包裹意味著隱藏，可以象徵你壓抑著你的某些情緒，或者隱藏著你對自己或對某個人的真正感情，或者是你感到害羞、內疚或欠缺，或者是渴望愛的溫暖。

### 13.武器

有時象徵性。女人夢見男人手持武器攻擊她往往代表男人對她有性企圖。在夢裡，女人看到男人手持刀槍衝過來，常會嚇得急忙逃跑，但是實際上這些夢者心裡是需要男人以一種更主動的態度來對待她的。夢者真正恐懼的是她自己心中的欲望：希望被男人征服，希望男人在性上佔有她。

男人夢見武器有時也是代表性，特別是夢中的「敵手」是女性的時候。但另一些時候，它代表攻擊、敵意、憤怒。

不過大多數的時候攻擊的犧牲者和攻擊者都是你自己，是你心靈中的不同部分。有時，武器被用於自衛，來對抗可怕的敵人，這往往說明你的生活過於緊張焦慮。

**14. 輪子**

（1）輪子可能代表某種情緒，要求你向自己的內心看，並且把你生活的重心放在你的真實自我上。

（2）一個轉動的輪子代表你的生命從生到死的歷程，即生命的變遷或你的命運的展示。

（3）若是方向輪的話，如汽車方向盤或船的舵輪，你的潛意識是告訴你，你能控制自己或你該控制你的生活。

**15. 糞便**

民間傳說糞便表示財。夢見糞便會發財。在過去，有時的確是這樣的，但是現在已經基本不是了。為什麼呢？因為過去農民種地，沒有什麼化肥，要莊稼長得好，就得施糞肥。因此，糞便便意味著肥料。農民做夢時，用莊稼代表自己，有了糞莊稼就長得好，收成好了，人就活得好。錢對人來說相當於糞對莊稼。因此，糞便代表財。

而現在不同了，不要說城市人不用糞肥，就是農村人也不需要糞作肥料，有化肥就行了。所以，如果一個農民要用什麼表示財，他或許會夢見化肥，而不大可能夢見糞。只有年紀較大、以前可能拾過糞的人，夢見糞才可能代表財。

現在，糞在夢中主要表示髒、可厭。

某人常夢見自己去廁所，發現廁所地上這裡、那裡都是糞便，幾乎沒插足的地方。勉強找了個乾淨的地方方便，心裡感到很噁心。

經分析，我發現他對女友不是處女一事耿耿於懷。於是我幫助他對這個問題進行重新思考，讓他放棄一些不合理的觀念，於是他再也不做糞便的夢了。

糞便還可以象徵肛門。

## 七、人物

夢中人物象徵什麼？這是一個最難固定化回答的問題。一個人往往代表另一個人，或一種性格，我們往往要具體分析才能知道他代表著誰。在後面將專門討論夢中人物。

夢中有些特殊的人物是集體潛意識的原型形象，這些人物的性格是確定的——在各國神話傳說中，在各國人的夢中，他們永遠是一樣的，彷彿他們是活在人們心中的精靈。

這裡先列出少數幾個原型人物形象。

## 1.智叟和智媼

智叟（又稱智慧老人）往往出現在男人的夢裡，智媼往往出現在女人的夢裡。他們的共同特點是充滿智慧，飽經滄桑。這些老人或和藹慈祥，或莊重威嚴。智叟會以各種不同的樣子出現：長鬍子的老者、國王、魔法師、老和尚、老道士、教師等。智媼也會以各種不同的形象出現：老太太、大地母親、修女、教師等。不論是什麼具體形象，他們實際上都是同一個原型的化身。

這個人在夢中所說的話就是你的原始智慧給你的指導，你應該認真記住他的話，解出他的話的象徵意義，它將給你的人格或生活帶來好的轉變，會引導你變得更完善，更勇於面對你的真實自我。

榮格稱這種形象為「魔力人格」，認為他是神秘的，是與上帝與自然現象、特異功能、天才、神聖、先驗知識等相關的力量。這些人物是令人敬畏的。如果你覺得他們太可怕，可以去向一個榮格主義的心理治療師諮詢。人們會讓自己被智者控制，並且變得專橫、自大、固執己見。或者出現另一種情況，你沒有承認他是你內心的神的智慧與力量，而是你可能將其投射在一些權威或其他人身上，如教師或你的熟人。不管怎樣，這樣一個魔力人物（在夢中）對你說的話很重要。這些話肯定可以為你打開人生的一個新境界。

## 2.女巫

女巫這個形象有兩個意義，一是女祭司，二是充滿惡意的。後者尤其被兒童文學家們所傳播。前一種女巫代表內在的智慧、成長、康復。後一種女巫代表破壞性的潛意識力量。

男性的夢中出現的女巫象徵他的阿尼瑪的消極面，即男人人格中不好的女性成分。

善良女巫在夢中出現時，往往願意以她的巫術幫助你實現願望。你在夢中提出了請求而且被她接受，是一種很好的象徵。

後一種女巫就是童話中常見的惡巫婆，她象徵著你潛意識中的危險。在女性的夢中，有時象徵著一種虐待和被虐的性欲望。夢見這種女巫的人可能會有一些靈異的表現，比如有某種特異功能或能力，或者至少被人視為性格神秘、直覺敏銳。但是這些人不應該發展或放縱自己的這種能力，否則極有可能會走火入魔。這種人不應練氣功，否則極易出偏，或者越練越像一個巫婆神漢。

在童話中，遇到這種邪惡巫婆，應該迅速逃離。同樣，如果夢到這種巫婆，應提醒自己，不要再沉迷於氣功、靈異之中，應該過正常的平常人的生活。

### 3.外國人

如果夢者時常和許多外國人在一起，那麼，夢中出現外國人就沒有什麼稀奇的。他不過是約翰，是喬治，是瑪麗。

如果夢者不常和外國人接觸，那麼，外國人就是一個象徵：「外人」的象徵。

某女孩夢見：「和一個外國人在屋裡看書……看那個人相貌也是和中國人一樣，不過我知道他是外國人……我擔心我男友看見我和外國人在一起會怎麼想……」

為什麼外國人和中國人相貌一樣呢？有人猜是日本人、朝鮮人。而答案是，這不過是一個外人——相對於男友來說。而男友不是外人。所以這裡的和外國人在一起，就是和外人在一起。

### 4. 員警

員警自然主要代表一種秩序，因為他是法律與道德的維護者。他也常常是「超我」的象徵或良心的象徵。

夢中被員警追捕，表明你有一些想法和衝動是你的超我所反對的。你應該想一想，為什麼員警抓你。看看你是不是有些壞想法，如果是，就不要想了。或者，說服你自己的超我，讓「他」不要過於嚴苛。人非聖賢，不能以聖賢的標準要求自己，否則你會不勝負荷的。

### 5. 女人

（1）有時男性夢見女人只是簡單表達了自己的性欲望，重複出現的色情夢說明夢者的趣味包括他的道德情感仍處於發展的初級階段。

（2）代表你的母親。值得注意的是，你看重夢中你對她的反應，或者她說了些什麼。如果這個女人表現出消極情緒，那麼你應當放鬆與你母親間緊密的情感聯繫。這是你獨立自我建立的前提。

（3）對男性來說，夢中的女性代表你的阿尼瑪。這時，這個女性可能是友好的，也可能是充滿危險的。友好意味著，你的阿尼瑪想讓你了解你自己仍被忽略的成分；而危險意味著她欲使你偏離正道。這個具有威脅性的阿尼瑪由一個誘惑的海妖代表。

（4）如果夢見的女性是你生活中的一個熟人，並且夢中很色情，那麼這個女性可能象徵你壓抑的性欲望，或是你自己的阿尼瑪的投射。如果是後一種情況，則預示著在現實生活中你應該和你自己的阿尼瑪而不是和一般女性建立關係。

**6.嬰兒**

（1）如出現在孕婦的夢中則無象徵意義。

（2）非孕婦的夢中可能表達潛意識中想要個孩子的願望。

（3）代表夢者（無論是男性還是女性）自己的脆弱，或渴望愛。你心中這個受傷害的、自憐的部分應至少得到你的意識自我的愛，只有這樣，你心中這個兒童部分才能成長、成熟。

（4）可以象徵你的純潔、無辜、真實的自我，即你真正的樣子，有別於你被各種外在環境、條件塑成的樣子。

（5）象徵你人格或你個人生活中一些新的發展。

**7.新娘／新郎**

男性夢中的新娘代表其阿尼瑪，新郎常常是女性夢中的阿尼瑪斯的象徵。處於被忽視地位的阿尼瑪、阿尼瑪斯與我們的投射緊密相連。基於內心各種被壓抑的恐懼而建立的投射世界使我們越來越孤立於真實世界。

**8.老闆**

（1）與你同現實中的老闆的真正關係有關。

（2）另一方面，尤其當老闆為男性時，是超我的象徵。

（3）如果在夢中你自己是老闆。有兩種可能：一是提醒你該以更合作、溫和的態度與人相處，而不是處處像個老闆；二是指導你把握好自己。

## 9.兄弟／姐妹

（1）如果你的兄弟或姐妹出現在夢中，你先得判斷這夢是不是關於你真正的兄弟或姐妹的，以及你與他們的關係的。若是前者，這夢一定起因於最近你與他們的交往或得到的有關他們的消息。不過，一般來說，即使有白天的真實經驗的基礎，夢中的兄弟或姐妹往往代表你自己人格中的某種成分。

（2）在生命早期，手足往往是人嫉妒、仇恨的對象。在小孩的眼裡，母親似乎總是偏愛別的兄弟姐妹。對兄弟姐妹的嫉妒會被我們帶到成年（**在潛意識水準**），並繼續影響我們的行為及態度，所以我們很有必要面對這種嫉妒，承認它，從而使我們不再受它的消極影響。

（3）男性夢中的兄長、女性夢中的姐姐，代表你的另一部分的自我。這個自我被嚴重忽視，未能發展。榮格稱其為「陰影」。成人的自我意象是自己的願望與社會、父母的要求折中後的結果。如果這種自我意象與人的實際能力相符，那麼在一段時間裡一切看來都會很好；但會有我們需要關注那些被忽視的自我的時候。這些被忽視的部分即「陰影」，它們將在夢中展示自己，扮成哥哥或姐姐就是它們展示自己的形式之一。

人們常常把自己的陰影投射在同性別的手足身上。如果不被投射的話，它所表達的東西會令自己尷尬、窘迫不已。

需要記住的是：你的潛意識是你的同盟、密友。它們之所以看起來很令人恐懼，是因為它們被忽視、塵封得太久。給它們適當的關注及尊重，它們會與你的意識很好地合作的。

有一個方法可以幫你檢查一下，你是否有了被忽視的陰影自我。你可以問自己，是否對別人尤其是你配偶的某些性格特點極為不滿，如專橫或自由散漫。如果有（當然這需要你有足夠的誠實來承認），那麼這些品質很可能屬於你的陰影自我。我們傾向於把自己潛意識中「不好」的東西投射在他人身上。

（4）男性夢中的姐妹、女性夢中的兄弟代表榮格所說的「靈魂意象」，即阿尼瑪、阿尼瑪斯。生理差異似乎決定了男女根本的不同。有一些特質被約定為女性特有，如溫柔、照料、合作、直覺。同樣，另有一些被稱為男性特質，如攻擊性、競爭性、理性、分析性等。然而今天的心理治療師已達成共識，即男性內心中有女性特質，反之亦然，儘管這些異性成分處於潛伏的、被忽視或被壓抑的狀態。如果你是位男性，你是否敬佩一位具有男子氣的女性呢？如果你回答是，那麼也許你需要調整你的內心：你的女性成分可能已吞沒了你的男子氣，現在你需要加強後者。在這種情況下，阿尼瑪是相當男性化的。

每一個男性或女性都可能做過與阿尼瑪或阿尼瑪斯相關的英雄夢。男性會夢見拯救陷於貧窮的女性；女性會夢見死去的王子在自己的輕吻中醒來。這種夢應被理解為與你的阿尼瑪、阿尼瑪斯成分合作的邀請。這是人格完滿的必由之路，說明你與你自己的異性成分協調了。

（5）男性夢中的姐妹或女性夢中的兄弟可能會使夢者墜入深淵、進入海底或進入黑暗的叢林。這代表夢者被其異性成分帶入了潛意識中，去發現如身心疾病的情緒原因、被壓抑的憤怒，或發掘能量與智慧。

（6）有時異性成分形象會以某種敵對的、威脅的樣子出現。例如，在一個男子的夢中，其阿尼瑪扮演了妖女的形象，引誘男人進入湖中或海中。水的深度可視為意識的深度。這個夢的意思是夢者需要揭示他的其他的、潛意識裡的自我，儘管它有危險性。水也是女性的象徵。因此，這個夢的意思可能是指夢者太依戀於自己的母親，需要依靠自己的男子氣和獨立來解放自己；在極端情況下，夢者有可能被他的女性成分控制。然而這類夢不是警告，而是邀請：潛意識鼓勵夢者與自己內心的女性成分平等相處。

就女性而言，這類夢往往有個男性誘惑者。當然，夢者也須先弄清這類夢是警告還是邀請，是警告夢者不要被她的男子氣驅使（**或許他還沒解決好戀母情結**），還是邀請你去發現並利用你的被忽視的男性成分。無論怎樣，都應記住要平等地對待異性成分。

（7）潛意識對意識的補償，包括意識缺乏的品質及能力。夢中出現的異性成分往往是與自己相反的形象。如一個富於理性的女人，會夢見多愁善感類型的阿尼瑪斯；一個多愁善感的女性（**意識層面主要為情感，包括道德情感的驅使**），她的阿尼瑪斯會以一個長鬍子的教授或其他知識份子形象出現。一個富有直覺的女性（**如藝術家**），她的阿尼瑪斯可能是個肌肉型的男子形象。

（8）若兄弟和姐妹在夢中一起出現，則可能象徵兩部分間的鬥爭或聯合。這裡的兩部分指意識內容與潛意識內容。它們的聯合意味著真實的自我（**它始終在人的內心**）已被意識到。這是吉利的徵兆，它意味著儘管這兩部分是相對的，但在你心中已有了一個潛在的、可獲得的秩序與和諧。當然，你的意識自我必須給你潛意識的另一半足夠的關注（**像王子吻醒睡美人**），那潛在的秩序才能充分實現。

夢中的自己一般象徵意識自我。而其他部分即潛意識部分往往用其他東西來象徵，如他人、動物、物體等。

**10.年輕人**

（1）夢裡比自己年輕又與自己是同一性別的人一般象徵自己的單純、天真的成分，這個成分尚未被虛偽、野心、不恰當的追求所污染。如果是這樣的話，你應該去愛自己的這個成分，並以此為榮，保護、關懷這個純潔的部分。

（2）夢見年輕人還可能是潛意識建議你恢復活力（**不論你是人到中年還是有些抑鬱**），或者是讓你的人格或生活有個創造性的轉變或改變。

**11.妻子**

（1）在男人的夢裡，無象徵意義，即是他的妻子。

（2）在夢中或在現實裡你與你妻子的關係包含著你與你母親或你的阿尼瑪的關係成分。

（3）看見死去的妻子是個常見的夢，試著感受她，愛她在你心裡，而不只是把她當作一個外在的存在。

**12.工人**

如果夢中有一個建築工或管道工來修理你的房子，這個工人的意義是向你指出你自己或你生活中的一個問題，並且可能告訴你該如何去解決它（房子＝你自己）。同理，工人在下水道工作也有同樣的寓意。例如，如果一個工人在疏通下水道，它可以意味著你有一個情感的「下水道」需要解決。

## 13. 墳

墳象徵死亡、埋葬。但是死亡或埋葬未必是可怕的，如果被埋葬的是你的傷痛、你的錯誤、你的缺點，那麼這也許還是一件好事呢！所以夢見墳時，看看夢中墳裡埋的是誰，再分析一下這個人代表什麼。如果這個人很笨，也就是說也許你埋藏了你的愚笨，從此聰明了。

墳還象徵安寧。某人夢見墳開著口，他走進去，發現裡邊是一張舒適的床，於是他就躺下睡了，一點也不害怕。這個人在生活中是一個緊張憂慮的人，膽子很小，怕這怕那。為什麼在夢裡卻這麼膽大呢？是因為夢是反的嗎？不是，只是因為他把墳當作安寧的象徵，他渴望安寧。

一個女孩在一個關於她該不該結婚的夢裡夢到了墳墓，這似乎是那句俗語的圖示：婚姻是愛情的墳墓。

## 14. 鬼

曾有人問我夢見鬼表示什麼。後來仔細一問，他夢見的是死人。鬼和死人不是一回事。夢見死人有兩種情況：一是夢中不知道他已經死了。二是夢中很清楚他已經死了。這些都不是鬼，除非在夢中，你發現這個已死的人是鬼或成了鬼，那才算夢見鬼了。

所謂夢見鬼，指在夢裡你把他當作鬼。

某女孩，夢見好多鬼圍在她身邊，她向鬼吐口水，用手按鬼的頭，鬼就變小了，但是過一會兒鬼又會變大。

這裡的鬼象徵什麼呢？我問她，這些鬼長得什麼樣子。她說像一些同事。可見這個女孩在人際交往中遇到了問題。她發現許多同事很壞，因此把他們比作鬼。吐口水表示輕蔑，按鬼頭表示壓倒對方，她用輕蔑和驕傲保衛自己，讓自己不被別人的「鬼蜮伎倆」傷害。但是，她仍舊還是害怕的，而且這樣也消除不了「鬼」。

鬼在這個夢裡，象徵邪惡。鬼還可以象徵危險。

有個小孩小時候和媽媽睡在同屋，大些後自己睡一個屋，心裡很害怕。於是他每天夢見鬼。這就和人走夜路害怕時會想到鬼是一個道理。因為鬼是可怕的，恐懼在夢中會引來鬼。

## 15. 沼澤

（1）象徵很明顯，你應該問自己你正陷進什麼裡。

（2）如果你在沼澤中陷到腰部，表明你應該表達一些你潛意識的內容。

## 16. 喪服、黑紗

象徵那些損害你的人格或你的生活，使你無法獲得真正幸福或自我實現的習慣性的態度或行為。也許你的某些部分已經「瘋了」，失去控制。

## 17. 砍頭

表示懲罰。因此它可能是告訴你，你生活中的某種消極模式應得到改善。

表示一種從過強的理性下獲得自由的需要。所以應給直覺多一點空間。對那些書呆子型的人和太理性化而缺少感情色彩的人來說夢中被砍頭是一件值得祝賀的事情。砍了頭，你才會注意到你不僅僅擁有一個頭，不僅只有思想，你還有心，有感情，有肉體，有本能，有直覺，你會成為一個更全面的人、更完整的人。

在夢裡，這種人被砍頭時，往往會感到放鬆、愉快。例如有個女士夢見人們排著隊去砍頭，她的頭也被砍了，但是卻並沒有死，而且心情很好。我們可以推斷這大概就是一個過於理性化的女人。

砍頭還有一種含義，就是閹割的象徵。假如一個男人夢見頭被砍，特別是禿了的頭被砍，往往有這種意義。這種夢令人十分焦慮。

S女士夢見許多女人排著隊走。

「在一條長長的人龍中，我隨著隊伍緩緩轉移腳步而慢慢前進。由於前進速度極為緩慢，我有充分的時間可以東張西望，我這才發現行伍中都是年輕的女性，其中還有我認識的人。隊伍不斷向前移行著，但我不知道這個眾人靜默往前走的行列到底要幹什麼。於是我引頸長望，看到前面有一座斷頭臺。每個女人走到斷頭臺前，即被斬下首級。然而，沒了頭顱的女人卻若無其事地離開。這情景我覺得也沒什麼好害怕的，於是，我繼續留在隊伍中，隨著行列緩緩移行。心想，等一下輪到我的時候，我也甘願這樣被鍘下頭來……」

對於這個夢，一位心理學家是這樣分析的：心甘情願上斷頭臺，這只是存在於夢中的黑色幽默，對作為女強人的S女士來說，其實是相當陌生的。

S女士早年以頂尖的成績，畢業於國內一流大學，爾後又修得國際知名大學的博士學位，回國旋即被某大公司延攬為專業主管。她已婚，尚未有子女，雖然她一直希望能有一兩個小孩，但目前仍在避孕中。

她和丈夫的關係大抵不錯，但說不上親密。與同事相處，稱得上關係良好，可是很難熱絡。事實上，她由於學識高，加上身為公司主管，未免自視也高。部屬們對她的脾氣也不大敢領教，她動輒訓斥別人，不僅同事，連她的丈夫也都在心裡對她敬而遠之。

儘管擁有令人欣羨的生活，她卻不時感到空虛。她有心求變，可是儘管她縝密地思考，但就是理不出一份能讓她滿意的藍圖。

而就在她沉睡的時分，意識鬆懈，潛意識為她亮出一座斷頭臺。

「頭」是人的思考總源、理性中樞。因而，「頭斷」便意味著要放棄理性思考。S女士在夢中看到諸多女士斷頭而不覺害怕，甚至還做好「心理準備」，心甘情願地要依次走上斷頭臺，這也許是S女士的潛在意識已察覺到，「理性思考」固然使得她表現優異而成為出眾的女強人，但「理性思考」同時也是她能擁有親密人際關係的最大障礙，而她的空虛與不滿就來自她與眾人的疏離。

「現實的斷頭即是死亡。夢中的S女士不怕頭斷，或許是她意識到一種生命形態的結束將是另一種生命形態的創生，而她必須經過一次『死亡』的淬煉才有可能獲得重生。」果然，S女士接受了她內在自我的忠告。經過相當時間的努力，她不僅變得親和，還成為兩個孩子的母親。

這位心理學家分析的「現實的斷頭即是死亡……」這一段，分析得不大好。因為「斷頭即是死亡」是醒著的人的日常邏輯，而不是夢中邏輯。在夢的邏輯中，斷頭不意味著死亡，「沒了頭顱的女人卻若無其事地離開」。所以，「死亡」和這個夢並沒有什麼關係。不過，斷頭代表要消除「理性思考」這一點的分析卻是十分恰當的。

### 18.陰間

可能象徵絕望，在這種情況下應該找心理醫生諮詢，緩解一下心理壓力。

有時，夢見到陰間也有好的一面，它象徵著為了你人格更完善，舊的你「必須死掉」。要確切地了解這個夢的意義，要看你在陰間的遭遇。如果你在那裡見到了光亮，那麼這是較好的象徵，象徵你的意識能發現你的潛意識。

老年人夢見陰間，有時是出於對死亡的擔心。在醒來後，老人還可能會為這個夢擔心，因為他們往往有迷信的想法，覺得自己真的去了一次陰間。如果一位老人講到這類夢，一般應加以安慰，向他們說明這夢沒有什麼不好的意思。

陰間還代表埋在記憶深處的東西，如果夢見在陰間見到一個已死的親友，這代表你回憶起了他，或者代表你的一種舊的情感或習慣的復活。

## 八、水

夢中的水的意義，要看是什麼樣的水：是杯中的水、河水、湖水還是海水？是清水、渾水，還是加了糖的水？如果你夢見了一條河，那麼或許得按河來釋，而不能按水釋。如果你夢見了海，那麼或許得按海釋，也不能按水釋。如果你夢見茶水，那或許得按茶釋，同樣不能按水釋。這裡邊問題比較複雜。什麼樣的水可以按水釋呢？不好說，只能憑感覺。

夢中的水是什麼狀態很重要，即注意那水是自由流動的還是有阻礙或是結冰，是乾淨還是混濁。

水是繁殖、成長、創造性的潛能的常見象徵（尤其是處於靜止狀態如在水庫或靜止的湖裡），也是新生活或康復的象徵。

## 1.水可以象徵生命力

例如某人夢見土地乾枯，草木枯萎，他用車拉水來澆，但是水根本不夠用。這表示他自覺生命力不足，於是買補藥吃，但是發現效果很微小。夢中拉水的車是一輛計程車，生活中他的侄子曾乘這樣的一輛計程車來看他，並且送給他一些名貴補藥。

水還是女性的象徵，代表你的女性傾向（無論你是男性還是女性），或是你的母親。所以在夢中你對這水的反應就顯得很重要。在現實生活中你怕水嗎？這可能意味著你怕女人（如果你是男性的話）、你的母親或你自己的潛意識。

《紅樓夢》裡賈寶玉說：女兒是水做的。這句話也正是人類內心中原始人所說的。

有人夢見一湖碧水，沒有一片樹葉雜草在上面，清澈無比。他高興地下湖游泳，卻發現有另一個人也要下湖。他心裡極端不愉快。

表面看這個夢很怪，湖裡多一個人游泳有什麼關係呢？

但是如果你知道，這個湖是女性的象徵，象徵著他的女朋友，那麼你也就知道，另一個人下湖意味著什麼了。你當然也就知道，他為什麼如此不愉快了。

特別是夢中的水較深的時候，或者水是在一個地下溶洞裡的時候，還常常象徵潛意識也就是內心深處我們自己意識不到的內容。什麼東西被水淹沒，表示我們把它遺忘了。但是這些被遺忘的東西並未消失，只是深藏在心底了。相反，夢中我們從水底撈出了什麼東西，則表示我們在內心中打撈出了思想或直覺。夢中撈到珍寶是最好的，表明你從內心中獲得了心理財富。某人夢中從水下打撈出寶劍，表示他從內心深處獲得了勇氣和力量，使他不畏懼任何敵人。

中醫認為，腎主水，腎出問題的人會夢見涉冷水、淋雨等。再如，關節炎患者會夢見涉水。

當夢者口渴了，夢見喝水，這水也許什麼都不象徵，只表示水，也可以同時象徵其他事物。例如夢中喝水的杯子是同班一女生的，表示渴望得到她的愛。

夢中的水還可以作為出生象徵。

## 2.井和泉水

夢中的井象徵情緒（如憤怒、害怕）的深層源泉或幸福、智慧的深層源泉。

夢見泉水的意義與此相似。

井和泉水中的水越清澈，說明你的深層情緒狀態越好；水越髒，說明你的心理和情緒越不好。

夢中是什麼東西污染了你的井和泉？它象徵著什麼？通過分析這些，你可以知道你在哪一方面需要改變。

## 3.河

河流是由水構成的，所以有時它可以表示滋養、女人或其他水所代表的事物。河流又可以通航，這一點像道路，所以河流也可以表示生命歷程。

夢例：敵人侵犯，夢者逃到河邊。河裡有一條木排，木排上搭著草棚，似乎是個水上人家的臨時居所。夢者潛伏在木排下，探身看草棚，棚中無人，似乎可以進去住，但是他沒有進去。

這個夢中主要象徵有四個：敵人、河、木排、草棚。河上的木排相當於地上的汽車，在這裡表示一個小的環境。草棚有如房子，此時代表家庭。結合「上下文」，木排在這裡也取家庭那一個意義。河流在這裡代表顛沛流離的生活或不穩定的生活。敵人象徵危險。

夢者當時正在考慮是否與某女孩戀愛，但是他認為自己前途還比較不確定，同時對這個女孩他不太滿意（**是草棚不是房子**），所以決定還是順水漂流。河流隔開土地，因此它又是阻礙、分界的象徵。

弗洛姆舉過一個例子。夢者是一個很受寵的男孩。小時候父母把他當成未來的天才，他飯來張口，衣來伸手。父母怕他有危險，事事保護他。因此長大後他依賴性很強。一天，他夢見：「我想過河，想找一座橋但是沒找到。我還小，才五六歲，我不會游泳。一個高個男人要抱我過河。開始我高興地讓他抱。但當他抱著我開始行走時，我突然感到害怕。我知道若不逃脫必死無疑。這時我們已在河中央，我鼓起勇氣從那男人懷裡跳下水。起先我以為我會被淹死，但是我卻游過了河。」

弗洛姆指出，這個夢中的此岸是幼年，彼岸是成年。夢者意識到，要想從幼年變成成年，不能依賴別人讓別人抱著成長，而應該自己獨立。

河流，在這裡就是幼年到成年的分界。由於河會有淹死人的危險，所以它所指的往往是一種需要突破的分界。

河流是水的通道，因此河流還有通路的意思。河流的暢通和阻塞可以象徵其他事物的暢通與否。例如老年人夢見河流淤塞，可能象徵著動脈硬化、冠心病、腦血栓等血管阻塞引起的病變。應該及時去檢查，不要忽視潛意識給予的信號。

我曾做過一個河流的夢：夢見到一個地方玩，發現有一條大河，河流已淤塞，但還有一些細流。於是我和另外二人一同治河，使河流暢通，巨流滾滾。

經分析，這個夢代表我的願望，我希望能打通心理學各個流派之間的分隔，把它們融會貫通為一個整體，認為只要我與別人一起這樣做了，中國的心理學事業就可以壯大。

**4. 漩渦**

（1）你心中有可能「拖你下水」甚至毀滅你的東西。

（2）漩渦的感覺好的話，意味你有死的願望或者你被邀請進入潛意識去更多地發現你自己。

**5. 溪流**

溪流可以按前面所講的河流去解釋，也可以按泉水去解釋。

溪流還有一層意義，就是象徵女性。

### 6. 海

海常常是最深層潛意識的象徵。它是博大的、危險的、深不可測的，隱藏著珍寶和鯊魚，也隱藏著美人魚的傳說和龍王的宮殿。

### 7. 橋

代表男性生殖器，象徵「聯結兩性的距離」。還代表出生，即另一個世界與這個世界的聯結，或從母腹到獨立存在的聯結。

代表導致死亡的東西，或從此岸到彼岸。代表夢者生活中任何形式的變化，如生活方式的變化或年齡的變化。

橋跨越河流，甚至跨越兩個國家。所以在夢中橋象徵夢者生活中的一個關鍵，它是一個至關重要的決定，可以形容為「進入一個新國度」。

如果你在夢中過的橋有倒塌的危險，這表明你對你生活的變化充滿焦慮。

## 九、路

### 1. 路

表示生活道路。當一個人面臨選擇時，他就會夢見路有分岔，不同的道路有不同的景象，表示他的不同選擇。而在夢中你走了某一條路，則表示你內心深處，或說你潛意識裡，或說你的「原始人」，選擇了那一條路。路旁的建築物或樹木風景表示在生活歷程中所經歷的事物。

一位年輕人夢見和幾個朋友在花園散步，但身穿古裝，類似和尚的打扮，這時有一夥歹徒襲擊他們。於是他們拿出兵器一陣廝殺，把歹徒全部殺死。他們一連殺了幾批歹徒。最後來了一夥女盜，他們仍毫不猶豫地殺了過去，手中的刀已抵在對方腹部，這時他突然發現對方是他的小學同學，於是沒忍心下手。那一夥人便走了。他想去問問那個小學同學，於是追上去，那夥人出了花園，走在一條長長的小路上，路兩邊是破舊的樓房。他一直追上去，越追越近，但這時他突然想起要買墨水，於是他進了一家文具店。當他出來時，那夥人已不知去向。於是他順著這條路追啊追，這條路高低不平，非常長，終於到了一個十字路口。他感到應該拐過去坐車追，於是他到了汽車站，那裡人很多，來了幾輛車但都不對，忽然他又意識到應到對面坐車。他到了對面月臺，那裡一個人也沒有，他抬頭看看站牌，上面卻是日文，他不禁茫然了……

原來，這個年輕人從初中就喜歡班裡的一個女生，兩人一直保持聯繫，但他怕影響學業始終未向那個女生表白。上大學後他本想說出來，但是又想全身心投入學習，清除雜念。他在夢中與歹徒搏鬥表示戰勝雜念，沒有殺死女盜指不能戰勝這個「雜念」，身穿古裝是表示逃避現實，像和尚表示遠離愛情。而他夢中的小學同學與這個女生有很多相似處，因此是代表這個女生。他追上去，表示想得到她。

下面是關於路的：追女盜走的是長長的小路，可以解釋為他感情起伏的過程。長表示他們過去交往的時間長，小路表示過去感情並不很強。同時長長的小路也表示他心中認為這條路很長很難走。當他快追上時，他又想到學習，於是進了文具店，但出來已不見人。這可以解釋為他因學習忙和那個女生疏遠了。另外，路邊破壞的房子表示那個女人「陳舊了」。十字路口表示選擇，這很可能是另一個人闖入了他的感情世界。因為在高中時有另一個女生對夢者很好，而這個女生正自學日語。所以後一個站牌上的日語代表這個女生。他想坐車追指他想迅速地走完追求的道路，但是他發現在第一個站牌處（代表第一個女生）人很多，車也不對，這或許指追這個女生的人很多，他也不能找到合適的迅速的追求方法。於是他想到另一個女生，但站牌是日文，表示他不能與這第二個女孩溝通。

## 2.兩條道路

夢中強調兩條道路大多和選擇有關。

如果做夢前的白天你正面臨選擇，你更可以確信你夢中的兩條道路正代表著這兩種選擇。

有個夢者在求職的時候，正在兩個公司之間選擇，猶豫不決。晚上他夢見：「我和另一個人一起走進一條小巷，前邊有兩條路，一條向左，一條向右。我們先進了左邊的路。在這條路左邊，有一間小屋，樣子有些像個洞窟，小屋的門是由綠色玉石做的，上面好像還雕了一些圖案（讓我聯想到印章上的雕刻）。我拉開門，裡面光線很暗。我感覺這個地方好像來過一次。它像個洞。洞裡左壁上有兩個力士的雕像，好像佛教石窟中的雕像。像的後面有扇窗，透進一些光亮。我想，比上次來亮了些。

「回到這個屋子（洞外邊），沿著路往前走，前邊的路又分成兩條，右邊的路通向一間小屋。我知道這小屋裡有一個人，他長得像少年時的我。左邊的路不知通向哪裡。這時我和那個人回過頭來，轉向了後面，也就是第一個路口右邊的路，有一個老者從那裡走出來迎接我們。我有一點遺憾，不知道那條我沒有走的路通向哪裡。夢中和我在一起的人，先是像A公司中的一個朋友，後是像B公司的另一個朋友。A、B兩公司正是我選擇不定的那兩個公司。我現在正在A公司工作，而較大的B公司有一個機會讓我進入。」

經分析，這個夢中，一開始就提出了他有「兩條道路」可走，然後先讓他看一看在A公司的現狀和前景。小屋如同一個洞窟，綠色玉門樣子像一個印章，代表在A公司夢者有一定權力。兩個力士像代表夢者和那個朋友都必須十分努力工作，而後會有一些光明。

再向前的兩條路是在A公司發展的兩個可能的方向。

轉回來走向的地方是B公司，身邊的人變成B公司的朋友。接他倆的老人的特徵很像B公司老闆。由此可見，夢者雖對離開A公司感到遺憾，仍舊是「轉向」了B公司。

## 十、其他事物

### 1. 野地

走進野地、灌木叢，表示你拋開你現在的心態或生活，進入了這樣一個狀態，在這個狀態裡，什麼事都是可能的。

自己必須做出選擇。如果是這樣，你的潛意識在召喚你進入一個發展的新階段。

野地如果很荒涼，象徵著你的情感生活很孤寂。

### 2.自己瞎了

意味你對自己有一部分不了解。你應該問自己你不去看的是什麼。是外在的嗎？問自己你是否對自己內部的某些方面有困惑。這些成分雖是由你目前的狀況引起的，但其實它們都是植根於你的內心。試著去面對它們，並追溯至生命早期。

瞎，可能意味著你不知道自己下一步該怎樣做，或有無助感。如果是這樣的話，你應該向自己挑戰，不要找藉口回避你對生活的責任。要掌握自己的命運，這樣你就不「瞎」了，你能清楚地看見在你的心裡都在進行著些什麼。

### 3.阻礙、阻塞

夢見阻塞，如交通阻塞或喉嚨被塞不能說話，一般是象徵你的心理能量不能自己流淌。明確在你夢中被堵的是什麼，並由此了解被堵的能量（願望、本能衝動等），給它在現實生活中一個適當的表達。

### 4.瘋狂

任何瘋狂的東西都象徵失控的、有潛在威脅的情緒。這些情緒在你的潛意識裡，因而你不知道它。試著認識它們，接納、調節它們。

**5.風**

（1）騷動的情緒、意識或潛意識。

（2）如果風吹動塵土，則它可能象徵你的生活方式或自我理想改變的可能性或需要。

（3）在宗教象徵中，風代表聖靈，用心理學概念，可視其為內在能量，這個內在能量能把你從抑鬱帶入歡樂或從世俗的、物質的興趣帶入更高（或更深）的意識水準。

**6.旋風**

與旋風有關的夢往往是個噩夢。你最近有沒有很強烈的高升感？你對此害怕嗎？為什麼？或許它想把你從你習慣了的生活方式中提起，讓你的生活習慣或思想意識提高一步。下次它出現時你可以待在這個噩夢的夢境裡，仔細看看它象徵的心理力量。

**7.蓮花**

可以象徵意識的自我，也可以象徵創造力或新生活的源泉（與印度神話的佛有關，從荷花中出生，而荷花變成宇宙），還可以是性象徵，代表陰道。

**8.火山**

爆發的或沉睡的火山是一個警告，提醒你，你內心中被壓抑的部分（如性）可能要給你製造麻煩，除非你允許它在現實生活中有所滿足。有時火山也可以代表將爆發的激情。

**9.牆**

象徵妨礙你滿足願望的某種東西。它往往是植於自我之中的。有的時候，牆也可以代表自我的邊界。

**10.缺乏**

當夢見缺乏很多東西時，你需要鑒別一下，看哪些是人的共有的基本需要，哪些是與你自我實現相關的，而哪些實際上分散了你對自己真正需要的注意力。

**11.零**

（1）由於零用圓圈表示，所以零可用來象徵完成、永恆或是你的真實自我。

（2）它是指示你沒時間了，現在你就該為你自己做某事，如馬上把你從生活或從夢中學到的東西應用於生活實踐。有時這可以象徵死亡。

（3）象徵空虛與無價值，如成功、追求的無價值或自我無價值。

**12.天象宮**

（1）若是你自己的星座出現在夢中，則它象徵你的還未被了解或未被充分承認的部分，或僅是你性格中一個被壓抑成分。

（2）即使出現的不是你自己的星座，它也仍是代表你人格、意識或潛意識中的某個成分。

### 13. 背面

（1）任何東西的背面，如建築物或其他物體的背面，均可象徵你人格中未被看到的東西。它們被埋藏在潛意識中，因為它們被視為低下的，可能會對意識自我構成威脅。它們真的是低下的，可能會令人羞恥的嗎？為什麼你會有這樣的感覺？你必須學會與你深層的情緒需要相接觸，這意味著你與你自己被壓抑的部分交流。

（2）人的後背，如果不是彎的，則代表道德的正直，以及體力、道德的力量。而彎的背可能表示你負擔過重。是什麼阻止你抬頭、對生活開放？是罪惡感嗎？是父母、老闆或別的什麼人將他們的選擇或價值觀強加給你嗎？

### 14. 後退

向後退步行，或坐火車、汽車後退，可能意味著你離你的真正目標越來越遠。或許你太在意過去，而過去是與失敗、拒絕、罪惡感以及怨恨相關聯的。只要你現在對生活的態度還受過去創傷經歷的影響，你就不可能獲得內心的平靜。

### 15. 洗澡

重複出現的洗澡主題，可能表明一種神經症的罪惡感。

洗澡也可以象徵擺脫舊的、消極的態度、習慣或情緒。

洗澡還可以象徵尋求自我的純潔等。

**16.天氣**

一般來說，夢的作用在於警告或表達內心衝突或消極情緒，如恐懼。所以天氣作為夢中行為的背景，往往也是壞天氣，如多雲、下雨、暴風雨、深秋或寒冬。但是夢中也有春天、晴天，偶爾還有彩虹。

**17.翅膀**

它是超越的象徵。一個長著翅膀的動物或人代表你心理的一部分，它已使你進入一個更超然的狀態，或是從一個壓迫情形中解放出來。

**18.冬天**

可以象徵衰落或死亡，可能是現實中的衰落或死亡，也可能是象徵性的衰落或死亡。

**19.西方**

（1）象徵死亡或減少，表示你生活中一段特殊日子的結束。
（2）象徵意識自我（太陽）沉入潛意識中，可被視為與潛意識相識的邀請。
（3）代表直覺。它是潛意識獲得知識的方式。
（4）如果在夢中西方表示的不是西方世界或西方文化，那麼它象徵的是理性，或對自然異化。

第六章

# 夢的常見主題

雖然夢千變萬化，但是有些主題卻是很常見的。那麼，它們意味著什麼呢？

## 一、被追趕

被追趕的夢大概是最常見的夢了，幾乎每一個人都做過這種夢。例如，被一隻狗或一群狗追趕，被一夥土匪或強盜追趕，被一夥敵人追趕等等。

按照佛洛伊德的理論，這類夢的象徵意義是指人的自我與本能間的衝突。如性本能、攻擊本能等因被文明、社會所壓抑，所以一般用野獸或野蠻、充滿獸性的人來象徵。也就是說，在這類夢中，狗或其他的凶猛野獸、土匪、強盜等都是本能的象徵。而被追趕者，一般是做夢者本人，有時也會是別的什麼人，但仍是夢者自我的象徵。

從情緒上看，這種夢是一種恐懼情緒的表現。表現的是夢者在當時的生活中正面臨著某種危險，他對此危險很恐懼，極力希望逃避、擺脫這種危險。

逃跑可能是我們的動物祖先遇到危險時的第一反應。猴子見了凶猛的野獸時，不像蛇可以躲到洞穴裡，也不像刺蝟可以縮成一團，更不像烏龜有殼可以往裡一縮。猴子的最佳選擇就是跑。所以，因恐懼而逃避是人本性中最深處的本能。當恐懼時，就自然會夢見逃跑，而那個危險的敵人，則會在身後緊追不捨。

因此，如果釋夢者想知道，是什麼讓夢者這麼恐懼，就應該問夢者夢中追他的是什麼樣的人，如果不是人，那麼是什麼。這個追他的人或獸或怪物，就象徵著他現在生活中所恐懼的人或事。雖然在理智上夢者不一定承認害怕對方，但是在潛意識中，他已經害怕了。讓夢者知道自己內心的恐懼不是壞事，下一步就可以幫助夢者面對這一可怕的現實，幫他解決這一困難，從而消除恐懼，獲得內心的安全感。

曾經有一個十七八歲的女孩，說她常常夢見被追趕。我問她被誰追趕。她回答說：是一個乞丐。於是我再問她，在她的生活中，有誰像一個乞丐一樣，向她乞討實物或情感。

「有，」她回答，「那就是我的父母。小時候我是爺爺奶奶帶大的，和父母沒有多少感情。現在我和他們在一起，他們總是像乞丐一樣，乞討我的感情。他們還常責備我對他們沒有感情。所以我挺怕見到他們的。」

「他們就是你夢中的乞丐，你想逃開他們但是逃不開，所以挺害怕。他們的行為是可以理解的，父母都希望孩子愛自己。」

「所以我也覺得自己不好，為什麼就不能愛他們呢？」

「你也不是不孝順，感情有它自己的規律，不可強求。你從小不和他們在一起，怎麼可能一下子對他們有感情？對此你不必自責。對他們也不用害怕，因為你並沒有錯，就像對待乞丐，你願意給錢就給，不願意就不給，不用逃跑。這樣，他們也會慢慢明白感情不可強求的道理了。這樣也許過一段時間，你與父母之間反而會有真正的感情了。」

如果夢中你不知道誰在追你，努力放開膽子去看一看，這樣你就知道你內心那種莫名的恐懼來自何方了。這種看一看，就是所謂敢於面對危險。

還可以分析你是怎麼逃跑的：是健步如飛，還是想跑卻怎麼也跑不快？多數人夢中是想跑卻怎麼也跑不快的。跑不快的感覺使他們在夢裡十分害怕。這反映了一種自我認識，認為自己沒有能力逃避生活中面臨的危險。夢中的你是如何逃跑的也能說明許多問題。例如我曾夢見被人追趕，我想逃跑卻總跑不快，於是我向上一躍，想順勢飛到天上去，卻被後面的人一把抓住腳踝，於是很恐懼。這個夢反映了我企圖用幻想（飛上天去）的方式逃避現實，卻被現實抓住了腳踝。

你有沒有做過這種夢：在被追趕的時候，你想藏起來，但是不論藏到何處都會被發現，不論你把門關得多緊都沒有用。你跑到哪裡，追趕者都在你身後幾步處。或者用棒子使勁打狗，卻打不死那狗。

在這種時候，追趕你的人或動物就是你自己的一部分，是你的良心或你的價值觀，或是你自己的回憶、憂慮和痛苦。這個追趕者實際上就在你自己的頭腦中，你當然不可能藏得讓他找不到你，因為你不可能欺騙你自己。

順便說一句，是不是我們必須服從內在的良心呢？也不盡然，對一般人來說，所謂良心只是幼年所受的教育和家庭的影響而已，未必一定正確。例如一個舊時代的人，可能會認為寡婦再嫁是十分丟臉的、不道德的、違背良心的，而這種良心無非舊道德而已。通過夢，我們可以知道內心中什麼在「追趕」我們，然後再具體分析我們該如何做：是服從追趕者，還是戰勝它或是說服它？

因為本能是不考慮社會規範、倫理道德的一股衝動，常表現為性衝動和攻擊衝動，所以它不可避免地與人的自我相衝突。而被追趕的夢的結局，往往象徵著做夢者解決此衝突的策略。

一般來說，被追趕的夢，有這樣幾種結局：（1）被追趕者（往往是夢者本人）被咬或被殺；（2）被追趕者裝死或藏起來，躲過野獸或壞人的視線；（3）被追趕者與野獸或壞人正面搏鬥。

結局（1）象徵夢者平時對自己的本能過於壓抑，以至壓抑到了一定強度後，開始遭到本能強烈的反抗或報復。夢中的追趕者越凶殘，說明夢者的本能壓抑強度越大。

結局（2）象徵夢者在日常生活中往往採用自欺欺人、視而不見的方式來釋放一些本能衝動。即給本能衝動加上一些合理的偽裝，從而使自我不感到焦慮。這樣的夢者性格一般比較軟弱。

結局（3）象徵夢者在日常生活中還在繼續壓抑自己的本能。或者夢者對自己本能的壓抑已年深日久，夢者自己已淪為理性機器。

以上三種結局所表徵的策略都不是對待本能的正確態度。正確對待本能的態度應該像大禹治水一樣。任其氾濫自然不可取，可一味地壓抑本能也必釀成後患，而「疏導」相對而言是比較可取的。與夢中的野獸或壞人握手言和，即是一種疏導。本能若被疏導即是源源不斷的生命力、活力，若被壓、被堵而最終氾濫則會成為破壞力。若過度壓抑，則生命力、活力會衰竭。另外，像結局（2）那樣自欺欺人地釋放一些也是有害的，因為如果這樣，人對環境的認知就會被扭曲，而人其實是在半閉著眼睛生活了。

## 二、遲到、誤車

我相信在近二十年，肯定有許多人做過這種夢，不僅僅因為這種夢也很常見，還因為這種夢所反映的生活主題在近二十年來很常見。

「沒有趕上車」多數時候都表示：沒有趕上機會。

一九七八年以來，改革開放給我們每個人提供了多少機會啊，但抓住機會的人畢竟是少數。看到別人抓住了機會而自己沒抓住的人，必定時時擔心自己會不會錯過另一個機會，因此他們會夢見沒有趕上車。

這個主題有時會以變式出現，如夢見自己終於趕上了車，或夢見自己到了車站，但還沒看到車是否已開走時，夢便結束了，讓你醒來還對自己趕得上趕不上車而擔心。這自然就是表示自己能趕上機會，或自己不知道能否趕得上機會等等意義。

有一個女學生說：「過去我常做夢趕火車趕不上，醒來之後還十分沮喪。」

我問她：「那時你是否正面臨某個機會，而你擔心你趕不上機會——或者你發現你已錯過了機會？」

「對啊，那時候我想去深圳發展，但總擔心已錯過了最佳時機。現在我才知道夢是這個意思，你知道嗎？那時做完這個夢我總是很煩，連夢裡我穿的那件衣服我都不愛穿……」

「等一等，」我問她，「你夢裡那件衣服是怎麼回事？要知道夢不說一句廢話。如果你能注意到夢中你穿的是什麼衣服，那麼這件衣服必有意義。」

「那就對了。」她恍然大悟，「這件衣服是一個朋友送給我的。就是這個朋友，她最先去了深圳，並且和我談起過深圳。我也是因為她才想要去深圳的。」

「所以夢中你用她送你的衣服來指示火車的去向——深圳。夢中趕火車時，你可能會遇到許多阻礙，或者你會莫名其妙地捲入許多不相干的事，從而耽誤了你的時間。這有時反映著你對現實處境的認識，即你會受到阻礙，使你難於抓住機會。有時則反映你對自己的認識，即你正在做的許多事是不重要的，它們反而耽誤了你做重要的事的機會。還有的時候，這種阻礙反映的是內心中的反對態度，說明你內心中有另一個聲音在告訴你，不要去趕這次火車。好像有另一個你不願意讓你抓住這個機會，他在消極反抗，有意拖延，讓你趕不上火車。而這對你來說，也許是壞事，也許反而是好事——假如這輛車會翻車。」

心理學家榮格也講了一個和趕火車有關的夢，正好可用來說明這一點。這就是在本書一開始榮格為那個校長釋的第二個夢，讓我把這個夢再詳細複述一遍吧：「他知道要去參加一個重要的會議，他正拿著公事包。但是，他注意到時間正在一分一秒過去，列車即將開出。所以他手忙腳亂，擔心他會遲到，他盡快收拾衣物，但帽子不知在何處，禮服也不知放在哪裡。他東奔西跑，找來找去，並在屋裡大聲喊道：『我的東西在哪裡？』最後他包好了所有的東西，剛衝出屋子就發現又忘了帶上公事包。他又奔回屋裡去取公事包，一看手錶發現時候真是不早了，於是他奔向車站。他感到所走的路十分柔軟，好像正行走在沼澤地上，雙腳抬都抬不動。最後終於氣喘吁吁地到了車站，但看到列車已經徐徐啟動……」

榮格指出，這類受到百般阻撓最終遲到的夢和現實中人們對某事感到焦慮的情況很相似。人為什麼焦慮呢？因為好像有個無形的魔鬼在背後搗亂，不讓他趕上車。這個「魔鬼」正存在於他心中，是他心中的另一部分反對他「趕火車」的意志，千方百計阻撓他。而這種阻撓對這個校長是有益的，因為如果讓他像趕火車一樣急急工作，總有一天他的身體和精神都會垮掉。

這個主題的另一變式是：趕上了車但車開後才發現坐反了方向。這往往反映著生活中的同類情況：或許是你選錯了專業，或許是你發現你選擇的工作並不適合你等等。

當然，遲到或趕不上車的夢也可能只是表示對生活中遲到或趕不上車的擔心。例如，第二天一早要坐頭班車走的人常常會夢見趕車，這不過是一種怕誤車的情緒表現而已。

我的一個好朋友曾夢見她的男友去應聘時遲到了，然後還很擔心地告訴我。我想這可能是表面現象，於是問她，她倆的約會男友是否常遲到，她說是，而且奇怪我怎麼會知道。

在這個夢裡，夢者把自己比喻為招聘的考官，把男友比喻為應聘者。這個應聘者竟然會遲到，他有不被錄用的危險。此夢中「應聘遲到」表示「約會遲到」。

## 三、飛翔

飛翔的主題所顯示的是關於「高高在上」時的情況，或「青雲直上」時的情況，或「不斷提高」的情況。但由於飛離了地面，飛翔有時也是不「腳踏實地」，或是「好高騖遠」的表現。甚至，有時飛翔只是逃避現實、逃入幻想的表現。

發現自己「青雲直上」、「不斷提高」當然是件好事，所以飛翔的夢多是興高采烈的、快樂的、驕傲的。青少年在青春期和十八九歲時較常做飛翔的夢，這往往是由於他們發現自己的能力在迅速地提高。因此，常做飛翔的夢的人往往是充滿自信的。

青少年易做飛翔夢的另一個原因，是正處於發育期的身體正在迅速成長。

如果一個人在一段時間內常做飛翔夢，而且夢中基調很快樂，那說明他最近一定在生活中收穫很多。

有一個電視主持人，每當出色地完成節目時，常夢見自己在飛機上或在空中演雜技。這表明他在口才的技巧上自認「有所提高」。

我有一段時間比較順利，也常常夢到自己飛在高樓頂上。那一段做飛翔夢很多，以至於我總結出了在夢裡飛翔的技術。

當然在夢裡也不是想飛多高就能飛多高，有時夢中你只能飛起一定高度，再往上飛就很難了。這表明你的「原始人」告訴你，你可以有所成就，但是你的成就是有限度的。或者說，你的水準高度是有限的。

有時飛翔不是出於能力和成就，而是出於一種逃避現實的願望，這種飛翔夢往往帶有緊張焦慮的情緒而不是快樂情緒。

我曾夢見自己在天上飛，像一隻鳥，獵人用槍在瞄準我，我想飛得更高但卻飛不上去了，於是我往遠處飛，直飛到燈火城市之外遠處的地方。夢裡我告訴自己，這是「世界盡頭」。於是我只好往回飛，在獵人的追擊下，飛到一間屋子中躲起來。

在夢中我一方面有一點自信，認為自己有些「高明之處」，但是我發現了一個人只要有高出別人之處就會遭到打擊，別人會用槍打你，我想讓自己地位更高，讓那些人無力再打擊我，但是我又做不到。於是我逃避，飛到人少的地方，飛到世界盡頭，即回避與人交往，但是我發現這樣做也不行，於是我只好躲進屋子裡。

在這個夢中，飛翔既是一種自信的表現，同時又是一種回避傷害的手段。這不是一種健康的傾向。如果一個人長期用飛翔逃避危險，那麼他將傾向於走入幻想，走向脫離現實。夢見這類飛翔逃避夢時，不要忽略夢的警示。

我還曾夢見繞著街道和房屋飛，看到別人屋裡的女人。有人出來驅趕我，我飛上天空。看到地上人們拼命地爭奪綠寶石，我也想去搶，可是又不敢。於是我飛到高高的冰山上，這山叫做鳳凰石山。我在山上拾了幾塊冰，有白的，有紅的，也有綠的。後來我驚喜地發現，冰是寶石，白的是鑽石，紅的是紅寶石，綠的是綠寶石，別人所搶的寶石只不過是糖塊。

此夢中的飛翔同樣有自信和逃避兩種意思，我和別人一樣，想有一個家，但是我只能夢見在房屋外飛，只能看著別人的女人。我想爭奪綠寶石這種生命所需的財富——金錢。也許當時我很想也下海去掙上一大筆錢，但是我害怕強烈的競爭，於是只好逃避到高空。和上一個夢相比，我更自信了，我認為我可以飛得更高，到高高的山頂。焦慮也減少了，因為此夢中沒有獵人，只有一個人驅趕過我。高處象徵著精神世界，我當時讓自己潛心於研究，冰象徵清寒的生活。但是在研究中我頗有所得，即意外地發現了寶石。與之相比，人們所搶的金錢，雖然仍舊有價值，但是價值就小得多了，好比糖塊。

這個夢裡固然有些自欺，有些吃不著葡萄說葡萄酸的味道，因為人們所爭的金錢也不一定只是糖塊。但是此夢中更多的是一種喜悅，是發現自己得到了有價值的思想時的喜悅。

夢中的飛翔還可以表示自由。夢見自由飛翔時，也許你會覺得自己是一隻鳥，也許仍是一個人——不需要像鳥一樣撲打翅膀，只要保持一種姿勢，頭稍向後抬，胸部挺起，兩臂向後，你就會越飛越快，越飛越自由自在。

夢中飛翔者還會感到孤獨。當然了，曲高和寡嘛。夢中的飛翔有時表示快樂。很快樂，快樂到有些心理學家願意研究如何讓自己做快樂的飛翔夢。蓋爾・戴蘭妮就是一位，他指出這種快樂的飛翔夢甚至有助於使舞蹈和滑冰技術更好。請想像一下自己輕盈地滑行在冰面上的感覺，那和飛翔不是很相似嗎？

夢中的飛翔還可表示性的快樂。某人夢見他像鷹一樣從空中降下，一把抱起一個女子，然後飛上天空，越飛越高，越飛越快樂。同樣也有過女人夢見一個男人抱起她飛上天空，同樣很快樂。但是我沒有遇到過那種像歌裡唱的「今天今天我要與你一起雙雙飛」的情景。我不太清楚為什麼人們似乎不常夢見「比翼雙飛」。是這種夢的含義太清楚，以至於人們不需要讓我去釋，所以我才沒遇到，還是在性愛中，男性主動的意識太明確了，以至於人們只能夢見男人帶著女人飛？

古印度人認為性能量沿通道到達頭頂就會夢見飛，中國古人認為「上盛則夢飛」。中醫認為上焦即頭到胃口這一部位，包括胸、頭、心肺處有病，病屬於實症，則容易夢見飛。此病還伴有頭眩耳鳴、頭痛、呃逆、喘息等，多見於高血壓、急性支氣管炎。因此，如果有人平時感到不舒服，又常做飛翔的夢，應該考慮去醫院檢查一下身體。

## 四、考試

當一個人面臨考試時，自然會夢見考試。擔心考不好，就會夢見考試時忘了帶筆、題目全都忘了等情境。或者相反，夢見自己考得很好，這屬於「做夢娶媳婦」類的夢，為了安慰一下自己，讓自己高興一下。

當一個人並沒有面臨真的考試時，夢見考試表明他在生活中「面臨考驗」。在現實生活中，我們常常要面臨「考試」。教師講課，是考試，是學生在考你有沒有能力做教師；一個戰士參加閱兵演習，也是考試，考查平日訓練的好壞；一個人談戀愛，是考試，考你是否能被對方喜愛並接受；一個商人進行一次交易，也是考試，考砸了就有可能賠本。

佛洛伊德指出，考試的夢往往發生於夢者隔天就要從事某種可能有風險而且必須承擔後果的大事時。同時他認為，夢者不會夢到他以前考試不及格的經歷，而會常夢到過去那些當時擔心通不過，花費了很大心血，而後卻發現並不是這麼難通過的那類考試。他說：「我曾經未能通過法醫學的考試，但我卻從未夢見此事。相反，對植物學、動物學、化學，我雖曾大傷腦筋，但卻由於老師的寬厚從未發生問題。在夢中，我卻常重溫這些科目的風險。」因此他認為，夢的用意是安慰夢者：「不要為明天擔心！想想當年你參加考試前的緊張吧！你還不是白白緊張一番，最後順利地拿到了學位。」後來的一些心理學家，都發現考試夢不僅僅是用來安慰人的，有時它也用來提醒人或用來指示處境。

前者的例子可見於安．法拉第，她在做一次關於夢的講演前夜，夢見自己參加生物學考試。夢中她突然醒悟到她已好幾年沒做這方面的研究了，她很緊張，對生物老師說：「讓我先看看題，答不出我就走。」

結果是第二天講課時，一位女生物學家問了她一些有關夢的生物學方面的問題。看來，夢是提醒她，該預備一下生物學方面的知識，也許明天會有人問你。

再如，一位女子夢見她參加考試，考生只有她一個人，考官是一個中年婦女。她突然發現有一個英俊的男子也出現在考場中，既像監考官又像考生。她暗地裡希望這個男子能幫她通過考試。但是這個男子又消失了，她極為失望，在夢裡說：「再也沒有了。」

夢中的中年婦女經仔細辨認，有些像她的一位同事。而這位同事正在為她介紹男朋友。至此，夢的意思已很清楚了。她把約會當成一次考試，不知道自己能否通過，對此很擔心。她希望那個英俊男子，即她心中最理想的白馬王子能在場，或者說她希望將見到的人是她理想中的白馬王子。那樣她就會表現得很好、很熱情，從而給對方也留下好印象，即順利地通過這場考試。但是她知道她理想中的白馬王子在現實中是不存在的。因此她失落地說：「再也沒有了。」

或許，她把過去愛過的某個男子，某個曾遇到過又消失的人當成了白馬王子吧。那個人不在了，所以她說：「再也沒有了。」

另一位女子也夢見自己參加考試，考生也只有她一個人。不幸的是，監考者說她作弊。她否認，並讓她的丈夫作證，但是丈夫卻不肯為她作證。

我們可以很容易猜想到這是什麼考試。這是在考驗她在現實生活中能否經得起其他異性的誘惑。「監考者」認為她作弊，就是說她還是可能有不夠檢點的行為。她想讓丈夫相信，她沒有這類行為。但是顯然丈夫也對她有所懷疑。

有人指出，考試夢常象徵著性經驗和性成熟。這也有道理，因為沒有性經驗的人對自己的性能力心中無數，經驗過程也就是考驗過程。

## 五、掉牙

當你夢見牙齒鬆動或掉落時，應首先看看你的牙是否真的有什麼毛病，也許牙有些輕微鬆動，白天你沒有注意，所以你的「原始人」就在夢中提醒你了。

但是往往並不是牙有毛病，卻夢見掉牙是怎麼回事呢？

過去民間的說法是掉牙要死老人，這是一種迷信。但是有些時候掉牙和老人去世的確會先後出現，為什麼呢？

當人隱隱感到老人可能要去世時，「原始人」的確會用掉牙這一方式來告訴你，因為牙是露在外面的骨骼組織，掉牙意味著「骨肉分離」。

我曾夢見我的一顆牙要掉（**醒來後發現在夢中那個位置的牙是我的假牙**），牙和牙床間只有一根纖細的神經連著，牙也已經殘缺了。我想把牙拔掉算了，後來想那樣太疼了，還是先把牙對正方向，放入牙槽，再去找醫生固定好了。

做夢的前一天，我在電話心理諮詢熱線值班，有一個少女來訪。她說被強姦，而且是被親人強姦，不想活了。經我們勸慰，她總算打消了這一念頭，但是她不能回家面對侵犯者，無處食宿。我想對這種具體困難我們自己沒有辦法，於是介紹她與婦聯聯繫。此夢中牙要掉，表示她有自殺危險，有一根神經相連，表示她還有一線生機，也表示我對她的關切。但是那顆牙實際上是假牙，表示實際上她不是我的親人，沒有骨肉相連。對正方向表示我應做的安慰，找醫生則表示讓婦聯解決她的生存問題。

既然做夢掉牙和老人或其他親人去世的確有聯繫，為什麼我還說「掉牙死老人」是迷信呢？那是因為掉牙不僅僅有這一個意義，它還會有許多其他意義。

掉牙還表示「丟了臉」或「破壞了自我形象」，因為牙掉了面容要受影響。掉牙也表示說話不謹慎，因為掉了的牙也是要從嘴裡吐出來的東西，和語詞相似。此外，還可以表示忍耐，即俗語所說的「打落了牙齒往肚子裡吞」；表示失去行動決定權，因為牙也可以象徵決斷力。

掉牙也可以表示兩種相反的感受：一是衰老的悲哀，因為人老了就會掉牙；二是成長的喜悅，因為孩子長大時要脫落乳牙換新牙。不論夢者年紀多大，他只要自感衰老，或自感老氣橫秋，他都可能做前一種掉牙的夢。同樣，只要他自己感覺在成長，在棄舊求新，他都可能會做後一種掉牙的夢。

佛洛伊德認為，掉牙是一種被閹割的象徵，男孩子夢見掉牙表示他害怕被閹割，而這種害怕被閹割和他與父親的潛在敵意有關。此說僅作思考。具體掉牙象徵什麼要根據「上下文」的含義，才能確定。

## 六、裸體

夢見自己渾身赤裸可能只是一個警告：「你旅行所需的衣服準備好了嗎？你該洗的衣服洗了嗎？小心，你會沒有衣服可穿的。」

當然，就算你忘了帶換洗衣服，你也不至於像夢裡那樣，赤身裸體上街，可夢中的「原始人」就喜歡用這種形象的方式來和你說話，用這種誇張的方式和你說話。我想，他也許是為了讓你印象深刻些吧。

裸體還表示真誠、坦率和不欺騙。《圍城》中一個風騷女子鮑小姐被稱為「局部真理」，因「真理是裸體的」，所以半裸的鮑小姐就是局部真理了。有個笑話說一次羅斯福闖進了邱吉爾的浴室，赤身裸體的邱吉爾為掩飾窘況，靈機一動攤開雙手：「大英帝國的首相對你是毫無掩飾的啊。」

我自己就常夢見自己裸體，而且並不為之羞慚。因為裸體表示的，是我對人的坦率真誠。

裸體還表示被人看穿自己。據說有位大學講師常夢見自己在校園散步或在閱覽室裡看書時突然覺得人人都在看他，他低頭一看，發現自己全身赤裸，只穿著襪子和鞋。通過釋夢了解到，夢者對自己評價不高，認為自己的論文都是有欺世盜名之嫌的。因此，他常常處於怕「被人看穿」的恐懼中。

佛洛伊德在分析裸體的夢時，指出裸體的夢是對童年時的快樂之一，即對不穿衣服的快樂的懷戀。而且這種夢也是夢者在與其關係密切者面前想裸露的表現。弗氏的這種想法也與他對夢的基本看法有關，即「裸露」是性願望的一種含蓄的滿足。

此外，脫衣服或裸體的夢往往是與性有關的。夢中脫衣服時自己的感受或發現自己裸體時自己的感受，正表明你自己對性的態度：是坦然接受，還是為之窘迫？夢見自己裸體時的情緒感受是愉快的，表明夢者對性的態度較坦然，沒有什麼性壓抑；反之，則表明夢者多少對自己的性願望是不願或不敢面對的。

一個國外的例子：某人夢見老師赤裸，而且陰莖很細，這個夢表明他雖然很敬佩這個老師，但心裡暗暗覺得他不夠有男子氣。

夢中別人對待你裸體的感受，反映著別人對你的看法，特別是對你的真誠或對你的性欲的看法。

夢中有時會有裸體的異性出現，並且喚起夢者強烈的性衝動，這種夢不須再解釋，只是一種滿足欲望的夢而已。在青少年中，這種夢是很多的。

## 七、戰鬥

做夢打仗，或與歹徒搏鬥，這是極為常見的夢。只要人們白天還喜歡看戰爭暴力的電影，夜裡他們就還會做戰爭打仗的夢。

為什麼人們會這麼好鬥，以至於在夢裡還要戰鬥呢？

說到底，是人們不得不戰鬥，和自己所恨的人鬥，和阻撓自己的人鬥，和自己的弱點鬥，和面臨的困難鬥。這些鬥爭在現實中可能是以種種不同形式出現的，可能是競爭，可能是反抗，可能是鉤心鬥角，可能是克服困難，而在夢中，「原始人」看到了這些不同行為的核心——戰鬥。

戰鬥夢多數時候是和緊張焦慮的情緒相伴的。前面講路的象徵時，曾舉例有一夢，說到和歹徒搏鬥，那表示和自己內心中的雜念搏鬥。我相信許多人做過這種夢，你和敵人戰鬥，開槍將敵人射擊，一槍槍都打中敵人，而敵人——像相聲中諷刺的那些低劣影視劇中的英雄一樣——怎麼也打不死。你知道為什麼嗎？因為，敵人往往是你自己，是你自己的一種你不願承認的想法，是你人格中的另一個方面，總之是你頭腦中的東西。所以你想，你怎麼可能輕易把他們打死呢？而事實上，只有整合你夢中的敵人，「化敵為友」才是解決內心矛盾的最好辦法。

## 八、死亡

常常有人問我，夢見死人是怎麼回事。我說這是最難用一兩句話說清楚的：要看你夢到的那個人是誰，你在夢中知道不知道他已死。「死人」並沒有一個固定的意義或幾個固定的意義。如果你夢見你已故的祖父，那麼你應該問的是：「我夢見祖父是怎麼回事？」

在這裡我能講的與死亡有關的夢，只限於：夢見不知名的死人，在夢中他們也是作為屍體出現的而不是像活人一樣活動的；夢見現實生活中活著的人死去；夢見自己死去。

夢中不知名的死人或者乾脆說屍體往往代表已「死亡」的事物。這裡所說的死亡是象徵意義的死亡，而不是真的死亡。

例如，一個人夢見他走上一座山，路兩邊都是死人。心理學家分析後，發現在這個夢中，死人代表他自己喪失了生機和活力。

夢見自己認識的人死去也有這一層意義，即表示這個人（或這個人所象徵的另一個人）正在失去活力，變得僵死。

夢見自己死表示擔心自己變得僵死。這種關於死的夢有時會夢見人變成了石像。

一位二十五歲的姑娘夢見自己做好了晚餐。她叫人來吃飯但是沒人答應，只有自己的聲音傳回來，就像是一個深邃的洞穴的回聲。她毛骨悚然，感到整個屋子空無一人。她衝上樓，在第一間臥室裡，看見兩個妹妹分別僵坐在兩張床上，毫不理會她焦急的呼喚。她走過去想搖醒她們，但突然發現她們是兩尊石像。她恐怖地逃進母親的臥室，可母親也變成了石頭……絕望中，她只好逃向父親的屋子……可是，父親也是石頭。

此外，當一個人感到「雖生猶死」，感到自己如「行屍走肉」，感到自己的心已經死了，感到自己已不再成長時，他就會夢到自己死。

順便說一句，死和睡的象徵意義極其相似。人死時我們說「安息吧」，說他「長眠於地下」，都是指出死與睡類似。死與睡的唯一區別是：死了就不會再醒，而睡了會再醒。實際上，在心靈世界，死了也不是一定不能復甦。在各民族神話中常見的「復活」主題就是表示心靈可以死後復甦，可以在喪失生機後又恢復。

「我夢見妻子死了，躺在棺材裡，滿身裹滿白布。我悲傷地拉著她的手哭，突然她的手變暖了，她漸漸地活了。」

這個夢意思很簡單，夢者發現他妻子失去了生機，他很悲傷。而他的這種情感喚醒了妻子內心沉睡的——或說死亡的愛，使她又恢復了活力。

死還象徵著遺忘、消除、克服等等。

一個失戀的女子時時夢見她以前的男友，後來有一天，她夢見那個男友死了。當時並沒有任何事件會讓她擔心那個人出事。她已經幾年沒有聽到他的消息了。

這裡的死就是遺忘的意思，女孩認為自己已經把他遺忘了。在做夢前一天，她認識了一位很好的男子，也許夢在昭示，新的感情使舊的感情讓位了吧。

有個人在接受了一段時間的心理諮詢後，夢見自己殺了一個人。他俯身去看死人，卻發現那也是自己，不過長得很醜陋。

我應該為他慶祝，因為通過心理諮詢，他殺死了「過去的我」，殺死了那個心靈醜陋的病態的「我」。

「我夢見被人殺死了，一把匕首正刺入我的胸口。我氣憤至極，但那個凶手說，這不過是一個手術。我倒在地上，凶手解剖我。這時，我站在一邊看著我的屍體，突然明白死去的並不是我。」這個人也是在接受心理治療。從此夢可以看出，她把心理醫生看成凶手，因為他殺死了她，他使她痛苦。但是後來她發現，被殺死的只是過去的她，而她經過一番心靈的脫胎換骨後，活得更好了。因此，夢見死不一定是壞事。如果死去的是美好的人物或事物，那是壞事。如果死去的是醜陋的、陳舊的，那也許是好事。

在夢中相貌醜陋的人代表壞的事物、邪惡、仇恨、愚蠢和種種惡習。相貌美的人代表好的事物。佛洛伊德指出，夢見親友死亡而且夢中很悲痛，往往是幼年時希望親友死亡的願望再現。他指出人在幼年時會希望自己不喜歡的人死，兒童在憎恨與他共同分享父母之愛的兄弟姐妹時，他也會盼望他死。在兒童的心中，或在成年人的潛意識中，讓別人死並非什麼大罪，只是「讓他永遠不能回來」而已。當人怨恨別人時，會夢見他死亡。如果這個別人是親人，夢者會在夢中刻意過度地表示悲痛。

當然，也不可否認，有時夢見親友死亡也許就是表示一種猜想而已。例如某人夢見爺爺死了。在睡前他收到信說他爺爺病了。他自然會想到年紀大的人病了是很有可能會死的。此時，夢只是表示一種擔心與猜測而已。

## 九、性愛

非常遺憾的是，對性作為主題的夢，我收集得較少，因而研究得也就不夠。如果我自己不是人類的一員，只是個研究人類夢的外星人科學家，我甚至可能會誤以為人類很少做直接表現性內容的夢。因為很多人找我釋夢，但是很少有人講有關性內容的夢。

好在我自己也做夢，以己度人，我相信性內容的夢一定不少見。人們之所以不願意把這種夢講給我聽，只是因為難以啟齒。另外，也許人們覺得，這種夢用不著講出來讓我去釋，內容含義不過是性欲的滿足而已。

性夢的確往往不過是性欲的滿足，但是，它也可以表示其他的內容。它可以表示興奮、激動、快樂、被侵犯，表示你與另一個人相互溝通，保持密切聯繫，或表示你的意見被歪曲等等，一切看具體夢境而論。

如果一個人——未必是女人，夢見被強姦，也許夢所表示的含義，只是對對方「強姦民意」的憤怒而已。有個女孩夢見她母親強姦她。心理醫生問她在前一天發生了什麼事。她說，當她白天正和孩子們玩得高興時，母親突然命令她不要玩，去掃地。她心裡很憤怒，認為母親強迫她服從母親的觀點和意志。

一位女心理學家夢見她和一位著名老人發生關係。這位老人代表傳統，因此此夢表明她的思想與傳統思想的代表取得了交流。

心理學家傑瑞米．泰勒指出，性夢有時與宗教、哲學和精神方面的問題有關。在潛意識中，人會把人與神的交往比作情人間的交往。對此，我沒有收集到國內的例證。但是，用性表示思想的交流，我自己在夢中也曾有過。

當一個人成功地做好一件事，心情激動而興奮時，夢中可能會出現性愛。在這種夢裡，性愛表示興奮與快樂。古龍的小說中就有這種情節，主人公在高度興奮的應戰狀態下，感覺到了生理上的反應。

## 十、上下樓梯

樓梯是一級級升高的，當然如果你從上往下走，那就是一級級降低的。越往上爬，你的地位或水準就越高；越往下走，你的地位或水準就越低。

說到這裡，你知道為什麼樓梯常常在夢裡出現了吧？那是因為在等級界限較突出的社會裡，許多人一生都是在辛辛苦苦地往上爬，也有許多人不幸常常會往下走。上下樓梯，這實實在在是現實生活中人人常做的事。

當然，也有一些人，爬的不是社會地位這架樓梯，而是自我提高、自我完善的樓梯。

夢中上下山路、上坡下坡、爬軟梯、坐滑梯等等，都是這上下樓梯主題的變式。

有個官員，夢見在爬樓梯，樓梯很難爬，而且爬著爬著，樓梯變成了滑梯。他小心翼翼地往上爬，擔心不小心一失足滑下去。突然，爬在他上面的一個人一不小心，從上面滑了下來，他大吃一驚：一旦被撞上他就完了。在強烈的恐懼中，他嚇醒了。

這是個典型的官場故事。這個人一步步往上爬，小心翼翼怕犯錯誤，怕「一出溜到底」。夢中那個在他上面的人，正是他的上司，最近因犯錯誤被免職了。而他便是由那上司一手提拔起來的。於是他十分恐懼，擔心受到牽連。

一個女大學生，夢見從樓梯上往下走，好像是想去跳舞。表面看來這個夢是白天情景的再現。因為她的宿舍在四樓，夢中她正是從宿舍樓的樓梯往下走，和睡前去跳舞時的情景一模一樣。

但是實際上夢卻另有所指。我問她，是不是她認為自己本來很出色，但是由於貪玩，現在學習上或其他方面在走下坡路。

她回答說，正是這樣。她在中學一直是全校最頂尖的學生。到了大學，發現在人才濟濟的大學裡，自己已經沒有了原來在中學的優勢，本來想努力學習，但是又克制不住想玩一玩，放鬆一下自己的神經，時常去跳舞。然而，每次去玩，心裡都自責，認為這樣下去，自己會越來越不如別人。

佛洛伊德認為，樓梯的夢是一種性的象徵，因為上樓梯的節律運動和做愛相似。我們必須承認的確有一些上樓梯的夢是性夢，但是似乎更多的上下樓梯的夢是和地位相關的。

我們具體釋夢時，可以根據夢中的其他因素來判斷在特定的夢中上下樓梯的意義。例如，如果和你同上樓梯者為一個有魅力的異性，或許你這個夢就是性夢而與地位無關了。

## 十一、入監獄

夢見被監禁的人如果是個小偷之類的人，那很好理解，是他害怕被抓起來。

而許多守法公民也會夢見被監禁，那怎麼理解呢？也很好理解，是他害怕失去自由，害怕心靈進入牢獄。

有一個人在結婚前，做了一個夢，夢見員警把他抓了起來，讓他在證件上簽字，證件上寫著「無期徒刑」。他被送入牢房，牢房中有一張大雙人床。

這表明，他把結婚當成自由的喪失，對結婚有些不情願。

另一位女子在準備結婚時，也曾做夢被人逮捕。她媽媽讓她快跑。她還猶猶豫豫，問：「抓住又能怎麼樣呢？」她媽媽說：「最少二十五年徒刑。」

這個夢裡一開始，這個女子並沒有急於逃跑，可見她對結婚的態度是矛盾的。但是，她媽媽，在這裡代表一個更成熟的她，認為和這個人結婚意味著二十五年徒刑。後來她果真沒有結婚。

被監禁的另一個含義是被困住，被某種情緒、某種環境困住。例如，有個年輕人一心想離開現有的單位，但屢次調動都受到阻礙。有一天他做夢，夢見自己被關在一個黑屋子裡，想出去但門上有鎖，窗上有柵欄。在夢中他很焦慮、煩躁。

被監禁的樣式也是多種多樣的，典型的如監獄。其他的如黑房子、枯井、地道、籠子等也都是監禁的意思。

第七章

# 關於生死、性愛的夢

佛洛伊德說：「夢所要象徵的事物並不多，只包括人體、父母、孩子、兄弟姐妹、出生、死亡、裸體，以及一些難以啟齒的東西。」所謂難以啟齒的東西主要指性。「夢中的象徵絕大部分是性的象徵，而且今人奇怪的是，我所提到的這些主題雖然寥寥無幾，但用來表示它們的象徵符號卻多得不計其數。」在後來的心理學家看來，夢所象徵的事物當然不只是上述那些東西。但是，佛洛伊德的話大致是對的，夢中最常見的就是那些，而且，那寥寥無幾的人、事物或主題，每一個都有許許多多象徵符號。

道理很簡單，因為上述人、事和主題是人生中最重要的東西，是人們最關心的東西，是人們最常思考的東西。對人們越重要的，人們與它打交道越多，為它所用的「詞」即象徵符號也就越多。就像對古人來說，馬是很重要的，因此馬的名字就很多，不同顏色的馬、不同特點的馬都有一個特有的名字。現代人就只叫馬，不再細分。但是對汽車現代人卻有更細的劃分，每種不同的車都有自己的名字。因為對現代人來說，馬不那麼重要而汽車卻重要得多。

下面我們將列舉那些可用來表示出生、死亡、性等常見主題的象徵。

對一個人來說，生和死是最大的問題了，讓我們從「出生」開始吧。

## 一、關於出生的夢

出生有兩種層面的意義。一是生物上的出生，你一生只出生一次。你不可能在幾歲後又回到母腹中，重新出生一次。二是精神、心理層面的「出生」，這種出生一生中要經歷多次。當你大難不死復甦時，你感到如同出生；當你加入了一個團體，舊的生活完成被新生活取代時，你感到像出生；當一個囚犯改過自新時，我們說他「獲得了新生」。同樣，一個陷於痛苦中的人有了脫胎換骨的轉變，從此有了新的生活方式，這也是新生。出生，這是一個重大的事件，而這一事件並不是只在你生命的第一年出現，也許在二十歲、三十歲，你還會有出生的經歷。

可以說夢中的出生是一個象徵，象徵自我的巨大變化，新的個體成長的可能性、新的經驗等，出生還象徵開始、潛在的可能性變為現實，象徵自我的甦醒。如果你夢見自己出生，同時有光存在，這肯定是自我的甦醒。生育也是一樣，它象徵給你的生命賦予新內容的過程（有時這是個痛苦的過程）、建立新的生活方式的過程、達到更成熟的過程，或解除壓抑的過程等等。

夢見什麼可以象徵生物的或心理的出生呢？

首先，是直接夢見出生。

女性夢見出生，有可能直接表示一次真正的出生，如她希望生一個孩子，或者她將要生一個孩子。如果她夢見的出生是和壞情緒相伴的，那表示她不想懷孕，但擔心會懷孕。

直接夢見出生也可以代表各種心理上、精神上的出生，如巨大的變化、自我的甦醒等。夢中生出來的孩子是什麼樣子，反映的是你的心理發生的變化是什麼樣子的。

出生也可以以一些象徵性的方式展示在夢裡。象徵出生的第一種方式是從水裡出來或進入水裡。嚴格地說，入水應該是死之象徵。用入水象徵出生是經過了一次轉化過程的。

出水才是最純粹的出生象徵。

佛洛伊德認為，水和出生有這種聯繫，是因為每個人潛意識中都還記得出生前在子宮內羊水中的生活。而在我看來，至少不僅僅如此，前邊說過，水下是無意識世界、未知世界或者幽冥世界的象徵。水底有許多事物，但是我們看不到。正如地下的事物我們看不到一樣，因此那代表「另一個世界」，從另一個世界來到這一個世界，這就是出生。

有一個年輕的孕婦夢見：一個地下通道，直接由她房間地板通到水源，她拉開地板的機關門，很快地冒出一隻全身長毛、很像海豹的動物，這動物突然變成了她的弟弟。她平時總是好像她弟弟的母親似的。

這就是一個出生象徵，表示她即將生孩子了。出生還可以用頭向下的形象表示。

請諸位試試釋一下這個夢。

「我夢見在一個洞窟中，洞中有佛教壁畫，金蓮花中有佛（也許是菩薩）像。還有一個人站在旁邊，我感覺壁畫是活的。我說：『我想出去，我怕我會有褻瀆的想法，不適宜這麼神聖的環境。』旁邊的人說：『你不妨多待一會兒，感受一下這氣氛。』我想，好吧，於是我就感受。我感到身體慢慢轉了個，腳向上頭向下，轉得感覺如同在水裡一樣。」

證明這個夢是出生象徵很容易，夢中頭下腳上，是第一個證據。「轉得感覺如同在水裡一樣」，指在胎內羊水中的感覺。佛或菩薩像是母親的象徵，因為菩薩特別是觀世音常常被比作母親。除此之外，金蓮花是女性性器象徵。洞穴也是女性性器官陰道和子宮的象徵。「褻瀆的想法」指性的想法。當時夢者正對佛教感興趣。他的一個朋友勸他信佛。這個朋友即夢中站在他旁邊的人。夢者認為自己對世俗享樂如性還貪戀，不適合學佛。但是在朋友影響下，認為也不妨信佛。

為什麼這件事要用出生象徵呢？因為他希望這件事能讓他「獲得新生」。到一個沒去過的地方，有時是性象徵，有時也是出生象徵。到一個去過的地方，有時是死亡象徵，有時也是出生象徵。

關於前一種情況，有這樣一個例子：

某少年時常夢見走到現實中存在的胡同中的某一個小院裡，見到那個小院內住著一個白髮老太太（**這是現實中沒有的**）。走進她的屋子，在屋子後牆有一個洞，穿過洞去，是實際生活中沒見過的新地方。

這裡住著白髮老太太的院子是母親身體的象徵，屋子後牆的洞是陰道的象徵，穿過洞到一個新地方是出生到一個新世界的象徵。

房屋洞穴象徵女性性器是極常見的。五臺山上有一個洞，洞口很窄。佛教徒就把它作為子宮象徵。風景也是一樣。如果一個人初次做愛後夢見去一個沒去過的地方，那大多是性象徵。如果，像這個少年做的夢，夢見去沒去過的地方，也許代表新世界，是出生象徵。

那個少年也許是厭倦了現有的生活吧，因而他在夢中想重新出生。

夢見去過的地方，也可以表示回到子宮。這表示死亡。

如果又走出來，則表示再生。佛洛伊德解釋這類夢時往往說成是俄狄浦斯情結（**戀母情結**）作用下的亂倫幻想，但我認為往往不是。

孕婦夢中的出生象徵經常是看到有什麼事物從遠處到自己這裡來，或者看到什麼奇異的東西。

一位女士的夢是這樣的：「我夢見東邊天空有一位仙女，瓜子臉細高個，穿著粉紅的衣裳；在西邊天空有一位仙女，臉圓圓的，穿著藍色的衣裳，而北邊天空飛來了大雁，大雁排了一個『人』字形。」

在做這個夢後，她生了一個女兒。孕婦的這種夢有一個有趣的特點：就是往往能預見新生兒的性別。胎兒是男孩，夢中見到的往往是一些男性的象徵，如虎、牛等動物和大樹等；而胎兒是女孩，孕婦夢見的常是仙女、花朵、美麗的小鳥等等。雖然我們不能確定無疑地根據夢推斷胎兒性別，但是在一定程度上還是可以猜中的。這種現象的原因還不知道，我們估計也許和胎兒的生理活動有關。母親自己雖然不知是男是女，但是她的「原始人」卻可以根據生理的微細感受推斷出來。

通過一個山洞或道也是出生的象徵，象徵通過產道而出生的過程。

在前邊提到過的一個夢裡，夢者夢見自己先乘火車，後又乘船，和母親在一起。這一部分也含有出生象徵的內容，因為他提到他坐火車離開家鄉時總要過許多隧道。夢者離開母親在象徵意義上也是出生。

## 二、關於死亡的夢

死亡也是人生中的頭等大事，人人害怕它卻人人都要面對它。

人在擔心死亡的時候、思考死亡的時候，就會夢到和死亡有關的景象或死亡的象徵。

當一個人真的臨近死亡時，身體和心理都會有預感，這種預感也會轉化為夢。在古代記載中有許多人臨死時夢見一些與之有關的景象的例子。如孔子在臨去世前不久，就做了預示性的夢。

有一種現象很奇異，那就是親人去世時，有些人在夢中也能得到一些訊息，其原因尚不可理解，彷彿有種心靈感應。

在夢中，如果我們直接夢到自己或某個親人死了，我們是最害怕和擔心的。不論你多麼不迷信，如果清晰地夢見有親人亡故，也不可能處之泰然。不過根據釋夢經驗，筆者認為這種夢絕大多數並不表示真的死亡，而往往指的是精神上、心理上的「死亡」。因此，我們實際上完全不必因這種夢而擔心。

當親友真的去世時，我們的夢往往是以曲折迂迴的象徵來顯示這一資訊，幾乎從來不直接做親友死亡之夢。

這也許是我們心中的「原始人」對我們的一種保護。一個醫生在通知你，你的親人去世的消息時，從來不直接說「你的親人死了，或者要死了」，而是採取委婉的說法，如「你的親人還有什麼未了心願，幫他去了了吧！」等等。同樣，夢中也是用象徵方式來傳達這一訊息。

直接夢見自己或親人死亡往往象徵心理上的死亡。心理上的死亡指的是：對一件事情完全放棄希望，死了心；消除了自己的某一個性格弱點，即所謂「從前種種，譬如昨日死」；失去了活力，形同行屍走肉；被解雇，和一份工作永久分離；和一個朋友長久告別；和一個朋友絕交……首先我們熟悉一下代表死亡的那些象徵。死亡和出生是一個事物的兩方面，因此有些象徵是共用的，例如出水入水、出洞入洞等等。嚴格地說，入水是死，入洞也是死。

同時還有一些和死亡有關的象徵。例如，飛上雲端，這大多是表示高興和快樂，但是有時也可以表示死。在俗語中，「升天」不也正是死的委婉說法嗎？

榮格講過這樣一個夢：某人夢見登山，越登越高，直到山頂。這時他繼續往上登，發現自己已到了空中。他在夢中感到狂喜。

榮格敏銳地覺察到，這個夢預示著他將在登山時死亡，於是力勸他不要再去登山，但是他卻堅持要去登山，結果不久，他在登山時失足從山上落下來，砸在另一個人身上，兩個人一同摔死。

也許這個夢者潛意識中早已在夢想死亡。這毫不奇怪，生活得不快樂的人，常幻想用死逃避現實，甚至期望能夠有一次轉世。而這種想死的願望會促使他在「無意」中失足落山，或者，出車禍、出事故，或者得上癌症。當一個人不想死時，他是很難遇到災難和大病的；而當一個人想死時，他是會無意識中尋找死亡機會的。

因此，發現夢中死亡象徵，有助於我們及時發現那些對生活失望的、想到死亡的人，有助於我們幫助他們拒絕死亡。

死亡還可以用化蝶、化鳥飛走表示。佛洛伊德舉例說，一個小孩子夢見他的兄弟姐妹和他一起玩，突然，兄弟姐妹們都變成蝴蝶飛走了。這就是說，這個小孩希望兄弟姐妹都死掉，以免他們與自己分享父母的愛。難怪中國的梁山伯祝英台故事中，男女主人公化成了蝴蝶。在潛意識中，這就是指死亡。

收割也可以表示死亡。死神收割我們的生命如同農民收割糧食。

入地也可以表示死亡。特別是在地下發現房舍，發現已故的親人。在中國，由於迷信的影響，這種夢是比較常見的。

夢見一個人離開，夢見出門旅行，都可能是死亡象徵。古代人們有時會夢見被馬車帶走，而現代則可以是汽車。例如，夢見一輛公車，車上所有的人都一言不發，氣氛沉寂。還有這個夢也許是死亡象徵：「我夢見爺爺上了電梯，本來是按了向上的按鈕，但是電梯卻顯示向下。B1，B2，B3……我非常恐懼，拼命地在電梯外按按鈕，想讓電梯回到地面上來。」

對我們來說，別人的死就是他「永遠離開了我們」。因此，夢見親友來辭行，有時可以代表死亡。例如《紅樓夢》裡秦可卿死時，託夢和鳳姐告別，就反映了人們對這個象徵的認識。

夢中想到自己死亡，可能會用回家來象徵。這就是所謂「視死如歸」。死亡是我們的歸宿，我們來自哪裡，死亡就是回到哪裡。因此，死亡就是回家。李白說：「生者為過客，死者為歸人。」還有人指出：「鬼者，歸也。」鬼就是歸人，是回歸到永恆的家、安寧的家的歸人。例如冰心老人曾在文章裡寫過她的一個夢：「昨天夜裡，我忽然夢見自己在大街旁邊喊『洋車』，有一輛洋車跑過來了，車夫是一個膀大腰圓，臉面很黑的中年人，他放下車把問我：『你要上哪兒呀？』我感覺到他稱『你』而不稱『您』，我一定還很小，我說：「我要回家，回中剪刀巷。』他就把我舉上車去，拉起就走。走穿許多黃土鋪地的大街小巷，街上許多行人，男女老幼，都是『慢條斯理』地互相作揖，請安、問好，一站就站老半天。……這輛洋車沒有跑，車夫只是慢騰騰地走啊走啊，似乎走遍了北京城，我看他褂子背後都讓汗水濕透了，也還沒有走到中剪刀巷！」

在這個夢裡，回家實際上指的就是回她最早的家，她來的地方。一般老人夢到回家時往往有恐懼感，正是因為他們害怕回家。而冰心卻不然，她就像一個剛放學的孩子一樣，叫上洋車要回家。這種坦然的態度反映出了她對生死很達觀。因為她在一生中把該做的事做好了，所以面對死亡她才無所恐懼。

夢中別人死亡會用「沉默」、「臉色蒼白」等方式表現，因為死人是不會說話的。

## 1.「關於死亡的思考」

這是某著名高校一個研究生的夢。那一次我在高校做講座，當時我正在講：「動物往往象徵著一種性格，不一定是這種動物的真實性格，是我們心目中這種動物的性格……」

有人提問說：「我曾經夢見過大象，這代表什麼？」當然，我們都知道，同樣的東西在不同的夢裡意義不一定相同，單單問「夢見大象代表什麼」，我是無法回答的。於是我說：「一般情況下，大象代表有力量但是卻溫和平靜、從容不迫，在印度它還代表智慧。你可不可以把你的整個夢講一講？這樣我就能知道在你的夢裡，大象是代表什麼了。」

他同意了，講了下面一個夢：

「我好像是回家，走進了一個森林。好像我在中學和大學時期去過的森林。我在森林裡看到一個岩洞，我走進岩洞發現了一個奇特的場景：岩洞兩邊的壁，好像是一級級的大臺階，共有兩三級，每級臺階上都站著一些大象，它們正慢慢地無聲地往下跳，好像在集體自殺……」

這時他評論說：「我後來自己想了想這個夢，我想我夢見大象可能和象代表的性格無關，大象只是用來代表我的家鄉，因為在我的家鄉最近發現了大象和恐龍的化石。夢見大象代表我的家鄉。」

我說：「如果說是這樣，為什麼你的夢裡沒有出現恐龍，只出現大象？要知道，這不會是偶然的，夢裡有大象而沒有恐龍必有原因——還是繼續講你的夢吧。」

他接著講：「我又夢見我到了一條河邊，河很淺很清澈，可以看見水下的鵝卵石。我看河的角度很特別，彷彿是一個攝影機斜拍的。然後我又看到一座醫院，醫院的樣子像我現在北京學校邊的一個醫院，醫院的門口有一種藤類植物，好像常春藤。我爸爸在這裡住院。我很害怕，怕爸爸的病嚴重，好像病得的確也很嚴重，已經病危或去世。我的感覺是『子欲養而親不待』。我祈禱爸爸病好，而祈禱好像有效，爸爸痊癒了。」

我當時便對這個夢做了分析演示：

夢中的每一個象徵都有不止一個意義，那麼，我們如何知道它在這個夢裡是什麼意義呢？一種方法就是尋找夢中重複出現的東西、相似的東西，它們可以啟發你夢的主題是什麼，一旦確定了主題，我們就很容易了解夢中每個象徵的意義。即使有一些細節還不清楚也無關大局了。而且通過進一步地了解有關情況，我們也很容易解釋這些細節。

在這個夢裡，有什麼相似的東西重複出現嗎？

一開始他夢見回家。「回家」這個主題有多種意義，不僅代表回真實的家，還可以象徵「回到過去的年代——回憶和懷舊」、「回到安身立命之本——回歸思想的本原」、「回到親人中間」，甚至「回到永恆的家——死亡」。李白詩裡寫道：「生者為過客，死者為歸人。」死也是一種「回家」。

然後他夢見進入一個森林。森林有多種象徵意義，佛洛伊德曾經舉例，一個人夢中的黑森林象徵性（陰毛）。森林也可以象徵原始和自然，還可以象徵團體，等等。

岩洞可以象徵性（女性性器），也可以象徵原始：原始人是生活在岩洞裡的。岩洞還可以象徵心靈最深的領域——榮格所說的集體潛意識。榮格自己就曾做過一個夢，夢見進入一個地下室，裡面有骷髏等，象徵心靈的古老部分。

岩洞裡的大象象徵什麼呢？大象往往象徵平靜、從容、智慧、有力量和善良。

「在你，大象讓你聯想到了化石，化石象徵古老、原始、久遠的記憶、死亡等。這些大象在自殺……」我問學生，「這個情景很奇特，你能由此聯想到什麼？」

「我聽說大象在年老時，就會悄悄地找一個安靜的地方去死。大象在夢裡，就是在跳下來自殺。」

我接著說：「在這一系列情景中，我已經發現了重複的或相似的東西：和原始有關的意象和與死亡有關的意象。回家、岩洞、由大象聯想到的化石都是原始的，回家、化石、大象的自殺都和死亡有關。

「河有多種意義，其中一種意義是代表一個分界。我注意到你在夢中見到河之前的東西和見到河之後的東西有一種明顯的對應並且對比的關係。在這邊是森林，在那邊是現代城市；在這邊是岩洞，在那邊是醫院；岩洞裡有兩三級臺階，醫院裡有兩三層樓；在這邊是大象在死，在那邊是父親的病在痊癒。」

他問道：「河的特殊視角是不是可以譯為『換一個視角看問題』？」

於是我這樣解釋這個夢：「這是一個關於死亡的夢，如果讓我為這個夢起一個名字，我會稱之為『關於死亡的思考』。前面原始的區域代表潛意識，或心靈深處的原始部分，心中的原始人。它的啟示是：要平靜從容地面對死亡，好像大象到了時候就自己死掉一樣，這是一種智慧。死就是回家，就是回到原始的本原。岩洞裡的兩三級臺階代表不同代的人，一代代的人相繼就是生生死死。

「後面的區域較為現代，它代表心靈的較為現代的部分，較淺層的部分。在這一部分對死亡的態度是與深層潛意識不同的，你的態度是：死亡是一種病，是需要治療的。我不接受死亡，要像常春藤一樣長生。父親是年長的象徵，年長就更接近死亡，因此對父親的擔心是對年老的擔心。你希望通過祈禱，通過意願，讓自己逃避死亡。」

在我看來，更原始的心靈的啟示，那種平靜對待死亡的方式，要比現代心靈的那種不願接受死亡的態度更深邃。

由這個夢我判斷，夢者近期關注著生死問題，感覺至少有十幾天在心裡關注著這個問題，這個夢就是一個總結、一個答案。

一開始，夢者不承認自己在想關於死亡的問題，但是在場的同學指出近來他幾次提到這類話題。於是他也不再否認了，他說他的確近兩周常常想這個問題，而且這個夢做完後，雖然他自己不會釋夢，但是也覺得這是一個關於死亡的夢。他感到我的解釋對了。

這個夢之中還有許多東西我沒有解釋，比如：河為什麼淺、清，可以看到鵝卵石？看河的特殊角度還有什麼別的意義？因為當時是公開場合，我不便問得更細，也不便涉及隱私問題，所以沒有深入分析。

為什麼在這一段時間，他會格外關心死亡問題？這也應該可以在夢裡找到啟示，但是我當時也沒有做。

任何一個夢都不會只有一個解。

這個夢如果用性解釋，也可以解釋通。森林可以解釋為下部的毛髮，岩洞更可以解釋為女性性器官，岩洞裡的大象，尤其是大象的長鼻很像男性性器官。一排排的大象的自殺象徵性高潮和隨後的疲軟。小河可以象徵女性。醫院的常春藤和森林同義，醫院中的父親也是男性的代表。死代表陽痿，而通過強烈的願望，他起死回生了。這樣解釋，這個夢就是一個性焦慮的夢。

為什麼我採用的不是這種解釋呢？也許在一開始就是出於直覺，但是分析一下也是可以找到理由的：因為這種解釋在一些細節上不完美，例如為什麼大象站在兩三層臺階上，父親在兩三層樓裡等等。

另一方面，雖然我認為這個夢的主題是思考死亡，但是，和性有關的雙關形象的出現也許有意義。我們可以問自己一個問題：「為什麼他現在就會思考死亡？」或者他生病了，或者有什麼事讓他感到自己老了，像父親一樣正走向最後歸宿。他當時沒有生病的跡象，那麼，有沒有可能他是因為性能力下降而感到自己在走向年老？如果是這樣，那麼這個夢就是一個全面雙關的夢：死亡和性雙關，而且性的衰落提示死亡。要知道，許多夢就是這樣雙關的。

因為當時無法公開詢問這種隱私問題，這一點無法核實，現在仍是懸案。

### 2.「命運之線」

這個夢也是一個創作得很精美的作品。作者（或者說夢者）是一個女研究生（準確地說是她的潛意識），二十四歲，據說這個夢是無緣無故做的。

「我被一個老太太追趕，很害怕，那老太太手裡拿著一把剪刀，想剪斷我的線。我逃呀逃，但是老太太越追越近。忽然我發現那老太太的剪刀是竹子做的，於是我膽子大了。旁邊有一個游泳池，我把老太太扔到游泳池裡。後來，我又跳到游泳池裡，想把老太太淹死，結果卻發現，在游泳池水底下藏著一把真剪刀——原來老太太用的是故意示弱誘敵深入的計策，我中計了。我急忙想逃，就嚇醒了。」

這個女孩的夢我一下子就明白了，這是一個關於死亡的夢。而且我還知道那老太太是誰。記得在希臘神話中有命運三女神，一個負責紡織出生命之線，另一個負責維護生命之線，最後一個手裡有一把剪刀，負責剪斷生命之線。這最後一個女神實際上是死神。女孩夢裡的持剪刀追她的老太太就是負責剪斷生命之線的命運女神。

我是這樣解釋這個夢的：「你害怕死亡，怕命運女神剪斷你的生命之線，也就是說害怕一種命中注定的死亡。水池可以代表很多東西，但是在這裡代表潛意識，你把老太太扔到水裡，意思是把對死亡的恐懼埋在被壓抑的潛意識裡，不讓自己去想它。但是，你發現水下潛伏著危險，也就是說，雖然你讓自己不想關於死的事，但是在你內心的深處，在潛意識中，剪刀這個令你恐懼的死亡命運的象徵仍然存在。在潛意識中你很害怕。」

但是，我當時對這個解釋有些懷疑，一個年輕健康的女孩，什麼事情都沒有，怎麼會想到關於死的事情呢？而且，竹剪刀是怎麼回事？所以我又讓她從竹剪刀做一個聯想。

女孩的回答解開了我的疑慮。

「竹剪刀讓我聯想到筷子，又聯想到，小時候我媽媽生氣時會用筷子敲我的頭，同時罵我『死吧你』。」「小時候我體弱多病，家裡的人都擔心我長不大。小時候我也害怕自己長不到成年。」

原來是這樣，夢中的細節得到了解釋。竹剪刀—筷子—『死吧你』，竹剪刀意指死的威脅。但是，這是一個不太可怕的威脅，因為用筷子敲她頭的人並不是真詛咒她。「忽然我發現那老太太的剪刀是竹子做的」，意思是「我」本來害怕死，但又想到死亡的威脅實際上是不可怕的，就像媽媽生氣時罵的一樣，是不會實現的。但是「水底下藏著一把真剪刀」，在「我」自己的潛意識裡，仍舊認為死亡在威脅自己。

童年時的恐懼，即「我害怕自己長不到成年」是這個夢的原因。

在兒童期，家人的擔心給了她極大的影響，在她的心裡或潛意識中，她把家裡人的擔心當成了自己可能有的命運——她害怕自己命中注定長不成人。二十四歲是本命年，也就是一個人成年（成熟）與否的界限，如果活過了這一年，意味著「長不大」這個預言不會實現，所以在這一年她對死亡的威脅是最擔心的。

女孩對這個分析十分贊同，並且補充說：「因為風俗上本命年要繫紅腰帶，我特地用一條紅線穿了一個東西做項鍊。天天戴著，在做夢那天因為洗澡把它摘下來了。」

「所以你在這一天做了這個夢。平時，因為繫著紅線，你還不恐懼，這一天你無意中摘了紅線，你的潛意識就開始害怕了。在你心目中，這條線就是生命線，夢裡老太太要剪斷的也就是這條生命線。」

經過我的詢問，我得知這個女孩並不知道希臘神話中有個持剪刀剪生命線的死亡女神。

這證明了「命運女神」這個形象是一個原型的形象，存在於人的集體潛意識裡，雖然她沒有聽說過，但是她的夢中卻會出現這個她不認識，但是早在希臘神話時期就存在於人類集體潛意識中的女神。

還有一個需要提到的，就是負責死亡的命運女神的形象有時會和母親的形象相結合。在這個女孩的夢裡，命運女神就和那個小時候用筷子敲她的頭的母親聯繫在一起了，而且母親的「死吧你」的話也彷彿一種預言。看起來這很奇怪，母親是最親最不願意自己死的人，為什麼她會和死神有聯繫？

不知你是否知道，在歌德的名著《浮士德》中，浮士德有一句臺詞：「母親，多麼可怕的名字。」歌德的作品極深入潛意識，極為深刻。在潛意識中，母親這個形象象徵是兼具最美好和最可怕的兩面的。母親和大地一樣，是她給了我們生命，養育我們的生命，也是她收回我們的生命，既是生命之源泉又是生命的歸宿。母親，不是代表一個具體的人，即女孩的媽媽，而是代表一種力量、一種命運。

關於母親與大地、與生死、與命運的這些神秘的道理，夢的「作者」，即那個做夢女孩是不知道的，但是她的集體潛意識卻完全洞悉。

## 三、性夢

在一個問題上，心理學家的觀點和普通民眾很一致，卻和一般知識份子不太相同，那就是關於性在人生活中的地位。

心理學家——特別是臨床心理學家和精神分析派的心理學家——認為性在人生活中佔據著很重要的地位。性的成熟、健康和適當滿足是心理健康的重要基礎，性的壓抑、放縱和異常是許多心理異常的根本原因。

由於性對人很重要，在夢中經常會出現性或象徵性的種種形象也就不足為奇了。飲食男女是人的基本願望和需要。

不過飲食的需要不能通過做夢得到滿足。不論你在夢中大吃大喝，消滅了多少珍饈美味，醒來你還是饑餓。但是性的需要卻可以通過夢得到一定程度的滿足，所以經常出現的性夢對人是有實實在在的好處的。

據調查，包含性內容的夢是十分常見的。在一項研究中，研究者給兩百五十名大學生一張表格，表上列出三十四個常見的夢的主題，讓大學生指出他們是否夢到過這些情節。結果表明「性經驗」（主要指性交）被夢到的比率高居第六位。百分之六十六．四的大學生做過這類夢。如果加上其他形式的性內容，則幾乎可以肯定每個人都做過這類夢。

夢境中性內容的形式有：看到裸體的異性，與異性接吻、擁抱，被異性愛撫，愛撫異性，性交等。夢中異性的形象有時是清晰的（往往是熟悉的人），有時是模糊的，甚至有時只是一個影子或部分器官。有時，夢境中會有與同性進行性接觸的情節，而做這種夢的人卻是異性戀者，並沒有可觀察的同性戀傾向。有時，夢境中會有性侵犯（如強姦）的情節，做這種夢的人也並沒有性侵犯的傾向。

包含性內容的性夢往往伴有相應的性衝動。男性伴有陰莖勃起等生理反應，並且大多會導致射精，這被稱為夢遺。女性也會有性的生理反應，而且有些時候可引起性高潮。

少數時候，包含性內容的性夢也可能不伴有相應的性衝動，或者說，不伴有可明確感受得到的性衝動。

性夢中的性內容有時表現為象徵的或隱喻的形式。例如，夢到浴池洗澡，發現浴池是男女合用的。這種夢幾乎可以肯定是性夢，因為到浴池要脫衣服，洗澡會出汗，這都是性行為的隱喻。與此相近，夢見洗浴（**但夢中沒有出現異性形象**），或夢見游泳也常常是性的象徵。

有的性夢表面看起來似乎完全與性無關。例如，一位女大學生夢到有個男醫生要給她打針，她很害怕。醫生說，這兒有一丸藥，把它吃了就沒事兒了。表面上這和性無關，而實際上這個夢的意思是：一個男人想和她發生性關係，也就是「打針」，她很害怕會懷孕，而這個男人說：「吃了避孕藥就沒事兒了。」

性夢的具體形式主要受五個因素影響。

一是性衝動的強弱。性衝動強的時候，夢境趨向於直接表現性行為。性衝動較弱時，夢境傾向於以隱喻或象徵的方式間接表現。

二是經驗的多與少。沒有性交經驗的人的性夢是粗略模糊的。經驗越多，性夢也就越生動、逼真、詳細。根據金賽的資料，年輕姑娘做的性夢都十分浪漫，夢境的性行為至多只是擁抱和接吻，極少有性交。而中年已婚婦女的性夢則不同，性的表現更直接，而且相當一部分中年婦女時常會在夢中達到性高潮。

三是性別。男性的性夢比女性的性夢更為直露。

第四個影響因素是性的對象。亂倫的性欲望在性夢裡極少直接出現，相反它會以隱喻或象徵的方式出現。對異性戀者來說，對同性的性衝動在夢裡也往往是以象徵的形式出現的。這類夢常常轉化為噩夢。

第五個影響因素是做夢者的性觀念。做夢者對性所持的態度越開放，性夢的夢境也就越直露。性夢不僅僅是為了滿足性欲，它還反映了夢者對性、對異性和對整個生活的態度和觀念。例如，喀爾文．霍爾曾講過一例性夢：一個年輕男子夢到自己正和一個游離的女性性器官進行性交。這反映了夢者對異性的態度，他只對女性身上的某些器官感興趣，而不關心她們整個的人。

個別的性夢中，性衝動反而是次要因素，夢者是用性作為隱喻去說明其他的事物。例如，用性活動表示自己「有很旺盛的精力和很強的能力」。一個女性夢見自己和男同事性交，可能只是為了說明「我們合作、交流得很好」。

在說到性夢時，我們應該說明，所謂性夢指的是其真實意義與性有關，為滿足性欲而做的夢。這些夢表面上未必有性，表面上也許是一幕天真無邪的情景，而通過象徵展示性的意義。反過來，有些夢表面是性，而實際上卻與性無關，這種夢不能稱為性夢。

前者的例子如：「我看見那個天使手中握著一支金色的長矛，它那鐵的堅硬的尖端似乎還燃著一點火光。他就用這支長矛朝我心中刺了好幾次，終於穿透了我的臟腑。當他拔出長矛的時候，我幾乎以為他連我的腸子都拉了出來，他讓我完全燃燒在上帝的愛裡。那是很痛苦的，我呻吟了幾聲，但是這種痛苦帶來了無限的甜美，使我幾乎不願失去它。」

這是一個修女的夢。修女們的觀念中，忍受痛苦是接受考驗、接近上帝的一種方式，因而她夢見自己受苦。不過她自己沒有意識到，她夢中受苦的方式是多麼類似性愛，她這種在痛苦中得到的無限的甜美多麼類似性生活的感受。

這顯然是性夢，而且這一修女做這種夢也完全可以理解：不論她是多麼主動自願地過禁欲的生活，她的身體仍舊有基本的需要，夢只有以她的意識可以接受的方式說明身體稍許滿足一些這種需要。

後者的例子，在本書前邊提到過：一個人夢見別人強姦自己，實際上只是意指對方「強迫自己服從對方的意志」而已。如果你走進佛教密宗的寺廟，你可能會驚奇地發現許多男女交歡的雕像，但是這雕像並不是表現性的藝術，而是表現宗教理念的。男人代表智慧，女人代表慈悲，男女交歡的雕像代表著：你只有把智慧和慈悲結合到一起，才能得到真正的成就。

表面上不是性而實際上是性，這是性夢。

表面上是性而實際上不是性，這不是性夢。

比如某男大學生夢見自己強姦了一個女孩，當時還是挺開心的。不過事後，感到非常內疚並且焦慮。後來分析發現，他現實中喜歡玩很暴力的電子遊戲，不過對於這樣荒廢時間，他內心中很是內疚。因此，這個夢和性其實並沒有關係。

還有一種情況：表面上夢見的是性而實際上也是性，這也是性夢。這就是所謂赤裸裸的性夢。青少年和缺少正常性生活的人都會做這種赤裸裸的性夢。女性在沒有什麼性經驗時較少做赤裸裸的性夢，而性經驗較多、年紀已在三十以上的成熟女性則同樣會做這種夢。

這種夢往往情節十分簡單甚至沒有什麼情節：「我夢見和一個女人做愛，然後就洩了。」「我夢見我在路上遇見一個女孩，我攔住她，和她做愛。我沒有夢見脫她的衣服，就直接夢見做愛，然後就射精了。」「我夢見許多裸體女人，看不清楚臉，只看到身體，然後我就上前抱住一個，就在這時我醒來了，感到遺憾，為什麼醒得這麼早。」……赤裸裸的性夢中的性對象往往是特徵模糊的，她（他）主要不是象徵著某個人，而只是代表單純的女人（男人），即單純的性對象。在這種情況下，人沒有違背道德的恐懼，所以不採取變形和化裝。

如果夢者的性衝動指向了一個具體的人，而這個人又不是自己的配偶，那麼他往往不會做這種赤裸裸的性夢，而會轉而去做用象徵物表示性的夢。

如果你是鮮花，我就是靈蛇。與性有關的象徵是非常多的。

首先，建築物可以表示性器。塔、高樓、柱子常用來象徵男性生殖器，而可進入的房間、洞穴則常用來象徵女性生殖器。門、窗常常象徵著身體的開口。而當一個人夢見鑽過很窄的洞穴，其意義則再明確沒有了，或是出生，或是性愛。當一個人夢見爬上爬下一面牆，這牆往往象徵著人的身體，進門或進窗代表性愛。

當然，我們不能把所有夢中的建築物都說成性象徵，需要仔細判別。作為性象徵的建築物在夢中出現時，其中常有一些細節提醒你這是性象徵。例如，在房子裡有一張異性的照片，或者有其他性象徵物存在等等。

某女士夢見，在一個大廳中，有一個透明玻璃盆蓋著一條大蛇。她擔心蛇會打破玻璃衝出來。蛇，我們前邊已講過，是男性生殖器的象徵，透明玻璃盆自然是避孕套了。大廳在此夢中是女性生殖器的象徵，這一點無可置疑，因為大廳中有蛇。

再如佛洛伊德所舉的一例：「他和父親散步……看見一個圓形建築，前面有個附屬建築，看起來有點歪，而且連著一個圓球。父親問他這是做什麼用的，他對父親的問題有點驚奇，不過還是向他解釋了……」

此夢中圓形建築為臀部，附屬建築指陰囊，前邊的圓球則指陰莖。此夢中無其他提醒用的細節。但是建築物本身的獨特奇異就足以提醒你，這不是一般的建築物了。

夢中的水果常用作性象徵，蘋果用作女性性象徵，有時代表臀部，有時代表女性乳房。香蕉用作男性性象徵，其他水果也都可以用作性象徵。

佛洛伊德指出，所有長的物體如木棍、樹幹和雨傘都可以代表男性性器官，那些長而鋒利的武器如刀、匕首和矛也一樣，手槍也是性象徵的一種，特別是當女性夢見有人持槍追她時。如果男人夢見手槍，有時代表性，有時只代表武器。

這方面的例子不勝枚舉，我姑且舉上幾個，各位讀者可以很輕易地在自己的夢中找到實例。

柯雲路在一本書中引用過某個人的幻覺，那個人自稱「盤古轉世」，並用天眼看到盤古開天地的過程，大致如下：盤古是一棵芭蕉樹，只看見樹幹，是粉紅色的。從中冒出一些白霧，畫外音說，這就是元氣。元氣流到一處凝結形成物質……

很顯然這是性象徵，芭蕉樹為什麼是粉紅色的呢？很簡單，它是由肉組成的，它不過是男性生殖器象徵。白霧或說元氣是精液象徵。盤古開天地過程即性愛過程——在某種意義上，這也的確是創世過程。對一個人來說，他自己的世界不正開創於他父母的性愛嗎？

一位女士夢見在衛生間馬桶邊有一個門，她從這個門進去，發現裡邊寫著「天堂」。這個天堂路邊長了許多樹，樹上有小鳥在唱歌，這小鳥是假鳥、玩具鳥，她十分快樂。

從這個夢中可以看出，性愛是這位女作者的天堂。

這個小門和內部的天堂自然指女性性器。天堂裡的樹指男性性器，小鳥也是性器象徵（我們不是常玩笑地說孩子的性器是小雞雞、小家雀嗎？）。如果這位女士知道此夢的真實意義，我想她就不會把它講給別人聽了吧？

再有就是我的學生轉述給我的一個女生的夢：她夢見她和她的同學，好幾個男生和女生在一起玩，大家玩得非常開心。她當時也非常開心，突然一抬頭，發現遠處站著一個男生在望著她們，這男生是她同班的。她發現之後，也沒有打招呼，繼續玩，其他人都沒有看見。這時站在遠處的男生突然向他們衝過來，手中拿了一把刀。這時大家四散奔逃，她也嚇醒了。

這個夢實際上就是含有性意義的。其實這個女生一定有些喜歡這個男生，暗中有性欲望，但是她自己害怕這種欲望，因而夢中被男生持刀追趕。

還有一個夢例：某女士夢見一棵奇怪的樹，沒有樹葉，樹幹發黑。她很怕這樹會倒。作為男性生殖器象徵的樹往往是沒有樹葉的。害怕樹倒，也許是怕他性能力差，也許是怕他使她懷孕。

用刀、槍、矛象徵男性性器時，還帶有攻擊的含義，表示帶有攻擊性的性。

箱子、櫃子、手提包等可以代表女性性器。船、飛機艙也同樣可以代表。鎖門、鎖櫃子象徵著保護貞潔，鑰匙則可以作為男性性器的象徵。

佛洛伊德還指出帽子和領帶可以作為男性性器象徵。據我的經驗，領帶的確常常作為性象徵，因為它的形狀和因為只有男人戴領帶。而帽子作為性象徵我接觸過的只有很少幾例。也許在這裡有民族差異吧，因為佛洛伊德是確實明確發現帽子常用作性象徵的，而且在美國的一些資料裡，帽子也是經常用作性象徵。

佛洛伊德指出，夢中的許多風景，特別是有橋或有樹木的小山，都是性象徵。這一點經我的釋夢經驗得到了證實，至少可以說，這常常是性象徵。在風景中，夢者往往感到心曠神怡。

橋也可以作為性象徵，這或許是因為，男性生殖器也是一座橋。它把兩個人連接在一起。樹木既可以代表男性性器，又可以代表女性性器。還應該指出，風景中的河流也常常有性含義。

曾有詩人用「茂密的黑森林」暗指女性身體私處，用泉水象徵女性分泌物。證實夢與文學所用的象徵方式是相同的。

「有人闖進屋裡來，她很害怕，大叫要員警來。但他卻和兩位流浪漢攀登梯級，溜到教堂裡去。在教堂後面有座山，上面長滿茂密的森林。員警戴著鋼盔、銅領，披一件斗篷，留著褐色的鬍子，那兩個流浪漢靜靜地跟著員警走，在腰部圍著袋狀的圍巾。教堂的前面有一條小路延伸到小山上。它的兩旁長著青草與灌木叢，愈來愈茂盛，在山頂上則變成普通的森林了。」

這是佛洛伊德在他的名著《夢的解析》中引用的夢例。

此例通篇都是性象徵：教堂、小山、森林、灌木、青草、樓梯，以及員警和兩個流浪漢——你應該很容易猜出他們三個人象徵著什麼，人也是可以象徵男性性器的。

一般來說，用人象徵性器官時，大多用小孩象徵。小東西、小傢伙都可能是性象徵。

一個女學生夢見：「一個小孩子，沒有眼睛，要有眼睛也是很小的，坐著，我覺得有點奇怪，有點害怕。」

當我問她是男孩還是女孩時，她說是男孩，問孩子的髮型時，她說是禿的。

這顯然是她看到男性性器時的感受，感到奇怪又有點害怕。

魚、蛇、鳥是性象徵，這前邊已說過了。另外，蜘蛛、老鼠、蝸牛也都可以是性象徵。

花，很自然地常表示女性生殖器。採花、澆花都是性象徵。所以古代把某種人稱為採花大盜。印度人也把蓮花作為女性生殖器的象徵。

某女孩夢見她把一束花放在中央，四周布著一圈草，她感到很快樂。

這也是個性夢。

還有一種常見的性夢是游泳。游泳十分常見，大多表示性愛。特別是在游了一會兒之後，游泳池也許會乾了。這種情況在實際生活中是幾乎不可能的，它幾乎只能代表性。

因此，毫不奇怪，許多人都說游泳的夢是很快樂的。

某人夢見在兒童玩的塑膠球堆裡游泳，而且很快樂。

在非水環境中游泳，往往代表沒有感情的性。我斷定這個人最近有過性愛體驗，對象是一個他並不愛的人，他的態度是遊戲般的態度。我問他的時候，他很坦率地證實了我的猜測。

頭、手、腳等肢體也可以作為男性性象徵。有一次，做完關於夢的講座，我和兩個女生一起邊談邊走。這時有兩個男生也走過來，其中一位請我幫他釋夢。但是我當時正要給一個女生釋夢，還沒有釋完，而且我又很疲勞，所以我不是很想再給他釋，就委婉地推託了。但是他很急切，問我：「我經常做同一類的夢，我真的很擔心，我總夢見自己的胳膊和腿被砍掉，這究竟是怎麼一回事？」我當然一下子就明白了這是怎麼一回事，但是，我總不大方便在女孩旁邊講，於是我和他們兩個男生退後幾步，讓那兩位女生先走幾步，然後很簡略他說：「這是因為你害怕或憂慮你身體的某一部分被砍或者太短小了。」我看了看他的個子，他的個子也不高，所以我接著說：「你認為自己缺少性的魅力，彷彿被閹割過，因為你認為自己太矮。」他和他的那個男同學告訴我：他的確極為憂慮他自己的男性魅力，為個子矮而十分自卑，而且他甚至直接做過被閹割的夢。我便安慰他說：「個子矮不一定沒有魅力，也不要擔心什麼，你一切都很好。」

夢中，以砍掉胳膊、腿，甚至頭代表閹割是極常見的。

而夢見自己被閹割都是因為在性能力上不夠自信。

最近我讀到一個夢例。

一個女性夢見她走在一條路上，前邊是機場，天有些黑，路上沒有什麼，路邊有很高的草。突然一個男人從後面抱住她，她很害怕，極力掙脫了。

她走過一間屋子，裡面有個戴高帽子的男人在吃飯。她知道這是機長，她必須趕在他前面到達機場出國。在機場入口，一個男檢查員問她有沒有帶違禁物，她說沒有。而男檢查員不相信，他把粗壯的手伸進她的小荷包。她擔心荷包會被撐破。他在荷包裡掏了又掏，竟然掏出了兩張碩大的單人床。

一位釋夢者解釋此夢中出國的意圖是她現實中渴望嶄新生活（譬如結婚）的寫照，夢中出國一再受阻，阻力來自她在潛意識中對婚姻的抗拒。而兩張單人床指「對結婚的嚮往」。

這個解釋有一點可疑之處：如果她潛意識中抗拒婚姻，又為什麼有「對結婚的嚮往」？也許可以解釋為「她潛意識中有抗拒也有嚮往，較為矛盾」。但是，她何必要用「兩張碩大的單人床」，而不用「一張雙人床」代表婚姻？

實際上這個女性的主要問題來自對性的恐懼。在夢剛開始的時候，她獨自在夜晚被男人非禮；後來男檢查員把「粗壯的手」直接「伸進」她的「荷包」，而且是她夢中先強調過的「小荷包」（荷包是女性性象徵），這一行為直接反映出了她對性的恐懼，害怕性行為對她的肉體有傷害，也即「荷包會被撐破」。

這個夢中，男人粗壯的手被用作性象徵。

我想，這個女性的確是想結婚，她結婚是為了擺脫孤獨、恐懼。那個戴高帽子（高帽子也是性象徵，同時也許還有其他意義）的男人告訴她，結婚從而換個環境（機場是飛離中國的地方）是條出路。她必須抓緊時間趕在機長前面，也就是說她想抓住這個男人，但是，對性的恐懼阻礙了她。在她心目中，性和暴力與對女性身體的威脅相聯繫。那個男檢查員在「荷包」裡掏出的「兩張碩大的單人床」，代表她對婚姻的期望：結婚，但是「睡單人床」，意指不要有太多性行為，而「碩大」的床也給性留了一些餘地。

顯然，這個女性在性上還不成熟，也許，她本人個子也比較矮。

在中國古代的占夢中，已經對性的象徵有一些觀察了。

比如，「夢得輪軸，夫婦之事」（《北堂書鈔．卷第一百四十一．車部下》），車的軸是要插入輪子中間的洞裡的，這是一個明顯的性象徵。

著名的巫山雲雨之夢也是性與性象徵之夢。楚王在巫山夢見與神女歡會，之後神女告訴他，她早晨化身為雲，晚上化身為雨。從此「雲雨」二字就被用作性行為的隱語，而實際上，「下雨」這一意象，的確也正是一個性象徵。

有些夢裡，性的象徵以不同的象徵物多次出現，這種情況下往往比較容易判斷出是性夢。例如，下面這位青年男子的夢。

「我夢見了一個游泳池，我站在房頂看游泳池。池中都是女性，只有一個男的，他在游泳池邊上，和女孩嬉戲，把女孩推到水裡。這個男的像我，我又像在屋頂上看。這時是黑夜，有野貓叫春、打架。我拿著衝鋒槍，在棉花田裡搜索。田裡有許多女人，她們在摘棉花。我的槍裡有兩種子彈，一種是紅色的，另一種是綠色的。看到一個打一個。我覺得紅色子彈是死，綠色子彈是激發性能量。自己很清楚，紅色子彈打什麼人，綠色子彈打什麼人。」

這個夢裡，手槍、子彈、游泳池、叫春的野貓等都是典型的性象徵。夢裡的「棉花」也是與女性胸部有關的性象徵。夢者對女性有種較普遍的性欲望。

有些性夢中既有性象徵也有赤裸裸的性，兩者交織在一起。例如喀爾文·霍爾記錄的這個夢：「我夢見我正在一個螺旋梯上來回地追逐一個女孩子，最後我追上了她，和她性交。」

這個夢前邊是一個較為隱蔽的性象徵，即爬樓梯，而到了後邊則變成了赤裸裸的性夢。形成這種夢是由於在做夢的過程中，性衝動變得很強，用象徵已經不足以宣洩性欲，所以只好轉而用更直接的方式——夢交和夢遺。

月經雖然與性有關，但並非直接是性。它在夢中也常出現。

有時它用土、糧食或飯象徵。

一女孩夢中有這樣一個片段：見到一輛汽車，車上裝滿了土，又像是紙，聽司機說這車貨馬上就要送走。

汽車，我們已經知道，是身體象徵。土是經血的象徵，紙是例假時必用之物。因此這個夢是關於月經的。為什麼土可以象徵經血呢？還不完全清楚。或許，土對於植物如同血對於動物一樣，所以人們以土喻血吧。

榮格指出，在月經將來時，人們常夢見與毀滅有關的場景。這大概由於月經是生理上的一種毀滅吧。對此，我手頭沒有例子，不知是否如此，請各位朋友留心是否如此。

關於月經的夢，往往在女人擔心自己懷孕時做。有時，這種夢會表現為等候一個人，久等不來，十分焦急。

再舉一個例子：一個人夢見從嘴裡吐出飯來，飯帶著血。這就是月經的象徵，飯已經象徵血了，但「原始人」還怕不清楚，又直接顯示了血。嘴在這裡象徵女性性器官。

關於性象徵，最後還要說明的是：

自從佛洛伊德在釋夢中高度評價性的作用以來，許多人對此已做了批評，認為他過度抬高了性的作用。的確，如果我們把所有含有上述象徵的夢都說成是性夢，那就幾乎找不到不是與性有關的夢了。在房內是性，到外面看風景還是性，凡尖銳凸起的都是男性性象徵，凡凹進中空的都是女性性象徵。實際上，所有這些象徵都有可能不象徵性。我們必須謹慎判斷，看它在一個具體夢境中是否代表性，不要輕率地對號入座。有些夢初一看完全是性象徵，但是實際上卻未必如此。我們前邊提到的「關於死亡的思考」一夢中，彷彿有大量性象徵：森林、洞、長鼻子大象、小河、藤等等，而實際中其意義卻是與「死亡」有關的。

小孩子多夢魘，有一個原因是他們對真實與虛構尚欠缺明確的區分能力，常將電影或故事書裡的恐怖情景搬入自己的心靈劇場；而且對現實生活裡的某些特殊經驗，也會因無法理解，而渲染上恐怖的色彩。

譬如一個病人講述在兒童時期一直夢見「一根棍子，棍尾有一群泥濘的嬰兒」，更詳細的夢魘如下：「我正沿著一條巷子走，路的兩旁有某些顫動的小東西，像是雛菊，夢中的每件東西都呈現僵直的恐怖狀態，且像煤氣燈火焰般的顫動著，天空像是要打雷的樣子，萬物之上都籠罩著一種不祥的徵兆，我知道某件恐怖的事情即將發生。於是無法想像的大災禍降臨了，所有的東西都膨脹起來，然後全部通過一個小小的不可思議的空間，而從另一端出來——我最感到恐懼的時刻就是當所有的東西都膨脹起來的時刻。」

對此，心理學家的分析是：從表面上看，這似乎是兒童性欲的幻想產物。「一根棍子」、「所有的東西都膨脹起來」象徵勃起的陰莖，「通過一個小小的不可思議的空間」象徵進入陰道之中，但在病人的聯想裡，他卻想到了一歲半時的一次恐怖經驗：大人們帶他到野外散步回來，把野生的風信子放在桌上，他拿起花來就吃。保姆進來看見時大喊一聲，但吃下去的風信子已吐不出來，最後只好請醫師洗胃，此後他就病得很厲害，並且出現上述的夢魘。這個聯想很清楚地顯示「棍子」象徵插進他喉嚨中的洗胃管，而「一群泥濘的嬰兒」象徵他的疾病與嘔吐。「顫動的雛菊」是在插胃管時，醫師所穿上衣上的貝殼紐扣逼近他眼前的景象再現。「僵直的恐怖狀態」是插入胃管時，全身動彈不得的感覺，他當時的心情正像「煤氣燈火焰般的顫動著」，知道某件恐怖的事情將發生。然後胃管伸進他的喉嚨、食道……「所有的東西都膨脹起來」，「通過一個小小的不可思議的空間」。

這可以說是小孩對其無法理解，但卻非常恐怖的洗胃經驗記憶之「再現」，它在夢中以象徵的方式呈現，生動地顯示了一個小孩對某些問題的概念。

這就說明，看起來像是性夢的夢，不一定是性夢，釋夢時切忌自以為是，要時時對自己的解釋加以警惕。

但是，我們也必須看到，夢中性象徵的出現的確是比較頻繁的。其原因很簡單，因為性生活的確是人們日常生活中的一個重要內容，是人生理上的正常需要。而由於受道德觀念的約束，有關性的念頭，在白天往往要受到壓抑，因此也就常常被反映到夢中來。對此沒有必要大驚小怪。

我們對待這類夢應持一種健康的態度，或者說，我們應為自己樹立一種健康的性觀念。應該懂得，性不是骯髒的、邪惡的，它是人正常的身心需要。因此，自己夢裡或別人夢裡有性象徵不是下流的、罪惡的或不道德的。我們可以利用夢了解自己當時的心理，調節自己的心理，讓自己合理地滿足自己的欲望，而在客觀環境不允許滿足自己欲望時，尋找其他活動以吸引精力，尋找把精力引向學習工作和創造上去的合適方式。

第八章

# 做「原始人」的知音

如果把夢當成「原始人」來信，那麼夢的象徵就是講「原始語」的詞彙。主題或許可以說是夢的成語。這一章我們要研究一下夢的語法和修辭。

說到底，夢是來自我們自己內心的聲音，是我們自己心靈一部分所說的話。我說了蛇象徵什麼，大家一聽就明白了。比如，有個人問我：「為什麼蛇不代表溫順、安靜、膽小呢？在我夢裡它就是這樣。」我首先想到的不會是「我對蛇的象徵是不是看錯了」，而是「這個人是不是在故意和我搗亂」，因為用蛇代表溫順、安靜、膽小幾乎是不可能的。

如果有人問我為什麼蛇代表狡猾、狠毒、仇恨、智慧，我也不一定能說清楚，仇恨、狠毒或許和有些蛇有毒有關。但是為什麼說它狡猾、智慧，我也不能說清楚。動物學家會說，蛇智力並不高。但是，從遠古以來，各民族的人都認為蛇狡猾或有智慧，必有原因吧。

假如有人夢裡用蛇代表溫順、安靜、膽小，而又不是故意搗亂，我想他大概是個動物學家或者是飼養者，因為蛇在這些人眼裡或許有這些特點。對於動物學書上說它很膽小，有些朋友可能會反駁說，夢並不好懂。雖然夢的詞彙簡單易懂，但連成夢後並不好懂。這些朋友大概是看完前幾章就試著去解夢了吧。因為看過前幾章，會覺得好懂極了。

但是用它解夢，就會發現還有困難。如果夢簡單，正撞在講過的象徵和主題的槍口上，還好解。如果夢複雜，用那些知識解就還不夠。

夢還有它的語法、它的修辭法、它獨特的表達方式。編夢的那個「原始人」也不一定總有話直說，有時還會拐彎抹角地說。這樣，我們就不一定一看就懂了。

所以下面我要講講「原始人」的表達方式。

## 一、夢的表達方式

### 1. 集錦

夢的編劇，即我們心中的「原始人」編制夢的主要「藝術手法」大約有六種，我稱為「做夢六法」，其中之一是集錦。

夢中人物有時會長相像人但說話不像，釋夢者在夢中又把他說成C，或者長得既像A又像B。這種時候這個夢中人到底是誰？

夢中的事物也往往如此，既像這個又像那個。那麼這種時候這個東西又是代表什麼？這些人或物往往代表的是A、B、C共同的特點，或者說與A、B、C有共同特點的另外的人或物。

這就是夢的技巧——集錦。

這種手法很有些像塑造文學典型的手法「雜取種種」。

一個女人夢見一座房子，它既像廁所，又像海邊的更衣室，還像家裡的閣樓。那麼這三不像的房子代表什麼呢？代表這三處的共同特點，即脫衣服的地方。

集錦可以表達「A恨我，B也一樣」，方式是讓一個既像A又像B的人在夢中出現，並和「我」作戰。同樣它也可以表達和A、B具有共性的C。

例如某人夢見，他在一個很美的湖中游泳，這時一個熟人A出現而且也去游泳。過一會兒另一個人B也來游泳。

A與B互相不認識，他倆的唯一共同之處是他們都是博士。

因此，夢中這兩個人代表「一個博士」。經分析，夢者的女友當時認識了某個博士C並對他有好感。

再如佛洛伊德的例子：

他的女病人夢見一個男人，這個男人長著漂亮的鬍子並閃爍著一種異樣的眼神……

這個夢中男人的眼神像羅馬近郊聖保羅教堂中的教皇像，夢中男人的長相像她的牧師，夢中男人的鬍子像她的心理醫生佛洛伊德。夢中男人的身材像她的父親。

因此，這個夢中男人所代表的，是這四個人共有的特點——指導她生命道路的人。

## 2.變形

就像我們畫漫畫時，為了突出某個人的特點，我們會把他變形。我們畫陳佩斯時，把他的鼻子畫得格外大，大到不合比例。這時的漫畫不但不會讓我們覺得不像陳佩斯，反而會更像他。

變形也是夢的基本技巧，只不過有的時候，它變形變得太厲害了，以至於夢者都不知道它表示什麼了。

例如，前邊提到，一個女孩夢見乞丐追她，那個乞丐就是她父母的變形。這個變形強調了父母乞求她情感這一種態度，所以變為乞丐形象，讓女兒都認不出了。

再如前邊講出生的夢時，提到某少年夢見一個院子裡住著一個白髮老太太，那院中某屋內後牆上有個洞可通往沒去過的新地方。那個白髮老太太就是他母親的變形。

上幾章講象徵舉例很容易，因為象徵是普遍的。比如，蛇象徵什麼，房子象徵什麼，容易舉例。而這一章所講的夢的方法，夢者用的都是他生活中具體的人、具體的物，這些人和物讀者是不知道的，因此就難舉例。我說夢者張三某一天做了一個夢，夢見一個老頭，後來發現這個老頭是他爸張老漢的變形。這種例子對大家用處很小，因為李四如果夢見一個老頭，這個老頭未必是他爸李老漢的變形，在這個夢裡老頭可能是李四的公司上司趙大的變形也未可知。

夢是形形色色、千姿百態的，這裡，只能把道理講清，請各位在釋夢過程中，自己去發現在這個具體的夢中，什麼是什麼的變形了。

## 3. 省略

這種手法和電影蒙太奇相似。用電影《亂世佳人》作例子吧。銀幕上出現的第一個鏡頭是白瑞德把郝思嘉一把抱起來上了樓，然後就出現了第二天郝思嘉在床上躺著哼歌的鏡頭。這兩個鏡頭之間發生的事就不演了。但是影片繼續往下放，提到郝思嘉懷孕，觀眾們都不感到驚奇，因為大家知道在前面那兩個鏡頭之間省略的是什麼。同樣，一部喜劇片中，一個小個子男人和一個大個子男人之間發生了衝突。於是他們一起走進了一座房子。過一會兒，小個子男人走出來，神態自若，整了整衣領走了。隨後，大個子男人也出來了，東倒西歪、鼻青臉腫。剛才屋子裡發生了什麼事呢？省略了。

但是每一位觀眾都知道。

夢也是一種影像作品。因此它和電影很相似，所用的技巧也相似。

有一位離異的女士，夢見有一個很大的孩子，在一個特製的嬰兒車上。實際生活中她是沒有孩子的。因此她奇怪地想：「怎麼會有孩子……」如果這是電影中的一個鏡頭，你看到會怎麼想？在這個鏡頭前的一個鏡頭是她離了婚，回到自己的家。你會理解成：「過了幾年之後，這位女士已經重新建立了家庭，有了一個可愛的孩子。」

是的，這就是夢的意思。夢省略了重建家庭這件事。證據就是此夢的下半部分。

……隨即她夢見一個高大魁梧的男子，也躺在嬰兒車上，她邊推邊想：「怪不得孩子這麼大。」

「怪不得孩子這麼大，因為孩子的爸爸個子大。」這是她應該說的意義，後半句省略了。為什麼那男人會躺在嬰兒車裡讓她推呢？是因為這個女人很有母性情結，她喜歡她未來的丈夫在她面前是個「大孩子」。同時，躺著的男人還暗示性。不信請看夢下面的內容。

她也躺在了嬰兒車上，車自己在走。她和男子躺在了一起。這個嬰兒車就像一張大床。

同時這個夢又反映了另一個願望，那就是自己能像一個小孩子一樣躺在嬰兒車上。說到底，這位女士在心裡還是一個孩子，一個渴望在嬰兒車上躺著的小孩子。她不喜歡長大，不喜歡負成人的責任，忍受成人生活的困難。

「車自己在走。」車怎麼可能自己在走？必定是有人在推著這個車。這個人呢？省略了。這是夢比電影更進一步的地方。夢可以把場景中的某些角色省略，如同那個人成了隱身人。這個夢中的隱身人就是那個推車的人。

他是誰？據我想，應該是她未來的丈夫。她希望未來的丈夫能寵愛她、照顧她，把她當作一個小孩。

同時這個推車人還應該是她的父母，她渴望回到童年，讓父母推著。

如果以佛洛伊德的方式解釋，或許可以把一開始夢中的孩子當成男子性器的象徵。那也說得通。

夢者渴望三個層面的東西：第一層，性快樂；第二層，穩定安寧的婚姻生活；第三層，像一個孩子一樣被照顧。

再如，前面講馬的象徵時，我提到過一位女士夢見一匹白馬在空中懸著。我說白馬是男人象徵。馬在空中懸著是因為馬下面的事物被省略了，是什麼被省略了呢？她自己。

## 4. 借代

以此代彼，即為借代。生活中鄰居不和，這家主婦想罵那家主婦時，不好直接罵，便一邊打自己家的雞一面罵：「你這個不要臉的東西，一天到晚到處招搖，招那些公雞……」罵這些不能複述的難聽話。或者，對親戚寄居在此的孩子不滿，邊打自己的兒子邊罵：「你這個懶貨，一天到晚只知道吃，什麼活也不幹……」雞和鄰居主婦相似之處未必很多，雞也不是鄰居主婦的象徵。同樣兒子和侄子並不相同，兒子也不是侄子的象徵。

在這個主婦心中，那隻雞還挺好的。兒子雖懶也不讓人生氣。但是她需要這樣借罵雞罵兒子罵別人，這就是所謂指桑罵槐，或者說是借代，用雞和兒子代別人。

夢中也常常有借代，以此人代彼人，以某種物代人，或者，用人代一種名詞。

以一個人代另一個人在夢中太常見了。一位女生愛慕一男同學，但是自己不願承認：「一個女孩子怎麼能主動愛別人呢？何況他還對我擺出一副冷面孔。」她從心底裡不願承認。但是在夢裡她夢見了劉德華和她在一起，對她十分好。醒來她很高興，這個夢是可以對同學講的，因為崇拜歌星是大家都能理解的事。但是她自己都不知道，劉德華只是一個借代，如同被罵的那隻雞。直到有一天她突然發現，「那個小子」長得還有點像劉德華呢，她才知道自己真正夢的是什麼。

因此如果你夢見了什麼明星啊，小學同學啊，很久沒見過而且也沒有想起的過去相識啊，並且你找不到什麼理由，就說明你還會想起他來。如果你夢中對他的愛或恨不是他應得的，那麼想一想，他會不會是誰的借代。

你可以問問自己：這個人和誰長得有點像？這個人有什麼特點和昨天我見到的或想到的人是共同具有的？他會是誰的借代？

夢中夢見誰就是誰的時候很少，大多數時候，夢中人物都是其他人的借代。

曾有一個總經理，和手下女公關經理關係十分密切。雖不是情人，但是相互默契不亞於情人。如果不是因為雙方都已結婚，而且雙方婚姻都很美滿，兩人也許早已成為戀人了。一天，總經理夢見公司裡一個已婚男子與這個公關經理做愛。醒來後醋意大發，竟然藉故辭退了這個男子。

這個可憐的男子到最後也不知道自己為什麼好好地就被辭退了。其實，如果那個總經理懂一點釋夢的話，他就不會辭退這個無辜的人了。因為他應該知道，十有八九，夢中這個男子是代表別人的，是一個借代。代表誰呢？十有八九是總經理自己。前面說過，夢裡不會沒有夢者本人出現的。如果夢中沒有，那本人必定是由別人所表示的。總經理自己出於道德觀約束，即使在夢裡也不能讓自己做不忠於妻子的事。

於是他找了一個和自己有幾分相似的人，在夢中作為自己的替身。

夢中最關心的人，無非自己感情上關注的人，如父母、兄弟姐妹、戀人配偶、子女等。不過這些人卻以種種不同面目出現，像孫悟空七十二變一樣，或者說像妖精變化多端一樣。父母可能變成國王王后，變成妖婆強盜，變成老師醫生，甚至變成馬牛虎鹿。其他人也都一樣。但是不論如何變化，總有一些蛛絲馬跡，讓明眼人能看出他是誰。就像孫悟空變成了一座廟，其中眼變成窗、嘴變成門，總有一根尾巴變不成合適的東西，只好變成旗杆。於是，別人看到後就會生疑，從而猜到這個廟是孫悟空所變。

釋夢就要練出火眼金睛，能看出夢中人物或事物是什麼的借代。

借代有一個特殊形式，那就是把抽象事物和抽象觀念用人的形象表現出來。

因為夢在思考一些較抽象的事物時，不能運用詞彙，不能在夢裡的黑板上通過寫出的一行行字討論正義、權利、義務等等問題，所以在需要討論這些事物時，它把它們用人形來表示。

這就像你看文藝復興時期的繪畫。比如，看到一幅畫題是：豐收帶來繁榮和幸福。這幅畫會畫什麼呢？它會畫上一個女人高坐上方，在她前邊，兩個女人朝向著她。這高坐上方的女人就是豐收女神，另兩個女人則是繁榮和幸福女神。三個抽象詞是用三個人代表的。

同樣，當表現某個人被死亡纏繞時，畫一個面容可怕的男人在這個人身後，這個可怕的人形就是死神——他是形象化的死亡。

代表抽象概念的人形，也可以是有名有姓的人。例如諸葛亮，他也不過是一個人，但是在人們心目中，他就是智慧的化身。這個人形代表的不再是三國時期某個人，而是智慧。阿凡提則代表智慧和幽默。據說，所謂阿凡提的故事，實際上許多都不是他本人的事，只是因為人們把他當成智慧化身，就把所有聰明事都歸到他頭上了。

《三國演義》裡著名的草船借箭一事，據考證也不是諸葛亮所做，但是羅貫中仍願把這事算在他頭上。為什麼？因為諸葛亮是智慧的化身。

在夢裡也一樣。

因此如果你夢見諸葛亮，那它不過代表智慧。如果夢見張飛，則它代表勇猛和莽撞。夢見關羽，則它代表正直和驕傲。如果一種借代人人都用，那我們也可以稱之為象徵，比如說諸葛亮象徵智慧。

這些以人形出現的抽象觀念也可以是你熟悉的人物。假如你的一個同學無比聰明，你也會用他代表智慧。

例如，一個剛上小學的小女孩夢見一個小腳的老太太追她，她很害怕。

這個小腳老太太很像鄰居某小孩的剛死去的姥姥，夢者見過這個老太太的屍體，當時很害怕。因此，這個小腳老太太代表恐懼。

小女孩剛上小學，沒有父母保護，很恐懼。因此她把恐懼用一個人形表示出來。

再如，我曾夢見和三個同學在一起，這三個人中有我小學同學，有我研究生同學，按理他們不會在一起。我和他們在一起做了很多事。我是他們的主宰。之後我分析夢時，發現這三個人一個現在小有名聲，一個有點權力，還有一個發了點財，所以在夢中我用他們分別代表名、權和利。

還有一種借代方式是用部分代表全體。這種方法，說來也不稀奇，在文學中常用。所以懂文學的人學釋夢很容易，詩人更容易，因為詩人就是睜著眼睛做夢的。

引一句詩：「記得綠羅裙，處處憐芳草。」這人喜愛草，為什麼呢？因為草和某一條裙子顏色相同。裙子又有什麼可愛的呢？因為它是某個女子所穿的。

因此這條裙子，在詩人心目中就代表了一個人。中國古代通俗話本中，經常提到這種詞，如鬚眉、裙釵。鬚眉就是鬍鬚眉毛，裙是裙子，釵是古式髮卡。這有什麼可說的呢？其實，在話本中，鬚眉指男人，裙釵指女人，因為鬚是男人的一部分，裙釵是女人衣飾的一部分。這些有特徵的部分可以代表整體。

在夢裡，我們也常常這樣做，用人的一部分代表一個人。當我們想到一個秘書時，我們腦子裡可能浮現出一個模糊的形象，唯一清楚的是他微弓的腰和手裡拿著的紙筆，在夢中，我們有這樣一個形象就夠了。至於他穿什麼鞋，不必在夢中出現。

因此，如果你在夢中看到不完整的人物或事物，也許這只是以部分代整體。

再如，一個女人夢見一個花瓶，說這就是女人。其實，花瓶只是女性性器象徵，只是身體的一部分，但是在這個夢裡，這個部分足以代表女人整體。

## 5. 並列

電影中也常常用兩組並列的鏡頭表示某種關係。例如，先拍一隻獅子在奔跑的鏡頭，再拍一個黑人孩子在驚恐地奔跑，再拍獅子奔跑，再拍黑人孩子在跑，最後拍獅子撲向深草。任何一個看到這兩組並列的獅子和人的鏡頭的觀眾，都不會認為這只是演獅子和人在跑，也不會理解成獅子和人跑的動作的比例。觀眾會將其當成獅子追人吃人的故事。

雖然鏡頭裡從沒有一次同時出現獅子和人，但是只要獅子和人都出現了，人們就會很自然地找它們之間的聯繫，用想像和推理建立一種聯繫。在夢裡也是一樣。

並列在夢中往往以兩小段夢的形式出現，兩小段夢似乎說的是兩個故事，但實際上它們卻是相關的。

並列可以表示因果，可以表示非此即彼，還可以表示共同存在的幾個因素。例如在前邊提到過的佛洛伊德所做的「伊瑪打針」的夢，其中就並列了幾個因素。（經分析）伊瑪害怕讓佛洛伊德檢查，不來找他，和他過不去。佛洛伊德這個夢的意思就是：「我之所以治不好她的病，不是因為她害怕檢查，就是因為她不來找我，再不然就是因為她和我過不去。」

並列還可以用多個象徵反覆說明同一件事，或說明事件進程。例如：「我走在路上，路邊有樹，樹上有金花，我想採但沒有採到。再往前走是草地，草地上有母雞和小雞，我想偷隻小雞，但是有人看守，沒成。後來又看到放焰火，煙花落下來化成真的花朵，我抓住了一朵花，感到十分快樂。」這時連用的三個象徵，實際上是同一件事，也就是懷孕。

這種並列主要是為了防止重複單調，也可能為了表達一些細微的差異。此例中第二次用母雞小雞比喻母子，想偷小雞指領養孩子。第一、三次都表示想懷孕，但第一次未成，第三次成了。

這個夢是這個人終於懷孕後做的。後來她生了一個女孩。

## 6.反語

清醒的人不也常常說反話嗎？電影《平原游擊隊》中被日軍抓住的老百姓諷刺地說：「皇軍好，皇軍不殺人，不搶糧食。」而每一個觀眾都能聽出他對日軍的憤怒。再如，馬克．吐溫在他的《鍍金時代》的序中這樣寫：「這本書寫的純粹是個想像的社會。……在我們這個國家裡，要想為我們虛擬這麼一部想像國的小說找材料，當然是找不到的。因為在這裡既沒有投機的狂熱，也沒有頃刻致富的熾烈的欲望。所有的窮人全都心地單純，安分守己，所有的闊人全都正直慷慨，社會風氣仍然保持著原始的純樸，從事政治的都是有能力的愛國之士。」人人都知道他的真實意思。

夢也常常說反話。

佛洛伊德曾引一夢例。在夢中夢者演完戲，在樓下換衣服，另外一些人包括他哥哥在樓上換衣服。此外，他又夢見獨自上山，腳步十分沉重，後來，快到山頂時，他的腳步變得輕鬆自如。

經過分析，他認為他自己的地位比哥哥高，但是在夢裡他使用了「相反」法，變成了他在樓下。另外一段是表示他希望能抱著心愛的女郎上樓，但又知道那樣的結果是一開始腳步輕鬆自如，以後會越來越重（**意指一開始很快樂，以後會越來越覺得是個負擔**）。在夢中這也以相反的形式，腳步先重後輕表示出來了。除此之外，更深一層的分析表明，他希望能像小時候一樣，讓奶媽抱著。而這又用他抱女人這一相反的形式從夢中暗示出來。

還有一例，佛洛伊德夢見歌德批評一個小人物，其實是說一位在佛洛伊德心目中的歌德一般的大人物被無名小輩批評。

我遇到過許多相反的夢例，試舉一例：

某人夢見他在一條船上，船晚點了。他無聊中和一個女人攀談。那個女人熱情邀請他到家裡作客。他感到，那個女人對他有意，而他也願意有一次豔遇。於是他到了那個女人家，那個女人做菜宴請他。他一邊等著一邊想將會發生的事。這時女人的丈夫突然出現了。於是他和那個女人只好裝作一般朋友。丈夫疑心重重，但也不好說什麼，只好一起吃飯。在準備就餐時，丈夫把一盤醋不小心灑在自己身上了。

表面上看這是個願望滿足式的夢，不過經過分析發現，實際上夢者是擔心自己的妻子會有婚外戀。夢中的自己是指他意想中的第三者，相反他夢中的丈夫才是夢者自己。

夢為什麼要採用這種「相反」的手法呢？在這個例子中，道理很簡單，夢者希望「如果事情是相反的，那該有多好」。佛洛伊德認為除了這種原因外，另一個原因是夢掩飾自己的真意，在某些時候，也的確會有那種情況。

從夢使用「相反」技巧這一點上說，夢有時的確是「反的」。但是，這種「反」不是簡單地把夢中事實翻一個個兒就行了。夢中丟錢並不意味著撿錢，我們還必須把象徵翻譯出來。因此夢見丟錢（**在夢中使用了「相反」手法時**）也許表示獲得某種榮譽、地位、信心等有價值的事物。

## 7. 人只為自己做夢

夢中大多數時候都有自己在，但是也有少數時候夢裡沒有自己，好像在講別人的事。不知你有沒有過這種夢，夢裡你像看電影一樣，看別人在忙東忙西，或者乾脆你就夢見看電影，一大段夢全是電影？

其實那全是在說你自己的事，電影的故事也是在說你的事。十有八九那主人公就是你的化身，當然也可能電影中某一個配角是你的化身，但是這種可能性較小，因為誰不願意做主角啊，在生活中做主角不容易，但是在夢裡反正沒人和你爭，你何必不做主角。

我這麼說有沒有根據？當然有，根據就是每次有人講完這樣的夢，我都能找出那個人物實際上是他自己。有人說：夢裡我不是在看電影嗎，怎麼同時又成了劇中人？實際上這一點也不奇怪，這就叫「客觀地看自己」，是自己的一部分看另一部分，或者，是現在的自己看過去的自己，就好像一個人看自己的錄影一樣。你有沒有做過這種夢，一開始是看電影，看著看著，你變成了電影中的一個人了？如果你有過這樣的夢，你就應該懂得我的話了。你後來變成的那個人，從一開始就是你自己。電影就是你的內心生活的真實反映。

我在做心理諮詢時，特別是在熱線電話諮詢時，經常遇到這種情況：某個人打電話告訴我她的一個朋友有某種心理問題，問我應該如何解決。在這種情況下我從不會請她轉請「她的朋友」直接和我談，因為我知道「她的朋友」就是她自己。

於是我就很自然地和她談：「你的朋友年齡多大了？」「她的家庭是什麼樣的？」「她的工作如何？」慢慢地，我很自然隨意地省略主語並問一些只有有這個心理問題的人自己才能回答的問題：「是不是早晨起來時心情最好？」或者：「忍不住要不停洗手，那麼在外邊沒有水的地方呢？不洗心裡什麼感受？」對方一開始回答時還是說：「我的朋友家裡有四口人，她是會計。」後來她就不知不覺忘了她是在談「朋友」的事，而直接說：「我在外面不洗反而不覺得怎麼樣……」

夢中由「看電影」變成自己參與，由電影中的人轉為自己，這個過程和找我諮詢的人由「我的朋友」變成「我」的過程是一樣的。

前面提到過一個女孩子的夢：「我」爸媽被姐姐送到精神病院去了。爸爸把自行車鎖弄開，和媽媽，還有「我」一起逃走了。

一開始似乎說的全是爸媽姐三人的事，爸媽被送到精神病院，而逃走時也只需要他倆逃走，為什麼突然加上「還有我」呢？說穿了，前面用爸媽代表男朋友和自己，被關的畢竟還是她自己。說著說著，夢就把實話說出來了，即「還有我」。

夢還是講自己而不是講爸媽和姐。

還有些夢，雖然是有自己在場，但所涉及的事，卻與自己關係很小，是一些國家大事甚至國際上的事件。例如兩伊戰爭時有人夢見他做兩伊戰爭報導，並且他還對此作了評論。

再如李登輝支持「台獨」，有人夢見自己乘船到了臺灣，見到李登輝，痛斥他分裂國家的行徑。不要以為這是他們心中的「原始人」關心國家大事，不是的，「原始人」只關心自己的事。表面上他會顯得關心別人的事、國家的事，實際上他不過是把這些事作為一個比喻，用來說自己的事罷了。比如那個痛斥李登輝的人，他自己夢醒後解釋自己的夢時，說自己的確很關心這件事，而且對李登輝很憤怒，他認為這個夢只是這種愛國心的表現。而我們分析後則發現，他的一個商業合作夥伴打算和他拆夥，他對此極為不滿和憤怒。所以他真正痛斥的，不是李登輝，而是他的合作者。

有沒有老百姓會在夢中關心別人的事、國家的事等這些與自己關係不大的事呢？我反正沒見到過。有幾次我以為總算遇到了，但是後來發現我錯了，這些夢還是在談自己。

沒辦法，在夢中，「原始人」就是那麼自私。

## 8. 夢中沒有廢話

還記得嗎，我釋一個趕火車的夢時，夢者提到夢裡她穿的衣服。我馬上問她那件衣服有什麼來歷特點，並且說夢不說廢話。

你也許會問：只要不是夢見裸體，我身上總歸有衣服吧，難道這衣服一定表示什麼意義嗎？我說，如果夢不打算用衣服來說明什麼，它會讓你注意不到穿什麼衣服。也就是說，夢裡你不是裸體，但是你也根本沒注意你穿著什麼衣服。如果夢裡你注意到衣服了，那衣服必有意義。

同樣，夢中你看到的每一個細節、每一件東西，都有意義。正如如果一部小說裡描寫了主人公的服裝、居室布置或描寫了風景，這些描寫也必定和主題有關。即使小說家一句不提主人公的衣服，主人公當然也仍舊穿了衣服，只不過不必去提它而已。或像話劇中場上的道具，不論是牆上的畫，還是桌上的花，必定都是為了說明什麼才有的。

因此釋夢時，夢中的每一點都應該加以解釋。假如夢中你走進了一座尖頂房子，就要問自己，為什麼這房子是尖頂的。假如夢中你趕火車沒趕上，剛好看見火車開走，一個鐵路員工站在月臺上，就要問自己，為什麼會有個鐵路員工，他表示什麼。

前面講魚的象徵意義時，講過一個例子：一個女人夢見一隻大紅鯉魚從天而降。她很想要這魚，又怕被吞，就想用只椅子塞到魚嘴裡以防魚吞她。我說過魚代表機遇和性，這個夢表示她對某個異性的態度。但是，為什麼用椅子塞到魚嘴裡？

大概因為這個男子是她的老師吧。椅子代表她的學生身分，她想用這種學生身分作為自己的保護。

## 9.內心的矛盾在夢中的反映

內心的矛盾常常出現在一些恐懼的夢或焦慮的夢中。火車就要開了，你急著要趕車，但是就是跑不動。有人追你，你要逃走，但是就是跑不動。惡鬼來了，你想搏擊，但是手卻抬不起來……這是一種很可怕的感覺。

佛洛伊德早就指出，這種夢反映著夢者內心中的矛盾。他心靈的一部分想逃脫，想趕上火車，而心靈的另一部分卻不想逃脫，不想趕上火車，這時就會出現想跑跑不動的情況。同樣，遇見鬼動不了也是因為心靈的另一部分不想動。

總是如此嗎？我不敢說，但是我釋出來的這類夢總是如此。動不了是由於內心矛盾。

例如一個女孩夢見同班一男生持刀衝過來，她想跑卻跑不動。為什麼？因為她一方面害怕那個男生會「襲擊」她，另一方面卻又希望他能「襲擊」她。

在夢中做什麼事總出岔子也往往反映出內心的矛盾。例如前面引用的榮格所說的夢例：一個校長夢見趕火車時，不是這個忘了就是那個丟了。最後好容易出了門，路上又走不動。原因是他內心中有另一個聲音告訴他，不要這樣急於追逐名利。

我的一個學生，提供了這樣一個夢例：

「『五一』假期中我原想去一同學那裡參觀牡丹花，但終未成行。結果『五一』後我經常夢見自己不遠千里去找他。

「總是歷經千辛萬苦，夢見自己清晰地見到他們學校的校門，但不知為什麼總見不到他本人。我拼命撥電話找他們宿舍樓。不是他去執行任務就是在很多人的大操場上踢球。反正就是見不到他。又夢見他到北京來，同學打電話說他到了，但我急急忙忙去接他卻總也接不到。」

我沒有和這個同學講過這種「見不到」現象的意義，但是她自己憑直覺明白了。她說：「我自己急於見到他，向他說明一些誤解，所以總是夢見去找他。但我又唯恐見到他，他不能原諒我，不能冰釋這些誤解，所以夢中無論如何努力總也見不到他，是潛意識中害怕見到他。」

這種既想見又怕見的矛盾，就引出夢見去找但是找不到的情節。

還有一種情況，走不動代表一種否定。佛洛伊德有這麼一個例子：「我因為不誠實而被指控。這個地方是私人療養院和某種機構的混合。一位男僕出場並且叫我去受審。我知道在這夢裡，某些東西不見了，而這審問是因為懷疑我和失去的東西有關。因為知道自己無辜，而且又是這裡的顧問，所以我靜靜地跟著僕人走。在門口，我們遇見另一位僕人，他指著我說：『為什麼你把他帶來呢？他是個值得敬佩的人。』然後我就獨自走進大廳，旁邊立著許多機器，使我想起了地獄以及地獄中的刑具。我的一個同事直躺在其中一個機器上，他不會看不見我，不過他對我卻毫不注意。然後他們說我可以走了。不過我找不到自己的帽子，而且也沒法走動。」

這個夢中細節的意思，我們已經無法破譯，因為佛洛伊德沒有說明做夢者當時的具體情況。但是我們仍舊可以看到，這個夢如同一部歐．亨利式的短篇小說，在結尾處突然翻轉。在夢的前邊，他一直自認無辜，而且僕人也認為他無辜，甚至審查者最後也相信了他無辜。但是，在他可以走了的時候，他的「有罪」卻使他走不了了。

因此這夢的意思正是：儘管人人都以為你無辜，你也自以為無辜，但你不是。

說到底這仍是一種內心矛盾，內心中的一部分認為自己無辜，而另一部分反對。

弗里茨·皮爾斯是格式塔心理治療的創始人，他發展出優勢者對抗劣勢者的觀念。安·法拉第在詮釋夢的時候，把這些觀念做了進一步的發揮，並加入秘密破壞者的觀念。

簡言之，皮爾斯把我們心中權威命令「應當」做的事，視為優勢部分——無懈可擊的完美主義者。當我們憑著衝動，正要做出某些不「該」做的事時，這一部分則會警告我們，將會發生可怕的結局。例如，一個人一方面在用功讀書，另一方面又想去溜冰。她夢見不去溜冰實在是虛擲寶貴光陰，而做這個夢的那段時間裡，她正處於「認真讀書」的痛苦中。於是，那優勢的部分威脅：「如果你膽敢去溜冰，那麼未來投身科技領域的生涯規劃將付諸流水。」她相信優勢部分的命令，也就是說，如果她把精神放在溜冰上，就不可能完美。她很害怕即使稍微心動，隨便去溜個冰也將前功盡棄，成為一名不入流的溜冰藝人。她的重要個人需求——讓精力與創造力有個宣洩管道，遭到強烈否定。而她人格中的另外部分則化身為劣勢者。

但她的心聲卻說：「我要溜冰！」在她遠離運動的日子裡，這個念頭經常出沒。一到晚上，這個劣勢部分就以做夢的方式嘲弄她，在冰地上愉快滑行、舞蹈。劣勢部分代表著遭到優勢部分打壓的基本需求，它會自行反抗，甚至以打擊優勢部分而滿足自己。

安·法拉第所謂的神秘破壞者，可能是優勢部分，也可能是劣勢部分，他們以神秘的方式在夢中讓我們受挫。如果夢中事情遭受挫折，你可以把這個破壞者擬人化，問他為什麼安排暴風雨，把你的車子吹離路面。假如你錯過班機、遺失錢包、觸不到近在咫尺的人物，那就是秘密破壞者在夢中作怪。如果它對你提出的問題有了回應，而且是用強烈批評性的口吻，要求你應該如何如何，並且假如你不聽，它又警告你將會有如何如何的災禍，那麼可以確定，這是優勢部分的誇張演出，正在反映你的生活中的困擾。

反之，如果秘密破壞者語多抱怨，自認受害，搖尾乞求優勢部分放它一馬，那麼，這種抱怨會破壞你的意向，不讓你遵守優勢部分要求的，正是你的劣勢部分。

## 二、夢怎樣表達人名、數字和時間

夢是形象的。當夢想說出一個人的名字時，它不會把這個名字寫在一張紙上，也不會直接把它說出來。

在我們進入睡眠時，我們幾乎是從不用文字的，也不懂文字。「原始人」大多是文盲。因此夢只能用形象來「說」人名。

我曾夢見一個風景區，那裡景色如同仙境，青翠的山間是一個個翠玉一樣綠或寶石一樣藍的湖泊。在遊玩中我看到了一個奇異景象：一個人趕著一匹紅馬走，那紅馬不是走在路上，而是在直上直下的陡峭山壁上行走。

後來我才知道，我夢中的風景區是九寨溝，而那幅奇異的景象實際上隱含著一個人的名字，這個人是我的一個四川同學，我也許是用她指示出我夢見的景區是四川的九寨溝，也許她和我談過九寨溝。

她叫馬紅驪，名字反過來的諧音是「立紅馬」，正是我夢中那直立如人的紅馬。

再如，一次我夢見一位叫薛建康的朋友，他在夢中變成了我以前的學生，一位叫馬宏達的朋友，後來又變成了我弟弟，他叫朱建新。

而這個夢醒後，我接到了一封信，來信者名叫薛建新，正是我夢中前後兩個人的名字所拼成的名字。而他與我的關係則類似馬宏達，屬於半師半友。

這個夢似乎是預言性的夢。這類預言性的夢在夢中佔極少數，以後我再具體說。在這裡我們可以看到夢是如何「說」名字的。

夢也可以用形象方式表達年齡或時間。例如夢中早上五點三十分指夢者五歲三個月的時候。再如，夢見花費三元六角五分錢，指某件事需要花費一年（即三百六十五天）時間。

用鐘錶上的時間表示一生的時期，這是極普通的用法。

在人們心中，把一生比做一天，把天亮比作出生、天黑比作死亡是最常見的比喻。毛澤東說青年人好像早上八九點鐘的太陽。李商隱在年老時歎息：「夕陽無限好，只是近黃昏。」在夢中，或許你會看到一塊錶，上面標著一個時間，它象徵著你的年齡。或者你會注意到日出日落，它象徵著你的時間。

某人夢見外出遊玩，看到許多人在河裡游泳，他也想游，但發現自己穿著整齊的中山裝，脫起來不方便，而且天也已經晚了。他在想值不值得為游這麼一小會兒費這麼大勁。

這個夢中都是一些普通的象徵，因此請諸位試著釋一下。「天晚了」，在這個夢中，指年紀大了。

再說說表達比例。夢中也用形象表達比例。

例如，有位夢者夢見他帶著妻子在飛，飛過電線杆。他發現自己飛得不高，大致在電線杆高度的五分之二處。

帶著妻子飛是性象徵。飛到電線杆五分之二處表示只發揮出了五分之二的性能力。

用這類指示法，夢可以清楚地告訴你一個確切的比例。在釋夢中，對這類和比例有關的夢境不可忽視。夢中路的方向、光的角度、人的高度、撿的錢數等等一概是有意義的，當然猜出夢中的人名、時間和數字真意並不容易。特別是名字，釋夢者哪裡知道夢者的親友都叫什麼。在對此一無所知的情況下，猜這種名字畫謎，幾乎不可能。只有讓夢者自己聯想，一旦他聯想出一些人名，釋夢者再核對夢境中有沒有這個名字出現。

某一個女士夢見一隻蝴蝶很美很大，翅上有一個奇特的圖案，好像孫悟空拿著一個很大的桃。如果不是夢者說出名字，我永遠也釋不出來這個夢的意思。這個人名是胡超群。蝴蝶，扣一個「胡」字。很美很大是「超群」。孫悟空是猢猻，也扣「胡」字。大桃也是「超群」。

## 三、做個快樂彩色夢

大多數的夢是黑白的，彩色的夢只佔少數。有的人竟然從沒做過彩色夢。有一次我遇到一位老先生，五六十歲了，竟不相信人可以做彩色夢，因為他自己從未做過這類夢，五六十年的夜晚竟然全是像色盲一樣地生活，我真為他遺憾。

這種從來不做彩色夢的人往往偏於理性化，情感較不豐富。

我相信讀者仔細回想，大半能想起一兩個彩色夢吧。有單彩的夢也就是只有一種色彩出現，也有多彩的夢也就是有多種色彩出現，如同看彩色電視節目。

你想把黑白電視換成彩色的很容易，多花點錢就行了。但是在夜晚不同，你想看幾場彩色的夢，花錢多少都不管用。

只有「原始人」願意而且認為有必要加色彩時，他才會加。夢中如果出現了彩色，那它必定有意義。

例如，夢中出現一個面目不清的人物，你注意到的只是她的衣服顏色。她是誰？請從她的衣服顏色上找線索：誰最愛穿這種顏色的衣服？你昨天入睡前看到誰穿了這種顏色的衣服？這種衣服顏色和誰的名字諧音，比如她是不是姓洪、姓藍、姓黃？

夢中的動物有顏色，你也要找出其原因。也許這動物代表一個人，那麼動物的顏色也就相當於人的衣服的顏色。有個男孩夢見兩隻貓，一隻黑貓，一隻紅貓。他大為奇怪地問我：「貓為什麼會有紅色的？」我告訴他：「當然，紅色的貓很多。」

而且我知道他的紅貓是誰，是他同班的一個女生，她總穿紅衣服。

如果動物不代表人，只代表一種特性，那麼顏色就是一種補充。例如夢見蛇，是黃色的。這種補充說明一個纏繞著他的危險是來源於「黃色的」事物的，例如色情書刊。

夢中出現有顏色的事物也都有意義，具體意義是什麼，要具體分析。有些時候其意義是偶然的。例如昨天剛好看了一張海報是藍紙的，其他幾張有紅紙有白紙的，而夢者只對藍紙的海報的內容有興趣，晚上他夢見一張藍色請柬。有些時候顏色的意義和這一顏色所代表的情感和象徵意義有關。例如紅色代表熱烈、激情、創傷、危險等；藍色代表平靜、安寧、博大或憂鬱；紫色代表矛盾、衝突、誘惑等。很特別的是黃色，除了顏色本身的意義外，它常代表性，也即色情的東西。

某人夢見街上貼了不少廣告，都是黃紙的，廣告上內容看不清，但都寫著他的名字。

這個夢顯然和他對自己的評價有關，他認為別人都會知道他很好色。

下面講講夢中出現的全彩色，特別是五彩繽紛的情景。

例如，我曾夢見在秋天上山去玩，看到山上紅葉、黃葉和綠葉雜呈，而且紅有濃淡不同，黃也有不同的黃，有銀杏那樣黃金一樣的黃，也有楊樹葉枯後的那種暗黃，十分美麗。有一個藝術院校學音樂的女孩曾夢見在花園，花樹繽紛，鮮豔奪目。這種夢往往是快樂的象徵、幸福美好的象徵。每種具體的顏色不一定有意義了，「原始人」已經不那麼認真了，他在歡樂中不怕浪費顏色了。他把彩色都染上只是為了尋求歡樂。

一個人經常做這種夢，說明他生活得很幸福。天堂是彩色的，人間就平淡些了，而至於地獄，誰能想像五彩繽紛的地獄？由於光線少，地獄總歸是沒有什麼明顯顏色的，就算有地獄之火，那也是暗紅。當一個人在人間看到天堂時，例如她初戀時，她的夢就會全彩。

就是黑白這二色，在夢中有時也有意義。如果你發現你特別注意到了黑白，那麼它們也在告訴你一些東西。

黑色代表未知，夢中一隻黑狗在追你，那表示你還不知道是什麼事違背了你自己的價值觀。夢中一個黑衣女子與你相愛，表示你還不知道誰會愛你，或說還沒有遇見和你相愛的人。

白色表示已知，所謂已「真相大白」。在你對一件事疑惑很久後，夢見白色的某物某人，請趕快分析它象徵誰和什麼，那就是你要的答案。

黑色還表示恨、邪惡。一個人在夢中見到黑貓，經分析黑貓是她自己。這時，她正有著嚴重的心理問題。經過心理治療，她心境越來越好，夢中的貓也從黑變成黑白相間的了。

白色表示無辜，也就是所謂清白。一個人被懷疑幹了壞事，於是他夢見自己穿了一身潔白的運動服，結果讓別人濺了許多泥水。白色表示純潔，也就是所謂白璧無瑕。

白色還表示善良，天使不都是穿著白衣服嗎？

白色代表純潔、天真、和平、幸福、快樂。但在東方人的夢裡它與死亡、哀悼有關。有個小孩說，他常夢見可怕的白衣女鬼。原因是這個小孩因病住院，讓護士打針打怕了。白衣女鬼無非護士化身。

夢中黃色可以象徵膽怯（「黃條紋」）、意識或智力，如果是金黃的話，則象徵好事和生活改善，或者暗示人的真實自我。

紅色象徵熱情或美滿的生活。

藍色有時象徵集體潛意識。可能這個夢是要求你立足來自心理深層的直覺。若是天空的藍色，則它代表意識的力量，深藍則與抑鬱相關。

藍衣服象徵陽性。國外一位心理學家發現，女性夢見的威脅她的男性有時會穿成藍色——深藍或海藍，這樣的夢表明她想和自己的阿尼瑪斯相接觸。與內心的阿尼瑪斯建立良好關係也有助於與真實的男性建立良好關係。也許，檢討一下她與父親的關係有助於她了解對男人和男性的消極態度。

藍色的海可以象徵潛意識。

持神秘觀點者，將藍色看成是原始能量的象徵（在神話裡，原始海洋是一切其他東西的發源地）。夢中的情緒在你對一個夢拿不準怎麼釋的時候，可以為你提供線索。因為夢的情境經過了象徵和其他方式的加工，和實際情況有很大不同，但是夢中的情緒卻大多保持不變。

正如一個叫史迪克的人所說：「在夢中我害怕強盜，當然這強盜只是想像的，不過那害怕卻是真實的。」也許有時候夢中沒有強盜，只有一些看來毫不可怕的事物，但是你仍舊很害怕。這也一點不奇怪，因為這「不可怕的事物」經分析後，一定代表著可怕的事物。反之，夢見本應很可怕的事物卻不害怕也不奇怪，這事物必定代表著某些不可怕的事物。

例如佛洛伊德所舉的一例：夢者在沙漠中看到三頭獅子，其中一頭向著她大笑，但她並不感到害怕。

為什麼不怕呢？原來她父親留著一把大鬍子，就像獅鬃一樣。她的老師的名字和獅子一詞發音相似。有人送過她一本題為「獅子」的歌謠集。這就是她夢中的獅子。有什麼可怕呢？另外，當天她還見過她丈夫的上司，這上司個頭很大而且是重要人物，她用獅子象徵他，也談不上要怕他。

我曾夢見在一個公園玩，公園裡人山人海，不過我卻覺得很可怕。

在想我為什麼害怕時，我腦海裡出現了一個答案：也許這些人不過是幻想，並不是真的人。於是這可怕也就可以理解了。看起來熱熱鬧鬧，實際上完全空虛，這是多麼可怕的生活啊！不是嗎？

我還夢見在一個公園玩，裡邊沒有一個人，安靜而且很好看，不過我覺得很可怕。

因為我想到，也許有許多我看不見的幽靈存在，在山石後花草邊看著我。這不可怕嗎？

也就是說，在看起來平靜的人際關係中，實際上並不平靜，不知有多少人在暗中窺視著你。

如果夢想表達一種情緒，而這種情緒違背自己的道德觀，怎麼辦呢？一般來說，沒什麼關係，只需要用一些難懂點的象徵就是了。在這一點上我同意佛洛伊德的觀點，夢有時會偽裝。但是我認為夢多數時候不偽裝。比如一個人怨恨他父親，想殺了他。他可以夢見自己殺了一隻猛虎，感到十分高興。這樣他的道德觀就不會反對了，殺虎難道不道德嗎？但是有時夢沒有偽裝也沒有象徵就把他的願望「演出來了」，比如他夢見他父親死了，這時他本該高興，因為他父親是個暴君似的人物，對他太凶暴了。但是盼父親死的這種夢自己又不能接受，於是夢就會採用另一種偽裝方式。

那就是：裝得格外悲痛以掩飾自己的高興。於是夢者夢中會非常悲痛。

在清醒的時候人們不也會這樣嗎？當他們在心目中輕蔑自己的上司又怕得罪他時，他們裝得格外恭敬。當一個女孩單戀一個男子又不願承認時，她會對他顯得格外冷淡。一個母親不喜歡兒子卻又不願承認時，她會對他顯得格外關心。

例如，一個人夢見她奶奶死了。她十分悲痛。夢者在當天接到一封信，說她奶奶病了。於是她做了這個夢。這個夢可不可以解釋為她擔心奶奶會死呢？也可以。那樣的話，情緒就是真正的情緒。但是卻也有一點可疑。那就是，她奶奶還沒有死呢，她悲痛得早了一點。按理說，她更應該是一種擔心的情緒，所以有可能這個夢中的悲痛是偽裝。夢者實際上希望奶奶死。不要用道德譴責這個夢者，人的潛意識往往是自私的，更多的是考慮自己。如果覺得一個人可厭，很自然就希望他死掉。這無可深責。只要他在實際生活中，不做對老人不好的事就可以了。

佛洛伊德還指出，有一類夢中的情緒與夢實際所講的事是一致的，但是強度卻超強。這往往是由於有其他原因加強了這種情緒。比如你出於某種原因討厭仇恨某一個人，平日你找不到他的毛病，也只好壓抑這種厭恨。但是有一天這個人做了件壞事，於是你就會很憤怒。別人也會對他憤怒，但是憤怒的程度恰當。而你的憤怒卻會遠大於別人。因為你藉這個機會，找到了一個正當理由，把你以前壓抑的憤怒都一齊發洩出來了。

## 四、夢的表達有技巧

夢的技巧是很難說盡的，太多了。幾乎凡是醒著時候人會玩弄的方法，夢中的人也都會玩。文學中玩弄的方法，夢也都會玩。

這裡大致列舉一些。

### 1. 找藉口

要什麼不明說，找一個藉口。比如想有個男人愛卻不明著夢，就夢見孩子。似乎她是為了孩子才需要結婚的。

某女生夢見一個人滿身傷痕躺在病床上，腳又細又長。她不顧一切走了進去，並且當眾握住了他的手。

夢者前幾天看過一個生病的親戚。當時他躺在病床上，醫生不允許她進門，她只在門口望了一望，看到親戚的腳又細又長。在夢裡她把這雙腳移到了另一個人身上。意義是希望這個人和那個親戚一樣生病住醫院。夢者坦率承認：她很想和夢中人講話，但是總鼓不起勇氣。於是她讓他在夢中傷病在床，這樣她就有了理由去見他、幫助他，不顧一切衝過去握他的手。

這種癡情很感人。

## 2. 影射和雙關

說一件事，但實際上意指另外一件事。說一個意思，在此之後還藏著另一層意思。話裡有話，也是夢裡用的花招。

比如睡前吃過鹹的東西，結果夢見喝水。這看起來毫不奇怪。但是細分析下去，也許夢還用喝水來表示「渴望」什麼事物。

## 3. 以形象表示字詞

例如，夢見一個獨腿的人躺在暖氣片旁邊。夢者解釋說，有了愛的溫暖，他就能站起來。至於獨腿站著，那表示「獨立」。

在中國古代關於夢的記載中，這種夢很多。例如說《三國演義》中的魏延夢見頭上長角，有人解釋角字可拆開為「用刀」兩字，說頭上用刀是不吉的象徵。

還有人夢見站在槐樹邊，有人解釋為樹木邊站著的鬼，即這個人不久會死，因為槐是由木字和鬼字組成的。中國古代對夢的看法是有迷信在內的，認為夢的作用是預兆未來。

但是這種用形象講字的方式卻符合夢的規律。讀者請注意，看這些古代夢記載，最好採用姑且聽之的態度，因為其可靠性很差。

當代也有類似例子。有一本書中舉例說，一個高考考生，雖然考試成績不錯，但總擔心能否被錄取，於是夜裡夢見一個小孩右邊又長了一隻耳朵，一會兒又發現小孩沒有手臂。那個釋夢者解釋說：耳邊又生一耳，是「耳」「又」兩字，合起來為「取」；小孩是「子」，「子」無臂是「了」，夢的意思是「取了」。

我相信夢會用這種方式顯示「取了」兩字，但是，這是不是一種預兆呢？未必！也許這只是他的一種願望而已，也許是他潛意識的判斷。

## 4.用空間代表時間

夢中有時用空間關係表示時間。例如夢見人都很小，如同看遠處，也許表示看久遠前的事情，但這種用法較少。

這是一種十分重要的方法，只可惜難於舉例。簡單說來，就是用一個與本身無關的形象提示一件事情。例如佛洛伊德夢見他寫一本關於某種植物的書。如果你問植物象徵什麼，也許在此夢中它什麼也不象徵，但是它提示佛洛伊德一些事，包括他確實寫過一篇關於植物的專論，是談古柯屬植物的。這篇專論促使另一個人研究此植物從而發現了古柯屬植物含有麻醉作用的可卡因。還有幾天前他發現一本刊物上寫可卡因的發現時，沒有提到佛洛伊德的功勞。

這裡所謂植物學的書實際上只是一個提示、一個引子，目的在於提示他自己記住這件與古柯屬植物專論有關的事，特別是與之有關的情緒，即一種自傲以及對不被承認的不滿。

如果夢用了提示這種技巧，那我們只能用「聯想」法才能破譯了。

第九章

# 你也能釋夢

## 一、先從自己的夢開始

要想學會釋夢，一定要從釋自己的夢開始。為什麼呢？因為自己對自己最了解：昨天做了什麼事？對什麼事正在擔心？小時候有過什麼事影響到性格？夢中的人或物和什麼相似？這些你自己都知道。自己的夢是最容易釋的。對別人，你畢竟不夠了解，你不知道他做這個夢前發生的事。當然，你也可以問他，讓他聯想等等，但是如果你不是個有經驗的釋夢者，不一定能知道該問什麼，不一定能分辨清楚哪件事和夢可能有關。就如一個新入行的記者，採訪時，不一定能問得恰當，不一定能問出該問的事來。而當你從釋自己的夢開始，先學會釋夢，對夢的規律有一種感覺後，你就能大致判斷出對方的夢可能是講什麼的，也就知道該問哪些事了。

再有，別人對你或多或少總會有些隱瞞，這也會加大你釋夢的難度。你自己對自己的隱瞞總歸可以少一些。當你學會釋夢後，你可以很有信心地揭穿對方的隱瞞，發現事情的真相。

釋夢，不論怎樣層次的釋，都是了解潛意識、進入心靈的過程。而釋夢的真正價值和意義是使夢者的心靈更健康、心情更舒暢、生活更美好。先釋自己的夢，就可以使自己的心靈更成熟、人格更健全。然後以這樣的心靈面貌走進朋友、親人乃至陌生人的心靈才會真正對別人有助益。否則自己尚不了解自己，釋夢時難免有自己潛意識的投射；再者自己心靈不健康時，釋夢就成了刺探別人心裡秘密的惡意消遣。

佛洛伊德在他的劃時代的巨著《夢的解析》一書中，大量引用了他自己的夢例。由此可見，他大概也是由釋自己的夢開始的。

比較好的方法，是在早晨剛醒時，躺在床上釋自己的夢。如果平時較忙，可以在週六、週日早晨做這一練習。不要起床後再釋夢，更不要到中午以後再釋夢，因為夢的遺忘是很快的，洗好臉後再釋，夢中的許多細節就會被忘掉。再晚一會兒，有可能整個夢都會忘得一乾二淨。

如果實在不便躺在床上釋完整個夢，比如夢既長又複雜，你又初學不熟練，那麼不妨在床上事先備好紙筆，先把夢記錄下來，等過一會兒有空再釋。但是也不要等太久，因為在剛醒時，你仍舊處在夢的心境中，你會較容易理解夢。

當給自己釋出過幾個夢，有了一點經驗後，就可以給身邊熟悉的人，如親友、同學釋夢了。在技巧進一步提升後，就可以為陌生人釋夢了。

## 二、釋夢也要看主人

男人與女人的夢不相同，兒童、青年人、中年人與老年人的夢也都不相同。對這些差異也應該有所了解，這對釋夢有很大價值。例如，夢見飛上天空，對兒童對青年人都是好夢，象徵著自由和成功。而對老年人則未必。一位老年人夢見他在雲彩上走，想走到自己的家，有一種安寧的感覺。實際上，這個夢是象徵死亡的。「上天」作為死之象徵出現，「回家」也是。

心理學家發現，女性的夢境和男性迥然不同，熟練的釋夢者能從夢境報告中判斷出夢者是男是女。女性的夢境多半在室內，而且往往在熟悉的環境裡，例如家、宿舍、教室。女性夢中的人物比男性夢中的人物數量多，其中女性比例稍大，然而主角約男女各半。

女性夢中主角常常是熟人，他們的面容和服飾能被生動地回憶起來。女性不常做進攻性的夢，暴力的夢更少。在夢中，她們不打人只是罵人。她們夢中的敵人多為女性。在夢中她們和男人比較友好。女性夢見性交次數比男性少。

女性彩色夢較多。

男性夢中，夢者體力活動多，室外活動多。許多夢有敵意。在約半數的帶敵意的夢中，夢者對另一男性進行肉體攻擊，被攻擊者大多是陌生人。男性夢中，男主角多於女主角，而且職業受到重視。夢中人不僅是其他男人，而且是理髮師、司機或店員。

在夢中男性對女性比對男性友好。除了有公開性行為的夢以外，男性夢者通常認識夢中女性。不知為什麼，夢中男人的性對象主要是陌生人，而女性的卻是熟人。

這些比較的意義也許並不大，因為在實際釋夢時，它們並不能提供什麼幫助。但是其他一些男女差別也許就有用了。

例如，青年女性的夢大多是關於戀愛的，而青年男性的夢關於戀愛的和關於社會地位的差不多。

女性夢中「旁觀者」和「評價者」角色更常出現。中年女性中，關於子女的夢比男性多。

這些都可以給了解夢提供線索。不同年齡的夢也有其不同特點。兒童的夢大多較為簡單。許多孩子夢見吃糖、吃霜淇淋，白天想去公園玩沒有去成，晚上就夢見去公園等等。

兒童的夢表達敵意也很坦率：一個男孩夢見妹妹死了，然後父母買了一條小狗。

兒童夢中的動物大多是代表身邊的人。兒童的噩夢和緊張焦慮的夢比成人多，夢中常有的恐懼情節是妖怪、鬼和強盜等追他或抓住他。

這些可怕的生靈當然也是身邊的人的象徵。佛洛伊德指出強盜和鬼往往代表半夜把孩子叫醒讓他去小便的父親和母親。

也許你不相信，孩子怎麼會把父母想得那樣可怕。事實是，孩子會區別父母溫和的一面和可怕的一面，把可怕的父母比作強盜妖怪等。

查理斯·萊格夫特指出，兒童之所以更容易做焦慮夢，是因為世界對他們來說，比成年人要陌生，他們還擔心一旦離開了父母自己能否生存下去，能否獨立對付這世界。孩子比成人更容易做噩夢，是因為他們更無助，他們的父母一旦拋棄他們，他們就會毫無辦法。而父母又往往不能注意到孩子的需要，為了制服倔強的孩子，還會用拋棄或叫員警等方式來威脅孩子。偏偏孩子又缺乏知識，不知道父母只是威脅而已。他們會把這些話當真，從而格外恐懼。

如果對兒童的夢進行分析後，發現了對心理健康不利的問題，那麼不必對孩子解釋夢，而應對孩子的父母做工作，糾正他們的一些不恰當的教育方式。

兒童的夢的主題除了簡單的願望滿足外，大多和父母有關，這是了解兒童夢的要點。

青年人的夢的主要主題是：反對父母的控制，爭取自主權；戀愛與異性交往；關於自我的評價和認識；學習和擇業；人際交往與競爭；等等。這些主題也正是青年人生活中面臨的問題。根據夢者現狀，可以判斷是屬於哪個主題。例如，臨高考前的夢十有八九和學習緊張焦慮、學習困難有關，或和選擇志願時與父母的衝突有關。

這些不同主題的夢的形式不同，一般不難分辨。例如，有異性作為主角的夢總歸是和戀愛有關。

中年女性的夢經常涉及婚外的感情。原因大概是由於人到中年，夫妻感情轉向平淡。男性把精力投入事業上，或者投入某種興趣上，而不滿足的女性則幻想著一次浪漫奇遇。中年女性的這種夢往往不過是一種幻想而已，較少把它付諸行動，因此不必在意。可以以夢為契機，討論一下如何改善夫妻關係。

老年人的夢有兩個常見主題：一是對過去的回憶，二是疾病與死亡。人年老時，深感時日不多，就想回顧一下一生，為自己的一生做一個評價，因而在夢中會回憶一生中的事。如果他一生過得比較滿意，沒有多少後悔的地方，則夢是平靜的、快樂的，否則就會出現噩夢或憂鬱的夢。夢見童年事件往往表示希望自己能返老還童。老年人比中年人更常夢見童年。

與疾病和死亡有關的夢在老年人中很常見，這反映出老年人對死亡的憂慮。

夢見上天，夢見到地下的房舍中去，夢見已死的親人，回到童年的家，出遠門，這些都可以表示死亡。老年大多迷信，因此夢見到地下，見到那兒也有屋子，在那兒遇見親人，在他們心目中指到了地府陰間；夢中又從地下回來，或夢中親人留夢者住下而夢者拒絕了，指夢者「離開了陰間」。

老年人的死亡夢是不是死亡的預兆呢？也是也不是。老年人憂慮死亡，當他聽到親友死亡消息時，或自身有不舒適時，都容易聯想到自己會不會死，從而引起死亡的夢。多數時候這只不過表明他對死亡很擔心而已。在少數時候，夢表明夢者感受到了身體潛在的致命病患，感覺到了死亡的臨近。這種時候，夢的確可以說預兆了死亡。

孔子年老時，曾夢見自己坐在兩楹之間，他對學生子貢說，夏朝的人死後葬在東階，商朝的人死後葬在兩楹之間，周朝的人死後葬在西階。他自己是商朝的遺民，昨天夢見坐在兩楹之間，是將死的預兆。後來過了七天他便死去了。

「原始人」對身體的病變更敏感，感覺到病勢已不可挽回，就會用死之預兆夢報告夢者。

如果你的長輩夢見死亡，你一定不要冒冒失失地解破。因為老年人對死是最擔憂的，即使他們說不迷信，說不怕死亡，內心中仍舊會害怕。和老年人談死是一種忌諱。相反，如果老年人自己疑心到夢是死之預兆，你還應該曲解夢給他一個吉祥的解釋。這不是欺騙，只是一種安慰的方法。即使夢已明明白白表示與死亡有關，你也可以告訴老人，夢不過是表示您對此很擔心而已，並不是預兆。

也許有少數老人能坦然面對死亡吧，但那畢竟是少而又少的，不要相信你面前的老人是那少數人之一，不要冒失地告訴他，他將死亡。

當你為不同年齡的人釋夢時，要參考各年齡人夢的常見主題，想一想夢者當前最關心的可能是什麼事，這樣可以對釋夢有所啟發。在我釋夢時，我是很注意根據年齡、性別、職業等去判斷夢的意義的。

## 三、哪個夢更珍貴？

在初學時固然不妨什麼夢都釋，而在掌握了釋夢方法後，沒必要一天到晚釋夢，只挑一些重要的夢釋釋就可以了。

什麼是重要的夢呢？在沒有釋之前怎麼看出重要不重要？

## 1.印象深的夢重要

有的夢轉瞬即忘，但是有些夢是如此觸動人，以至於令人久久難忘。我講釋夢時，有人講出十幾年前的夢讓我釋。這種舊夢，有的還可以釋，有的已無法釋了，因為事過境遷，我們已經無法知道什麼事使他做了這樣的夢。但是一個人有生以來要做多少夢呀，絕大多數都已忘掉，而這個舊夢卻牢記在心，那麼這個夢一定是很重要的。

以我的經驗，幾年前的舊夢，或者和一件至今未忘的往事有關，例如初戀，或者和一個重大的心理創傷有關，例如被污辱，或者和他的性格密切相關。當你釋過夢後，對方也許會說：這件事當時我很痛苦，但現在事情早已經過去了，我也早忘了。但是事實卻不是這樣，如果那件事他早已忘記，他就不大可能仍舊記著這個夢。無法忘記的舊夢也表明夢中反映的心理問題至今未解決。

在心理治療過程中也時常發生這種情況，當某個心理問題出現時，患者會突然想起多年前的一個舊夢。顯然這個舊夢與出現的心理問題密切相關。

有的夢，像寓言一樣寫出了夢者的性格，並且勾畫了這種性格的人會遇到的命運。這種夢似乎是他一生的縮寫，是他精神生活的寫照。這種夢也難忘。而且這種夢也極有分析價值，分析出一個這樣的夢，就完全了解了他整個人。這種夢的特點是長，情節較複雜，講來像小說。

印象深的夢情緒波動大，早晨醒來，夢中的情緒還深深影響著你。夢中的情景歷歷在目。你忍不住想和別人說說這個夢，那麼，這個夢你無論如何也應釋。

## 2.重複的夢重要

有時，一個夢中的情節會在後面的另一個夢中重複出現。或者，幾次夢見同一個人、同一個地方。再有，夢中出現類似的主題。這種重複的夢都是值得釋的。有人還會像小說連載一樣，一個夢接著昨天夢的結尾做。這種夢也較為重要。

夢中重複出現人和事，象徵著存在一個你現在需要解決的問題。這個問題不解決，這個夢就一天天重複地做下去。這裡所說的問題主要指心理矛盾、抉擇等，再有，就是由特定生活方式引發的心理不平衡。由夢中重複出現的地方的特點、重複出現的人的特點，可以找到問題所在。由每次夢的差異，可以看到在夢者的內心中，對這個問題的思考有了什麼進展，對這個問題的看法有了什麼改變。當你通過釋夢，把問題弄清楚後，夢就不再重複了。否則夢會一直重複。

這就是「原始人」告訴你一件事，你聽不懂或不重視，他就反反覆覆對你說。

重複夢的變化，反映出夢者的內心變化，或者是越來越深地陷入困境，或者是越來越解脫於原來的問題。查理斯．萊格夫特有個夢例：一個人老是夢見自己要到父親家去，卻怎麼也走不到。後來他接受了心理治療，夢也開始變化，先是夢見自己逐漸向父親的家走近，後來夢見走進去了，再後來夢見走進了父親的書房，發覺書房被別人佔用著。以後就開始夢見推門走進自己的房間，卻看見弟弟住在裡面，最後他終於夢見，他在父親家裡找到了自己的房間。

夢見找到自己的房間，說明他的心理困擾已解決了。這個夢的意義大概是找不到自我，找不到自我的位置。一開始他要到父親身上找自己心理的來源，從父親的教育上（書房）找自己的性格來源，卻發現自己心中的思想不真正是自己的，而是別人的。他發現自己的弟弟住在自己房間裡，這大概意指不成熟的自我佔據了心靈。最後，他找到了自己的房間，指他找到了真正自我，從而也知道了自己在父親心中可以有一個什麼樣的位置。

我的一位來訪者，女性，三十五歲，在治療過程中講過她的一個重複的夢。夢的主題是重複出現的，但夢中的人物會改變。

這個重複夢的主題是：她覺得自己好像有丈夫，但看看身邊的幾個男性又都不是自己的丈夫。在焦慮與困惑中她醒過來。

這個女性從小父母兩地分居，她不斷地被多位撫養人輪流撫養。剛剛與一位建立依賴關係又不得不分離，被帶到另一位還不熟悉的撫養人身邊，如此這般度過了她的童年和少年時代。想依賴又不敢依賴成了這種生活方式留給她的巨大陰影。後來在與異性的情感關係中再次重複了童年和少年時代的模式。她不安地在幾個戀人間搖擺著，無法確定在哪一個港灣裡停泊；甚至結了婚，仍在潛意識裡對丈夫懷有戒心，無法完全投入感情。她跟以前的戀人也仍保持著一種曖昧的關係，同時，又不斷涉入新的情感。在她的這個重複主題的夢裡，「丈夫」是心靈歸宿的象徵。這個主題的反覆出現，說明她的歸屬感與安全感的問題還未解決。

重複出現的夢就像一個人一生或一段時期內心靈的主旋律，解決它所揭示出的問題對心靈的成長十分重要和必要。就我們的經驗來看，許多人都有重複的夢，至少在一段時期內如此。了解了這樣的夢，對夢者的人生基調就可以基本把握了。

## 四、同夜的夢都相關

同夜的夢大多是在想同一件事。如果在睡前夢者遇見過兩個重大事件，夢就會傾向於把這兩個事件結合在一起。

例如，某女孩睡前想到兩件事：一是例假期已過而月經未來；二是她對家人的責任感，願意犧牲自己以幫助他們。

她夢見在家人吃完飯後，她去洗碗，發現自己吐血了。

碗可以作生殖器象徵，洗碗表示清洗子宮，是月經象徵。吐血是位置轉移，也是月經象徵。另外，飯大家吃，碗一個人洗。這個洗碗者是為大家服務的，是說明別人。吐血表示嘔心瀝血。兩件事在夢中結合到了一起。

再如，一個女孩相繼做了兩個夢，這兩個夢完全相反。前一個是她和男友一起站在帆船上，周圍是陽光燦爛的大海；後一個是她獨自在海水裡站著，馬上就要被淹沒。這兩個夢也是說一件事：「過去我曾是那麼幸福，和他一起航行在自由廣闊的海面上，心中充滿陽光；而現在我卻獨自一人處在危險中。」

也許你會猜測這是不是一個失戀女孩的夢。不是，這女孩的男友不過是到外地求學去了。

多數情況下，同夜的幾個夢是在「述說」同樣的東西，只是從不同的角度「述說」，或逐個深入「思索」、「說明」同樣的東西。表面看起來這些夢迥然不同，地點、人物等都不同。

例如有個未婚男子正捲入一場與有夫之婦的戀情中。一天晚上，他夢見自己在一個公園裡走，忽然看見路邊有棵蘋果樹，樹上掛著又紅又大的果實，他想過去，這時竄出許多狗，向他狂吠，甚至撲過來。他從夢中醒過來，一會兒又朦朧入睡。他又做了個夢，夢見自己在一個房間裡，又好像是錄影廳，坐在了座位上，另一個男人走來，說這是他的座位，讓他讓開。夢者想，如果我和他吵，員警一定會抓住我。

這兩個夢表面看起來沒有任何關係，也無任何相似之處。但實際上卻是在說同一個內容，即婚外戀引起的內疚感和罪惡感。兩個夢裡的「狗」和「員警」均是代表倫理規範的超我的象徵。「摘蘋果」、「搶座位」則是婚外戀的象徵。

這兩個夢均反映了或反覆向夢者「述說」了這場婚外戀令自己多麼焦慮不安。有所不同的是前一個夢還表現出些許興奮（偷食禁果的興奮），而後一個則純粹是焦慮。

## 五、再談夢中人物

夢中人物究竟代表誰，這是釋夢準確與否的關鍵。前邊講過，夢中必有一人代表夢者自己。夢中人物如果兼有幾個人的特點，他可以是一個集錦，代表的是這幾個人共同的特點。夢中人物可以代表另一個夢中沒有出現的人物，例如以老太太代表夢者母親。夢中人物還可以表示某個概念，例如以某個富人代表財富。

除此之外，還有可講的。夢中代表自己的人物常常不止一個，夢用幾個人分別表示自己性格的多個側面。

同學、同事常被用來表示自己的某一側面。比如，我活潑的時候像張三，沉靜的時候像李四，我和王五一樣癡情，和趙六一樣自私等等。那麼當你做夢分析自己時，張王李趙四位都可能會在夢中出現。

特別是朋友，朋友總歸在某一方面與你相似，不然你們也成不了朋友。在相似的這一面，朋友可以代表你。

還有家庭成員，父母可以代表你性格中從父母處得來的那一面，或受父母影響的那一面。子女可以表示你天真純樸的那一面，或你未長大的那一面。

我常常夢見母親和弟弟，我發現他們代表了我性格中的兩個側面。

不少心理學家都有過這種體會，而在釋夢經驗中，這種例子更是比比皆是。

何止夢中的人，夢中的動物、夢中的物體，也都可用以表示自己的一部分。特別是汽車那是最常用的自我象徵。

還有，弟妹子女可以用來表示過去的自己，父親母親可以用來表示未來的自己。

夢中的怪人怪物，也都可以用來表示自己的一部分。一位心理疾病患者在經過一段時期治療後，曾做了這樣的夢，在夢中他自己把一個醜陋的人推離自己。心理醫生經過分析表明，這個醜陋的人就是指心理不健康的夢者自己，夢者正在努力把這個不健康的自己推開。

夢中追自己的人、殺自己的人往往都是自己的一部分。

自己這一部分和自己那一部分鬥爭，這就叫內心衝突。

每一個人的人格或自我都有許多不同的側面。這些側面之間常常會起衝突，而且我們的意識也認不全這些側面，因為這些側面中的大部分都在潛意識裡。在夢中，這些側面紛紛藉助各種人物、動物等來表現自己，來讓意識認識自己、了解自己。

如果是較常出現的人物、動物，那麼由這些人物、動物就可以勾勒出夢者的人格。而且由夢者的人格側面可以知道他會愛上怎樣的人、討厭怎樣的人等等。有位心理學家一直致力於人格多側面的研究，其研究表明，夢中的人物、動物不僅是夢者人格側面的象徵，而且夢者的意識對它們的了解，也視他們（它們）與夢者關係的親疏而定。

父母、兄弟姐妹、夫妻，往往是夢者諸多人格側面中較常出現的側面，而遠親、朋友次之，泛泛之交的同學、同事和陌生人則更次之。妖怪、野獸、強盜等則象徵夢者不願認同的人格側面。英雄、偉人、神話人物等則象徵夢者嚮往的人格側面。

其實後兩種只要出現在夢中，就是夢者本具有的人格側面。

如果不排斥、不懷疑，欣然地把這些人格側面都整合在一起，就可以形成更豐富、更健康的人格。

## 六、夢作品有風格

正如寫文章有不同的風格一樣，不同的人做夢的風格也不同。有的人喜歡用象徵，有的人喜歡用借代，有的人喜歡做簡潔清楚的夢，有的人喜歡做複雜含蓄的夢。

如果你常要給身邊親友釋夢，最好留意一下他做夢的風格，熟悉其特點，這樣以後再釋他的夢就可以事半功倍了。甚至他在夢中常出現的象徵都可以記住，例如上次他用張三代表他自己勇敢的一面，下次他再夢見張三時很可能仍舊如此。

## 七、擴充和表演夢

擴充夢和表演夢也都是釋夢方法。擴充是榮格創造的一種方法。它要求做夢者自己擴充夢，講出對夢的印象，講出夢中最令之有感觸的部分。同時釋夢者尋找夢與神話情節、童話故事、傳說等之間的共同點以求理解夢。例如，一個女人夢見飛蛾撲火。釋夢者可以由此聯繫到古希臘神話中有一個傳說，有人裝上蠟和羽毛做的翅膀飛上天空，飛得離太陽太近了，翅膀的蠟被熔化，人也落下去掉到海裡淹死了。還可以聯繫到中國的夸父追日的故事，夸父追太陽，結果離太陽太近，因熱而渴死了。從夢和這種傳說中，可以看到一個共同主題：追逐光明，但因離光明太近而死。由對神話的理解，就可以啟發我們去理解那個女人的夢的含義。

表演夢是格式塔心理治療（格式塔心理學派是現代西方重要的心理學派之一）中的一種方法，即把夢當成一幕戲劇，然後讓夢者自己再去演夢中的自己。這個過程，實際上也就是重新體驗夢中的情感。重新進入了這種情感後，夢者也就理解了夢的意義。

例如，一位婦女夢見泥地裡有一個汽車車號牌。釋夢者就讓她飾演那個車牌，用車牌的口吻說話，無論說什麼都可以。她說：「我就是那個車牌，躺在泥地裡，沒有人管我。我曾經是一輛車的標誌，可現在什麼也不是，沒有用處……」這位婦女後來解釋說：「這個夢正是我的心情。」

# 八、多一點細節

當別人講夢給你時，他們往往講得很簡略。例如：「我昨天夢見魚是怎麼回事？」「我夢見孩子從陽臺掉下去了，這是怎麼回事？」在這種情況下，不要急於解釋，如夢見魚可能是發財，可能是性，可能是其他什麼。首先你要做的是把夢的細節問清楚：「夢見魚有很多意義，要看你的整個的夢才知道你這次夢見的魚表示什麼，你能不能講講你整個的夢？」或問：「不用擔心，夢見孩子掉下陽臺未必是壞兆頭，也許這象徵了你的某種願望或心情，你先告訴我孩子在夢裡是怎麼掉下陽臺的？夢中還有誰在場？是從哪個陽臺掉下去的？你還夢到了什麼？」

一一問清細節後，你會發現，那些細節對夢的意義揭示得往往最多。許多夢只有從這些一開始沒有提到的細節才能得到解釋。

夢見戰爭，象徵緊張。但是是什麼讓夢者緊張？如何做才能使夢者不再緊張？這些問題的答案都在細節中。

對改善自己的心理來說，弄清這些細節的答案才是更重要的。即使一個人把夢的情節講得很清楚了，也仍舊會遺漏一些細節，通過了解細節，可以獲得許多有用的訊息。

例如一個人講夢：「……後來來了一個人，告訴我這個迷宮很好走……」你可以問他：「剛才那個告訴你迷宮好走的人，他有什麼特徵和表情嗎？」

當然，詢問對方的時機要掌握好，既不要讓夢者因他的敘述被時時打斷而不快，也不要錯過時機。

## 九、往事如夢

回憶往事，恍如一夢，這種感覺是人們常有的。即使你是大英雄大豪傑，曾經有過驚天動地的事業，但是當浪潮湧過之後，你回憶過去的輝煌經歷也不過如一個夢，像一個夢一樣不真切，像一個夢一樣隔著一層。即使你有過讓人們驚歎的愛情故事，在結婚幾年後，這些動人的經歷也會淹沒在柴米油鹽的生活瑣事中，你回憶起來過去也不過像一個夢，輕盈縹緲恍恍惚惚。假如你的過去不是那麼轟轟烈烈而是平淡的，在平淡中即使有些你自己才能品出的味道，在年華老去之後，回憶中這也如同一個夢。

回憶往事如同說夢。

有的「夢」還很鮮明，一起談到過去，「夢者」彷彿又回到了從前，情緒因之激昂，愛人的浪漫情懷又重新喚醒，同學彷彿回到少年。但是談完之後，人散屋空，杯盤狼藉，所有的過去離你遠去，「夢」也隨風而逝了。

有的「夢」已經模糊，只彷彿花去留香，似有若無，彷彿一縷遊絲，難於捕捉。在回憶中你尋找著線索，試圖編織起原來的故事，但是它們像影子一樣無法固定，只留下一種感傷在心裡。

少年人對未來的想像明明是個夢想，但是少年人不覺得是夢；年長者的回憶雖然是過去發生過的，但是在年長者的感覺裡卻真如一夢。

蘇東坡，這位才華橫溢、文章一時獨步天下的宋代奇人，一生命運頗為奇特。少年得志，和父親弟弟同時在科舉中高中，天下聞名；後來身列高官，議論國政，成為國家棟樑；以後，又因小人陷害，被連連貶謫，直貶到當時最蠻荒偏遠之地。經歷了人生的大起大落。一天，他遇見一個賣餅老婆婆，老婆婆一句話總結了他的經歷：一場春夢。

「事如春夢了無痕。」蘇東坡寫道。春天剛剛醒來，回憶夢境，夢已如朝霧散去，多少夢中喜怒都沒有留下一點痕跡。

既然往事如夢，我們的釋夢是不是也可以用於往事，我們是不是也可以把往事的回憶當一個夢來解，看這個夢是什麼意思？

這想法似乎荒唐，但是實際卻並非荒唐。我曾經做過嘗試，把對過去實際的事件的回憶當夢來解釋。雖然在這種解釋中，我們無法說釋的是對是錯，但是這「釋夢」卻往往觸動對方，因為這解釋或者是正說出了對方性格最深的秘密，或者是正說出了對方自己半生的感慨。

往事為什麼可以像夢一樣解？

心理學家阿德勒曾經做過一個工作，根據一個人能回憶的最早的記憶，他可以分析出這個人的性格。

為什麼從一個人小時候的一件事，可以看出他的性格呢？因為，心理學研究者早就發現，人的記憶不像電腦一樣的機械記憶。人的記憶是有選擇的，你記著什麼事沒有記著什麼事，這不是偶然的，而是和你的性格、價值觀、對人生的感受等等都有關的。所以有些大事你可能已經忘記，而一些小事卻記得很牢。你的「原始人」編排你的記憶時，實際上已有所取捨、有所加工。我們知道，歷史學家寫歷史時，不是在記流水帳而是把自己的思想觀念也融進去了。同樣，你的「原始人」在記錄你自己的心靈史時，也融入了他的信念。一個自信的人，可能記憶中更多的是自己的成功，而忘記了一些失敗。一個怨天尤人的人，可能記憶中經常是別人對自己不公正。「原始人」在總結自己的一段生活時，不願像一個哲學家一樣用語言說出哲理，更願意像一個小說家，用一段故事來說出自己的人生感想。或者說，更像司馬遷，通過編寫《史記》來說出自己的人生觀。所以，你回憶起來的任何事，實際上已經不僅是一件事的描述，而是一個寓言、一部小說，它以生活細節象徵著一種人生體驗。

所以，我們只要把這往事當夢解釋，就可以理解這個人的性格、人生觀等。

如果我要求一對夫妻「回憶一件你們剛認識時的小事」，然後我把這件事當夢來解釋，我就可以從中發現他們婚姻中的一切。他們以後所有的和諧與衝突，在這件小事中都有象徵或苗頭。

如果我要求一個人回憶「你剛來到這個公司時的一件小事」，我以釋夢的手法，也可以發現他在這個公司的基本處境。

如果我們要求一個人回憶「你很小的時候的一件事」，或者如阿德勒一樣要一個人「回憶你記得最早的一件事」，那麼他的回憶就可以反映他對「來到世界」的基本態度和印象，我們從中自然可以了解他的性格了。

這裡舉一個例子。一位女性回憶她和丈夫訂婚時，說到了一個細節：在飯店吃飯時，丈夫的父母坐在圓桌一邊，她的父母坐在另一邊，她本來認為她和丈夫應該挨著坐，形成「三對夫妻」的局面。但是丈夫卻坐在了他父母的中間。

如果這是一個夢，我們的分析是：她的丈夫坐在了他父母的中間，象徵著他在心理上還是兒童，所以可以斷定，他結婚後仍願意和父母住在一起，而她的位置卻很尷尬；他對妻子將較為冷淡，他在夫妻性生活上較為淡漠。

我們還可以把父母當作佛洛伊德所謂的「超我」的象徵，分析出她丈夫的性格是較為傳統保守的，因為他生活在「超我」的中間。

把往事當夢解是閒暇時的一個很有趣的遊戲，這個遊戲可以給你許多關於自己生活的領悟。

## 十、找證人和線索：偵破夢的案子

我已經講了夢的詞彙、成語和語法，按道理說，各位讀者應該已經可以釋夢了。試著釋一釋後，我想有的朋友會很滿意，發現自己已經能知道不少「原始人」的作品的意義了。可是也必定會有人不滿意，因為他們發現，有些夢還是釋不出來。

這是由於夢有所不同。有的夢就是由普遍象徵組成的，當然容易釋；但也有些夢，本身「說話」就「吞吞吐吐」，或好多內容沒有說出來，或話裡有話，或者使用了一些只有夢者自己懂的比喻，或者與一些個人經歷有關。這些，釋夢者是不能一下子看明白的。

釋夢畢竟是一個人自己潛意識中的「原始人」和他的自我說話。釋夢者就是那個外人，他很難明白夢的意思。這種時候，釋夢者就需要讓夢者聯想，讓他將聯想到的那些有關的事，說出來，釋夢者就會明白了。

尋找旁證也能起到幫助我們了解夢的作用。關於尋找旁證，在第四章已說過一點了，所以現在只是再談。

前面我說過，釋夢者應問問夢者昨天做了什麼事，想了些什麼，遇見了什麼人，從中尋找線索。還應了解一下夢者是什麼樣的人，近來心情如何等等。

在夢者講完夢後，如果你不能解釋，馬上就可以問這些問題。

在問問題的時候，要明確提問的目的，你不是為了記錄他昨天的生活，你了解這些事是為了釋夢。因此你要把每一件他昨天做的事、想的事，每個昨天他遇見的人都試著和夢聯繫一下，看看是否有些關係。

比如他說：「昨天我早上上課，中午睡了一會兒午覺，下午看了一會書，晚上看了場電影，就幹了這些事。」

這看不出和夢有什麼關係。這時你就要繼續找關係，更細緻地找。

你可以問夢者：「晚上你看了什麼電影？」夢者介紹了電影的內容後，你就可以從夢的內容中尋找與夢相似的或有關的東西了。

最先發現的，很可能是電影裡的某個情景或人物改裝後進入了夢。比如白天看的電影裡面出現過獅子，也許夢裡就會出現獅子。這種表面上的相似必定與內在的相似聯繫著，釋夢者應該先看看電影裡的獅子怎麼了，然後再以此推斷夢裡的獅子怎麼了。

人們睡前看的電影、讀的書都會喚起他們對自己的聯想，這就會引起夢。因為人們看電影或讀書時，總是要把自己投射在內。看電影時，會把自己想像成主角或其他角色。為角色的悲喜而哭笑時，無非在為自己哭笑，這種感受必定會進入夢裡。

「日有所思，夜有所夢。」此話千真萬確。事實證明，沒有一個夢和夢者所見所做所想的事無關。

只要細心尋找，釋夢者總可以找到這些引發夢的事件，由這些事件啟發，總可以更好地去理解夢。

再有，夢總是和情緒有關的。白天你所聞所見的那些不影響情緒的事，很少會進入夢。比如你日常的工作、讀的課本，一般與夢無關。而那些能夠觸動情緒的事，比如誰說了一句傷害你的話等等，事雖然小，仍舊會進入夢。所以釋夢者要重點去問那些與情緒有關的事。

在白天，我們總是多少壓抑著自己的情緒，所以，白天的情緒表現也許不明顯，但是到夢裡，這種情緒就會以很大的強度出現。白天你也許被人搶白一句，只是稍稍有點不滿，到了夢裡，你也許就要把那個無禮的人殺掉。所以如果發現在白天有一點點情緒，而這情緒和夢中情緒相似，那麼，這件白天的事與夢就很可能有關係。

如果釋夢者發現，夢和白天的事有關，但是白天的情緒與夢中不同，比如白天夢者很敬佩一位講演的名人，在夢中卻夢見一位夢者平時很反感的人甚至動物上臺，那麼，夢中的情緒是真實的。

問夢者白天遇到過什麼人時，夢者會說出一些人來，釋夢者當然不可能都認識。這時，可問一下夢者，這些人和他說過什麼，對他做過什麼，或問這些人有什麼特點。

了解夢者是什麼樣的人也很有用，因為了解了他是什麼樣的人，也就大致可以推斷他對人對事的反應，這種反應也將在夢中繼續出現。

特別要注意的是人際關係上的變化，因為這往往是對人的情緒影響最深的事。

佛洛伊德在《夢的解析》中提出，夢往往是很早以前，特別是童年經驗的復活，這是有一定道理的。如果一個人童年時父母對他十分冷漠，他可能就會容易做找不到家的夢、在空屋子裡見不到人的夢或者只見到石像的夢，這正是受冷落時的經驗和感受。為什麼他在這一個晚上做這個夢呢？

或者說，為什麼他在這一個晚上想到了童年呢？很可能是因為，在這一天他遇到某種事，使他感到人際關係的冷漠，而這種冷漠喚起了他以往的感受。童年裡經歷的事，對人影響最大給人印象最深，因此人在夢中就會把童年記憶中的一些景象回憶起來。

所以說到底，夢還是由白天發生的事引起的。如果某人白天被嘲笑了，而這使他夢見了一個表面上與嘲笑完全無關的事——看電影，那麼，當你問這個夢者，看電影這個夢中情節會讓他聯想到什麼時，他就應該能想到被嘲笑。在他心中，這兩件事肯定有必然的聯繫。

釋夢者所要做的，就是去啟發夢者聯想。下面用一個夢做例子，做一次假想的聯想釋夢。

有幾個女孩子到了我們的宿舍。其中有一個比較有氣質，另一個很漂亮，我卻很不在意後者。不知為什麼，我由下鋪改為睡上鋪，而且床側牆上開了窗，可以看到外面，那個漂亮的女孩睡到我對頭的床鋪上。後來又變成別的班的一個女同學，她收到兩個郵包，一大一小在門口，有男生幫她打開，裡邊有許多亂七八糟的東西。我從郵包中抓東西，好像在抓鬮，但我卻總抓不到有號的，卻抓到生石膏樣的東西，點著便炸。我抓出一個說不能響，卻被那個男孩接過去扔在牆角，炸響了一聲。後來場景轉入退休老人辦的一個什麼展會，拍了許多照片供展出。在好多人中我看到了劉，她非常美麗，卻總躲著我。我們可以從相冊裡拿些照片回去。

我拿了一些，有些不是照片的被我放下。她和她的家人在一起，他們要她回家，我很著急，看她，她卻不說話。於是我很生氣，騎上一匹好馬，覺得自己很英俊，搶先出了那間沒人的屋子。她被一個男孩帶著，騎一匹頗負盛名的馬在後面追我。那個男的很熟，卻不認得了。我們在一條河邊相逢，我的馬依然神駿聽話，可是它的孩子卻死了。我到河邊洗了洗，遊玩了一番，那個男孩也下來了，我看他很像我哥。我們上了岸，我以最快的速度穿好高雅的衣服，沒和她說話便走掉了。

這裡邊有一些常見象徵，如騎馬、下河洗澡、穿衣服，但是其他的內容卻只有通過聯想去尋找答案。我現在用假設我是釋夢者的方法，說說如何使用聯想法。

「有幾個女孩子到了你的宿舍，這幾個女孩是誰？她們有什麼特點？怎麼你會夢到她們？」我問。

「這幾位是大專班的老鄉。我一直很想擴大社交範圍。這幾個人是我認識的僅有的幾個外班的人。」

「前一個有氣質，後一個很漂亮，這又讓你想到什麼？」

「我一向看重氣質，所以我一直擔心我會重劉而輕視呂。劉是我高中的一個同學，脾氣溫和，有氣質；呂是我的女朋友，很漂亮。」

「看來你在想氣質與漂亮的問題，或者說感情選擇的問題。你夢見漂亮女孩睡在你對頭鋪上，床側牆上開窗，你認為是什麼意思呢？」

「我想我是用那個漂亮女孩代表我女友吧，她確實挺漂亮的。而且隔牆睡在我對頭床上，和我頭對頭。我的女友和我關係很好。我想到臨睡時，一個腳臭的同學睡在我床上，我當時想我如果是上鋪就好了，不會有人到我床上睡，多清潔。窗子，我想是自己想擴大空間吧。」

我這時想到：夢者喜歡有氣質的女孩超過漂亮女孩。夢不會無緣無故提到這件事。十有八九有個有氣質的女孩打動了他。漂亮女孩睡在對頭床上是表示和女友關係很好，但是他卻聯想到了睡前不願意讓同學睡在自己床上，卻又不好意思當面拒絕的事，很可能他對女友也一樣，不願意讓她睡在自己床邊又不好拒絕。床邊的窗指與異性交往，擴大空間指與女友之外的女孩交往了——和誰，自然是那個有氣質者。

對於這些，我可以點破，也可以先不點破，以免干擾夢者下面的聯想。最好是輕輕點出一點：一不要點多了，這樣會刺激夢者情緒，干擾下面的聯想；二不要一點不點使夢者認為你一點都沒聽明白。

「看來你把目光投在了女友之外的女孩身上，繼續聯想下面的夢，看看你內心的想法到底是什麼。」

「那個漂亮的女孩變成了外班的另一個女孩。這個女孩，我擔心這幾天她正在生我的氣。她和劉很相似。我和這個女孩一見如故，卻保持著一定距離。這一點與我和劉的關係也相似。這個女孩氣質很好。我想我的女友要是具有她的特點就好了。至於她收到郵包，她家境不錯，總會有郵包吧。」

夢中漂亮女孩變成了另一個有氣質的女孩，這指的是他希望生活中他漂亮的女友能變成有氣質的女友；也許還是想變換一下女友。那個外班的女孩和呂已不相似，反而與劉相似，看來夢者似乎希望他的女友由呂變成劉，又擔心劉生他的氣，關係難以拉近。

如果當時我把這一點說穿，我想夢者可以告訴我一些事，比如劉以前是否生過他的氣等等。但是沒有追問，這一點就沒有弄清楚，不過，繼續往下聯想，事情就越來越清楚了。

「外班的女孩是代表劉的。大小郵包代表她現在的男朋友和我。」

「抓號碼就像抽獎，中獎也就是成為她的男友，對嗎？」我問。

「是啊，可是我實力太弱。那個和她一同騎馬的男孩應該指她的男友吧，他總比我強吧？所以他能從同桌變成她的男友，而我不行。」

「所以你認為你是那個小郵包。生石膏讓你能想到什麼？你最近見過生石膏嗎？」

「睡前看《青年文摘》上面有女性人體的軟雕塑，像生石膏，我不知生石膏在夢裡代表什麼。」

在這裡，女性人體的軟雕塑誘發了他對異性的嚮往。但是不幸的是，他所喜歡的女孩對他無意，像生石膏一樣冰冷。或者說，他只能看著石膏像去想她。他說他不能使生石膏炸響而別的男孩能讓它響，反映了夢者的自卑。夢者接著說：「場景轉入老人辦的展會和《青年文摘》上的一篇關於老人的文章，那個展會是一些退休的老人組織的，那些圖片卻是引起轟動的東西。圖片也許代表某種成就。」夢者這時候聯想已經很容易了，因為他已經知道這個夢與劉有關。他說：「老人讓我想到我老，我希望到老了時劉仍能跟隨我，我要創造出成就來，讓她做我的女秘書。在夢中她是展覽會中的服務人員。而且在寒假裡我還對她開過玩笑說讓她做我的女秘書。生活中我也害怕她的家庭；而她卻偏和家人在一起，和夢裡一樣。我近日也感覺她在躲我。我拿了些圖片，放下了那些不是圖片的東西指我取得了事業成就，卻放下了愛情……」下面的負氣而走、騎駿馬等事也都表示他當時的心情。對這些事他也都有一些聯想，聯想中的事勾畫出了他對這個女孩的全部態度。釋夢者應隨時引導啟發。引導時的話可能是這樣說的：「夢裡這個人有什麼特點？」

這種問話主要是幫助夢者想到夢裡的這個人代表誰。因為，夢裡的人往往代表其他的人。

「夢裡這件事能讓你想到什麼？」

「昨天有過類似的事嗎？」

「隨便聊聊你夢見的這個人（或這件事），想到什麼說什麼。」

在夢裡一時聯想不出什麼時，讓他隨便聊聊，放鬆一點，他所聊的事必定和夢有關。

「你夢見的東西很奇特，它像什麼呢？」

有時，夢的真實含義是比較隱私的，或者說，夢者認為夢的真實含義是下流的、邪惡的，他的潛意識不願意暴露自己。那麼，他的聯想就會進行得很困難。他有可能什麼也聯想不出來，或者讓聯想避開夢的真實含義。這不是他有意識做的，他自己也在努力聯想，但是他內心中的「原始人」，或者用佛洛伊德的話說，本我在小心翼翼地不讓自己說出實話來。

在這種時候，如果你只是找朋友釋夢玩，也就算了，不必再去釋。如果你是心理諮詢師，或者你是在釋自己的夢，那麼可以這樣做。

首先消除「原始人」的顧慮。你可以這麼說：「每個人都有些說不出口的事，甚至一些似乎是骯髒、邪惡的念頭，這沒什麼。只要在自己身上，善是主要的，美好是主要的，就仍舊可以愛自己。人非聖賢，不必要求自己過於苛刻。再說，只要行為上沒有不好的表現，偶爾有個壞念頭於人也無損吧？說吧，沒關係。」

再有，就是放鬆。讓夢者舒舒服服地躺下或坐在椅上，不去努力思考，最好放鬆到半睡半醒懶洋洋的樣子。然後讓他把夢中一個片段放在腦子裡，比如說，把騎馬的形象放在腦子裡，不去管它，等著，就這麼等著，過一會兒，腦中就會冒出一些念頭、想法，想到一些事，回憶起某個人，或者看到一個新的畫面。讓夢者不管腦中出現什麼都說出來，不管這事物有沒有意思，是否瑣碎，看起來與夢是否有關。當經過分析後，就會發現這些事物就是對夢中那一片段的解釋或注解。這是佛洛伊德自由聯想法的一種簡化，我們或許可稱之為「等注解法」。

有的時候，你等到的注解也不能理解，那麼就從這個注解開始再聯想，一環環聯想下去，就終會恍然大悟，原來夢是在談這件事啊！

比如，某女孩夢見一個自己未見過的親戚，看起來莫名其妙，為什麼要夢見他？從他開始聯想，聯想到一個同事和這個親戚有相似之處。但是又為什麼要夢見這個同事呢？看不出原因，再由同事聯想，想到這個同事要出國，忽然發現這個國家的名字和女孩人名相似。而且別人拿這個相似開過玩笑。到這裡已經清楚了，夢所要說的是她對別人開她玩笑的不滿情緒。

從以上所說的來看，給夢找出一個解釋，甚至幾種解釋都不難，但是否正確呢？在第二章我曾經送給讀者一把「量夢的尺子」，用它量量，就清楚了。

第十章

# 奇夢共欣賞

有些夢和一般夢明顯不同，例如恐怖的噩夢，比如在夢中夢到自己做夢，比如一面做夢一面又知道自己做夢，比如做的夢預示了未來等等，這一章我們談談這些夢。

## 一、噩夢

不少人在夢中都遇到過這種情形，可怕的敵人出現在面前，而自己卻一動也動不了，胸口好像壓著個重東西似的令人喘不過氣來，你害怕得要命，想叫喊卻又叫不出聲來。

這就是噩夢。

古人想像噩夢是精靈鬼怪引起的。《聊齋志異》中有多處描寫一個人被怪物壓在身上。其中有個故事是說，主人公看見一個醜陋的女人和一個男人到了他的床上，似乎看不見他的存在。那個女人要同來的男人用刀剖開他的腹部，把腸子抽出來。抽出來的腸子就堆在那個人身上，越壓越重。那個人也越來越害怕，但是卻動不了。後來，經過長久掙扎，他終於大叫一聲把腹上壓著的腸子推開了。於是那兩個人也不見了。

這是一個典型的噩夢，但是《聊齋志異》卻把它當成神怪故事了。

還是一個《聊齋志異》中的情節：一個人午睡，外面正是雷電交加，忽然他感覺有動物爬上了他的腳，腳隨即麻痹了，動物順腳往上爬，爬到哪裡哪裡就不能動了（好像這動物是特效的麻醉藥似的）。當動物爬到他腰部時，他一把抓住了這個動物，卻發現這是隻狐狸。

當然，這只是一隻夢中的狐狸而已。然而，當這個夢被當成真事傳出去，而且越傳越神，傳到蒲松齡那裡時，就成了一篇優美的神狐的故事了。

從夢的時間上看，可以把噩夢分成兩類，一類出現於我們睡得很沉的時候，一類出現於將醒未醒時；前者又稱夜間恐懼，後者又稱焦慮夢。但是我們不必分得那麼清楚。

兒童做噩夢的次數比成年人多，這一方面是因為兒童分不清現實與想像，所以更容易害怕。他會真的擔心床下會有一隻老虎，或者會有一個青面獠牙吐紅舌頭的鬼。再有一方面是兒童擔心的事也的確較多。最主要一件事就是怕父母不再愛他們了，這對兒童來說是無比恐懼的。

有些兒童的噩夢與出生時的經歷有關。有研究指出早產、難產的兒童多伴有噩夢。例如一個七歲的兒童經常夢見自己在水裡游泳，蛇纏住了脖子，並且拼命擠壓他，他痛苦地掙扎，哭醒後還呼地喘著粗氣。原來這個兒童出生時被臍帶纏住脖子，險些窒息而死。

這個痛苦的出生經歷在他童年的夢中反覆地出現。被產鉗夾住頭部出生的兒童，也容易在噩夢中複現這個經驗。例如，有一個看過《西遊記》畫書的小朋友，就做噩夢發現自己也被戴上了緊箍咒，在水裡直打滾。他反覆多次做此噩夢，以致怕聽、怕看任何和孫悟空乃至《西遊記》有關的內容。我和小朋友及他的父母一道分析才發現，他的噩夢與他出生時的痛苦經驗有關。

青少年的噩夢往往是一種努力擺脫父母從而獲得獨立的表現。青少年噩夢中的可怕人物往往是父母化身，通過把父母想成可怕怪物，自己就可以離開他們。在讓小孩斷奶時，有些母親會在乳頭上抹一些辣椒，讓小孩受點苦，他也就不吃奶而改吃飯了，這對孩子是有益的。如果孩子擺脫不了對奶的依戀，他將會營養不良。同樣，青少年在心理上也應該斷奶了，他應該不再事事依賴父母，應在情感上獨立。於是夢就在父母形象上「抹上辣椒」，好讓青少年怕他們、避開他們，這對青少年也是有益的。

傳說中有些怪獸會吞食自己的子女。如果父母不願讓子女獨立，他們就在一定意義上如同那怪獸，從而也在子女的夢裡成為怪獸。

在父母與子女的關係中，不論是從母方還是從孩子方看，都存在要獨立與不獨立之間的矛盾。青少年一方面盼望自己獨立，另一方面又害怕獨立，害怕獨立承擔責任，而且後者往往是潛意識的。所以青少年更容易把自己的這種恐懼投射到父母身上。而在父母那裡，一方面是期望子女自立、自主，另一方面也不願意改變原有的孩子對自己的依戀，當然後者也主要是潛意識的，是父母自己不願承認的。所以青少年的不少噩夢中就把獨立的、令人恐懼的、變形的父母樣子表達出來。

萊格夫特舉過一個噩夢的例子：

一個年輕人連續幾夜夢見自己跌進了一架龐大複雜的機器，眼看就要被肢解，才一身冷汗地驚醒過來。那機器是脫粒機和發電機的複合體，而這兩種機器都是他小時候在父親的農場常見的。

原來這夢表示他險些落進了父親所設的機關，從事父親為他選擇的職業，而他對這職業既沒興趣也沒能力。

由此可見，噩夢和一般夢的解法是一樣的。不過，「在噩夢中驚醒」這一事件是一般夢中沒有的。這一事件也有意義。驚醒時在夢中的處境，就是夢者現在的實際處境。比如年輕人已經被父親說服了，這在夢中表現為已跌進機器裡，還沒有被肢解，表示事情還可以挽回。「驚醒」表示自己突然醒悟了。

噩夢在這時是一種警告，警告你一個危險已經臨近。

在青少年的噩夢中，還有一類，尤其在男性中與閹割恐懼有關。例如有個十五歲的中學男生，一段時期內他反覆幾次夢見一個妖怪或鬼拿把菜刀要切掉他的鼻子，因為他的「鼻子太高了」。這是比較典型的閹割恐懼的夢。夢裡的「鼻子太高」是陰莖勃起的象徵。

有時噩夢是一種創傷經歷的回憶。遇上過火災、地震、車禍，或被搶劫、強姦，事過後恐懼的被害者會一次次夢到那個情景。這種噩夢用不著釋，它只是再現那個創傷性事情而已。既然那件事如此恐懼，人為什麼還要一次次夢見它，而不把它盡快忘掉呢？這是因為那件事還沒有被解決完。一個強姦被害人一次次夢見被害，是為了提醒她自己：「你還要再想想，為什麼你會遇到這種事？怎麼樣才能保證以後不再遇見這種事？再遇到危險應該怎麼去應付？這件事對你心理會有什麼影響？」這些都要去想明白。一天不想明白，這個噩夢就一天不會消失。雖然隨著時間流逝，噩夢出現次數會漸漸減少，但是不知什麼時候，它就會又出現，就像埋伏在心裡的一條惡犬。

這裡舉一個例子：

房間的牆壁和天花板都被塗成了白色。在矇矓的意識中，她想說：「我討厭這裡。」可是她發不出聲。

這裡總是如此。連緊貼在白色細長天花板上的日光燈、沾滿淺褐色污漬的白色窗簾，也都同往常一樣，在靜寂中使人感到陣陣寒意。

她躺著用手掌體味那堅硬檯子的感覺。狹小的檯子上似乎鋪了一塊薄薄的布，那塊布的粗糙感覺也同往常一樣，本來她覺得對這裡的一切都瞭若指掌，但她卻像第一次來到這個房間一樣忐忑不安，她不斷地變換著視線，不安地抓著榻子的邊緣。四周的牆壁離她很遠，她孤零零地躺在寬大的房子中間，莫名其妙地感到惶恐不安。

遠處傳來了說話的聲音。但是男的還是女的，說的是什麼卻一點也聽不清楚，只是能感到有好幾個人在說，那聲音像波浪一樣傳播開來。聲音和這白色房間裡刺眼的光線一起，刺激著她的感官。聲音碰到堅硬的牆壁反射回來，裹住了她的全身。時而傳來夾雜在聲音當中「喀嚓喀嚓」的金屬撞擊聲。似乎任何細微的聲響，在高高的天棚下都放大了許多倍，凜然地顯示著自己的存在。她的手依然緊張地握著，聽著四周的聲音。她感到既不冷也不熱，似乎她的體溫擴散到了整個房間。

過了一會，室外傳來了拖鞋的聲音，拖鞋發出吧嗒吧嗒的聲響，由左向右從她的腳下通過。她的後背突然感到了自己的心跳，覺得包圍自己的略帶暖意的空氣是那麼不可忍耐。

「我到底要在這裡待到什麼時候呀，我自己並沒有打算待在這種地方。」她自己知道，由於焦躁，額頭已經滲出了汗珠。

「真討厭！」待她清楚地發出聲音說出這句話的時候，她已經下定了決心要離開這裡。像波濤一樣的人聲已經不知在什麼時候消失了，嬰兒急切的哭聲佔據了剛才的空間，這就像一個信號，她從榻子上滑了下來，大腦還處在曚曨狀態，也沒有已經踏在地板上的實在感覺。另一方面，她現在才感到，其實這間房比她躺著時候的感覺小得多。

「我得回去。」她自語著尋找出口。她以猶疑的腳步向一側的牆壁走去，好像她最初就知道向那邊走是天經地義似的。不知什麼時候，那面牆上出現了一扇拉門，在榻子上躺著的時候她一點也沒發覺。這扇拉門與這白色的房間極不協調，顯得很陳舊、寒酸，下半部用絳紫色和藍色畫著一把茶壺，她覺得這個茶壺似乎在哪見過。來到拉門前面，她猶豫地向四周望了一下，但似乎別的地方沒有出口。也許，這一點她本來就是知道的。

在她終於伸出手要打開拉門的時候，突然想起了一件事，那就是每次她打開這扇拉門都會出現恐怖的事情，這扇門是開不得的，只有這扇拉門是絕對不能動的。

恐怖突然向她襲來。「為什麼每次都要站在這扇拉門的前面呢？為什麼在這裡會有這麼破舊的拉門呢？真是豈有此理！我真討厭這拉門。」她注視著眼前泛黃的拉門，身體一動不動。儘管如此，自己的手還是伸向了拉門。

「不，我討厭你。」恐怖與焦躁打亂了她呼吸的節奏，泛黃的拉門看上去似乎也傾斜了。莫名其妙的恐怖使她全身僵硬。「到底……這到底是……」她竭力想用這不成聲的聲音喊叫。

緊接著，她並未想打開的拉門不知何時開了，她腳下雖然感覺到了門檻的凹凸，但她必須站在那裡。

面前是火焰般紅色的大海。波濤不興，發著黏稠、呆滯的光的鮮紅的大海就在她眼前，使人感到生物體體溫的大海就在她腳下。

她站在紅色大海的邊上，不知不覺地流出了眼淚。從哪兒都出不去的絕望和翻滾的紅色海洋帶來的恐怖，使她除了哭泣以外不會有別的反應。

「每次都是如此，哪兒都走不通了，這下完了，這下完了！」遠處傳來了哭泣的聲音。過了一會，待她發覺這是自己的聲音時，她的身體突然晃動了一下。她僵硬的身體徹底崩潰了，她醒了。眼淚從眼角流下來，浸濕了耳朵，甚至進到了耳朵裡面。乾了的淚水使皮膚緊繃繃的，眼睛發熱，她自己也知道眼睛都哭腫了。額頭和後背都汗涔涔的。她一邊調整著呼吸，一邊呆滯地望著天花板。

這是日本小說《幸福的早餐》裡記述的一個夢。夢者沼田志穗子在衝動下殺死了她的正懷孕的同學友子，並看著她一點點流血而死。這之後，她似乎忘記了整個事件，想不起友子是怎麼死的，記不得那天到底發生了些什麼。這個事件留給她的就是一遍遍重複的噩夢，直到她的毀滅。

除了心理原因外，生理上的原因也會導致噩夢出現。例如手壓到了胸部影響了呼吸，或者鼻炎、哮喘、慢性支氣管炎等疾病影響到了呼吸，都會引起噩夢。

史蒂文生的名著《化身博士》就是源於作者的一個噩夢。這個故事，或者說這個夢描寫了一位善良高尚的傑克爾博士因喝了實驗藥物，在每夜會週期性地變成殘忍暴虐的海德先生。我們通過釋夢可以知道，傑克爾博士和海德先生都是作者自己。當一個人過分嚴格地要求自己高尚時，他會壓制心靈中他認為不高尚的部分，而這些部分由於被壓抑就變得格外冷酷殘暴。在白天，殘暴者無法露面，而在夜裡，他卻會出現，於是成為海德先生。

人們都不喜歡噩夢，那麼如何避免噩夢呢？對孩子，父母切忌用威嚇方式管教，「你再不聽話，叫老貓把你叼走！」「讓白鬍子老頭抓走你！」

這種話對孩子的威嚇太大了。這就很自然地使「老貓」、「白鬍子老頭」成為孩子夢中重要的角色。

對成年人，是要防止生活中出現噩夢。不要欺騙自己，不要扭曲自己，讓自己幸福，就不會有噩夢。當噩夢出現時，把它的警示記住，並用其來啟示解決生活中的難題，噩夢就會消失。

我們同樣該感謝噩夢，因為它可以幫助我們在現實生活中逃開噩夢。

## 二、清醒的夢

一般來說，做夢的人不知道自己正在做夢，而把夢境當成真實。做夢時他夢見有人追殺他，會非常恐懼，只有在醒後才會知道「這不過是一個夢」。而且醒後他還會說：「當時有什麼可怕的，應該想到誰也不會殺我。誰會輕易當殺人犯呢？」但是在夢裡人忘了這一切，忘了有什麼法律，有什麼員警。

因為「原始人」還活在原始社會。

但是，也有些人會說，他們有時在做夢的時候知道自己正在做夢。夢者看著自己的夢境時自己又是清醒的。夢中的自己在和敵人殊死搏擊，而另一個自己卻在這幕戲劇的觀眾席——那只有一個觀眾的觀眾席上看這幕戲劇，而且知道，這是在做夢。

我們把潛意識叫做「原始人」，那麼，我們的意識可以稱為「現代人」。平時，這二人是輪流執政的。所謂「白天不懂夜的黑」。白天是「現代人」的世界，我們思考、推理、計算，遵守法律。夜晚是「原始人」的世界，是原始野蠻的世界，充滿生機的世界；那裡沒有這麼多文明，人們愛恨恐懼，人們打殺享受，人們神秘而又富有智慧。當「原始人」出現，「現代人」的意識連同他的一切思維能力一起都消失了。夢是「原始人」的獨白，只有當醒後，當意識重新出現看到了「原始人」昨夜留下的信，或錄影，看到了夢的回憶，他才會分析解釋，從而了解夢。

而當清醒的夢出現時，「現代人」和「原始人」，意識與潛意識，是同時在場的。我們既是做夢者，又是清醒地看自己夢的人，既睡又醒。

荷蘭醫生范·愛登最早提出「清醒的夢」這一術語。他舉了一個例子：

我夢見自己站在窗前的桌子旁，桌上有幾樣東西。我十分清楚自己正在做夢，就考慮我能做些什麼樣的實驗。我開始試圖打碎玻璃，用一塊石頭打。我把一小片玻璃放在兩塊石頭上，用另一塊石頭去打，但它就是不碎。於是我從桌上拿起一個喝紅葡萄酒用的精緻的玻璃杯，竭盡全力用拳頭打它，同時又想要是在醒著時這麼幹多麼危險。但酒杯仍然完好不破。啊，瞧，隔了一會兒我再看，杯子是破的。

杯子是破了，但卻太晚了一點，就像演員錯過了提示。

這點給我一種奇妙的在假造世界的印象，這個世界模仿得很巧，可是有些小地方不像。我把碎玻璃扔出窗外，想看看我是否能聽見叮噹聲。我確實聽到了聲音，我甚至還看見兩隻狗被響聲嚇跑了。我想這個喜劇世界是個多好的仿製品啊。這時我看見一個酒瓶，裡面有紅葡萄酒。我嘗了一下，頭腦十分清楚地注意到：「哈，在這個夢的世界裡，我們也會有味覺，這個很有點酒的味道呢。」

范·愛登強調說，在清醒的夢中，睡眠的人記得自己白天所做的事和能夠自主的活動。而且這同時睡眠依然沒有受干擾。這種睡眠和一般睡眠一樣能讓人休息並恢復精力。

有些心理學家說，做過完整的清醒的夢的人是很少的。

平時我也問過一些人，有沒有過這種夢，結果發現並不太少。我自己經常做這種夢，有一段時間幾乎每天都做，在我個人的感覺裡，做這種夢的能力是很容易通過小小的練習提高的。

那麼我們學習做這種夢有什麼意義嗎？如果只是為了好奇，去練習做這種夢，那麼大概忙碌的現代人難得會有誰有這種興趣。好在做這種夢很有意義。

因為這種夢「原始人」和「現代人」同時在場，所以他們有了一個極好的交流機會。

當「現代人」不理解夢中某個象徵時，他可以問：「這是什麼意思？」「原始人」會告訴他，當然不是用語言而是用形象、事件讓他知道。比如我曾夢見一隻虎和牛混合的動物，像牛卻有虎的斑紋。在夢裡我問：「這是什麼？」馬上我就知道了，這是我自己。我屬虎，而現在像牛一樣辛勤地工作。

一個會做清醒的夢的人可以成為自己的夢的絕好釋夢師。方法就是邊做夢邊解釋，解釋不出就問，當「原始人」不直接告訴你時，他也會用一個新形象、新比喻作為回答。

我常這樣做，結果我在夢做完後，就已經清楚地把它解完了，瞭若指掌。

交流的更大的好處是，讓「現代人」決定「原始人」如何做，讓「原始人」建立新的觀念，從而克服你性格中根深蒂固的弱點。

例如，當你夢見有人追你，你急忙逃跑時，告訴自己，這個夢境表示你在逃避一個恐懼，而逃避是無益的，應當面對困難、正視困難。具體來說就是讓自己在夢中回頭面對追趕者，去看清他是什麼樣子，從而確定他代表什麼，或者去和他搏鬥，即戰勝他，或者和他辯論，或者和他做朋友。

於是你的心理問題也就得到了解決。

從心理學家基爾頓．斯圖爾特開始，許多研究者嘗試用這種改造夢的方式改造人的心理。要夢者在做夢時，一旦發現有害的、病態的、令人煩惱的東西，就自己給自己下指令，去殺死、燒毀、消滅或改變這些形象。

據斯圖爾特說，在馬來西亞的賽諾伊族，人們很重視夢。每天早晨全家人都在一起討論夢。結果這個部落幾乎所有人都能做清醒的夢，而且他們也能在夢裡解決人際衝突，因此他們心理都很健康。

當然，清醒的夢也不是都像范．愛登的例子中那樣，意識百分之百能自主。清醒的程度是不同的。有時意識只是在夢中一閃出現，例如在夢中閃過一個念頭：「這是在做夢。」有時，意識到在做夢後，人就逐漸醒了過來，夢像是霧一樣逐漸散去。意識想讓夢繼續但是夢卻像手上捧的水一樣留不住。有時，意識想做一件事卻做不到。

夢中夢也可以看成是清醒的夢的一種變形，所謂夢中夢就是：發現了自己剛才是在做夢，覺得現在醒了，而實際上他還在做夢。我常常夢見我醒了，和別人說我剛才做了一個夢，夢見如何如何。第二天真的醒過來才知道夢固然是夢，和別人說夢這件事也一樣是夢。

夢中夢可以套好幾層，我有一次套了七層。我先做了一個恐怖的夢，後來我覺得自己醒了。我想把這個夢記錄下來，於是我拿來紙筆記錄。記錄到一半我發現沒有開燈，「沒有開燈我怎麼能看清字，何況我也並沒有把紙筆放在床上」。這麼一想我發現，記錄夢這件事也是做夢，於是我覺得這才是真的醒了，有很明顯地一下子醒過來的感覺。於是我拉燈繩，但是燈總也不亮。於是我知道，發現自己醒了並且拉燈這件事也是夢。這時我才覺得真的真的醒了。我拉開燈，燈光昏暗，我起床去找紙筆，但是紙筆不在桌上。

「怎麼會不在，昨天我明明放在這兒的。」突然我意識到我這是在做夢，是在夢中的桌上找紙筆，因為這張桌子不是我的書桌，而是中學的課桌。於是我又醒了……夢中夢的另一種方式是，夢見自己回家，上床就寢，然後做夢，夢見什麼什麼。

佛家常說，夢固然是夢，清醒時又何嘗不是做夢？人人都在夢中，人生就是一場大夢。這是宗教的看法。但是這種說法倒頗類似在說夢中夢。越是熱衷於了解自己的內心、了解夢，就越容易做夢中夢。尤其容易做這樣的夢，即在夢中以為自己醒了要記錄或自己釋這個夢，或把這個夢講給自己信任的某個會釋夢的朋友聽。

夢中夢的每一層都可以按夢來分析解釋，同樣，不論在夢的哪一層，你控制自己行動也都是接近夢。

## 三、提示疾病的夢

早在古時候，中國人就提出夢與疾病有關的說法。《列子》中提出，陰氣壯則夢見涉大水而恐懼，陽氣壯則夢見涉過大火，陰陽兩氣都壯則夢見生殺。《黃帝內經．素問》中說：「……肺氣虛，則使人夢見白物，見人斬血藉藉；得其時，則夢見兵戰。腎氣虛，則使人夢見舟船溺人；得其時，則夢伏水中若有畏恐。肝氣虛，則夢見菌香生草；得其時，則夢伏樹下不敢起。心氣虛，則夢救火陽物；得其時，則夢燔灼。脾氣虛，則夢飲食不足；得其時，則夢築垣蓋屋。」

當代醫學家也提出過這種見解。醫學家阿沙托克分析了四千個夢例，發現夢可以預告疾病及某些疾病特有的生理狀態，例如黃疸病人，約在消化系統紊亂症狀產生前一個月，出現許多與飲水進食相關的夢。肺結核病人和高血壓病人分別在症狀出現前一～二個月和二～三月內出現多夢。上呼吸道感染多在病前一至八夜出現多夢，而且夢的內容與病相關。

夢能預報疾病，這絲毫也不神秘。因為在明顯病症出現前，身體內部已經有了病理性改變。只是這種病變還不明顯。在白天，我們心思紛亂，注意不到身體的輕微不適。而到晚上，敏感的潛意識則注意到了這種不適，於是把它轉化為夢境。

預示疾病的夢都重點強調某種身體的異常感覺，而且在夢中把這種感覺編織在一個情節裡面。例如《搜神記》中記載：「淮南書佐劉雅，夢見青刺蠍（即蜥蜴）從屋落其腹內，因苦腹痛病。」一肯定做夢前劉雅腹部已有微微不適，白天他沒有注意，而到了晚上，就有了蜥蜴入腹的夢情節。

再如清朝《蟲鳴漫錄》一書中有一個例子：某人夢見一個僧人向他借辮子，他同意了。第二天他把這個夢告訴了別人，也沒有在意，認為一個夢而已。不到一個月，他的頭髮連根落完。這也是同樣道理，做夢時他的頭髮一定已經有了輕微的異常感覺。

再如，北朝齊國有個叫李廣（不是那個漢代飛將軍李廣）的人，夢見一個人從他身體裡出去，對他說：「君用心過苦，非精神所堪，今辭君去。」過了沒幾天他就得了病，一病病了好幾年。在這個例子中，夢把病因都告訴了他，是過於用心思慮。

類似夢例在生活中很常見。例如，夢見被敵人抓去吊打，被敵人用煙頭燙傷左臂，過了一兩天左臂上長了瘡。再如，夢見吃魚被魚刺卡住咽喉，醒來發現得了咽喉炎。

我的一位學生舉了他自己的很奇異的例子：在他上初二時，一個冬天夜裡，他夢見彷彿被人倒掛在一棵樹上，難受極了。當時有一種不祥的感覺。內心一個聲音告訴他，醒來，馬上坐起來，擺脫那種倒掛的感覺。但是冬天屋裡冷，他一懶就沒有起來，結果第二天早上高燒39.5℃。第二天晚上，那種感覺又出現在夢裡，他立刻坐起來，用力甩了甩頭驅走了它。結果第三天早上病就痊癒了。奇異的是，這期間沒有進行過任何治療。

實際上，他自己已經做了治療，那就是坐起來甩了甩頭。

他的自療行動也可以歸於控制夢治療。至於為什麼他會夢見倒掛，為什麼坐起來甩頭能治好，這原因我還不知道。但我估計，這與生活中某個事件有關，那個事讓他有倒懸之苦，但是只需甩頭不去想它，病就好了。

有時預示疾病的夢看起來似乎不是由微弱的身子不適引起的。比如，有人做了預示疾病的夢後，過了一段時間，城市裡流行一種傳染病，他也被傳染了。難道他能在傳染病還沒有流行前就感受到身體不適嗎？

對這一點可以這麼看：為什麼傳染病流行時，別人不被傳染而他被傳染了？必定是他相應的臟器或系統抵抗力較差，所以才會先被傳染，而這種抵抗力的薄弱在病前就在夢中表現了出來。

再有，許多身體疾病本來就是心理「製造」出來的。人的潛意識和身體是密切聯繫的。潛意識讓人身體如何變化，身體就如何變化。當潛意識認為應該生病時，人就會生病。潛意識讓人什麼地方不舒服，人就會不舒服。潛意識的這種能力有很多例證：瑜伽術師能自由地讓心跳加快減慢，甚至停止跳動。他們就是利用了潛意識對身體的控制力。有的原始民族中，有所謂「神靈判決」，當一個人被懷疑犯罪時，巫師作法禱告，然後拿來一杯清水，告訴嫌疑犯，這水裡加了咒語。如果你犯了罪，喝了這水就會失明。

於是真的罪犯喝了這水，就會真的失明，而無罪的嫌疑人喝了安然無恙。在這個例子中，水並沒有魔力，只是真假罪犯都相信了巫師的話。真的罪犯的潛意識堅信自己喝了這水會失明，他就會控制眼睛讓他看不見東西。在這種情況下，人不能自由控制身體，但身體仍舊被潛意識控制著。

日常生活中，我們的身體也時時在潛意識的控制之下。當潛意識讓人病時人就會病，這就是所謂「心理製造疾病」。

例如，當我們遇到一個難題時，自己會對自己說：「這件事真讓我頭痛。」潛意識聽到了這句話，就把它當作一個指令，於是他就去「讓我頭痛」，於是頭就真的痛了。

或者，當我們受到侮辱時，會說：「我嚥不下這口氣。」於是潛意識就讓你的嗓子腫脹，嚥不下東西，或讓你的胃脹氣。

再如，一個人工作很累，人際關係也不好，很想休息幾天。但是無緣無故也不能請假不上班、不工作，自己也說服不了自己。他想：「我要是病了，就可以在家休息了。」於是，潛意識就會讓他生病。更為常見的例子是：老人抱怨孩子不關心他，於是便時時希望自己有點慢性病，好讓孩子們不得不去關注他。潛意識便會幫老人製造出許多病來。這些病本來就是潛意識製造的，潛意識自然很清楚它們的由來。因此，在夢中，這類病都會有夢兆。

某人夢見父親給他買了一頂帽子，他戴上了，發現帽子很高，但是有些緊，使得頭有些痛。醒後開始頭痛。這個人工作很努力，受到領導的表揚。但是他發現這樣努力工作太辛苦了，想要放鬆一下自己，卻又做不到。這件事讓他感到很難辦，在夢裡，領導用父親代表，表揚即「戴高帽子」，難辦即頭痛。

在人還沒有發病時，夢可以預示疾病。在病已發作以後，夢還可以作為症狀之一，幫助我們了解疾病。

神經衰弱病人，都伴有失眠多夢症狀。夢境大都是讓人不快的事。

高血壓病人，夢中有登高、飛翔、生氣等內容。

肺結核病人，夢中有行走乏力、咳嗽等內容。

扁桃腺炎病人，會夢見脖子被卡住、被勒住或有異物入喉等。

支氣管炎、肺氣腫病人，會夢見身處密室、地洞或水下等缺少空氣的地方。

關節炎病人，會夢見涉過冷水，雙腿寒冷。

精神分裂症病人，會做帶有恐怖、敵意感內容的夢，或夢見荒涼的景象，或夢見自己變成無生命物質。

夢也可以預示病症的預後。

清代周亮工曾舉一例：宋主有病，夢河中無水。占夢者說：「河無水，是一個『可』字，表示病要痊癒。」這個例子看來是可靠的。

艾拉．夏普提到的一個夢例則預示著夢者將病死，夢者夢見自己身上所有的病都聚集在一起，她仔細一看，發覺這些病都變成了玫瑰花。夢者知道有人會來種這些花兒，也知道明年花兒又會開的。夢者在三天之後死去了。

其實放在一個更大的背景上來看，無論是夢還是疾病都是「原始人」的來信。「原始人」在晚上用形象寫的信就是「夢」；而在我們身體上刻的信就是疾病。這樣也就不難理解為什麼夢可以「預言」疾病的發生，並有助於疾病的治療了。

## 四、啟發性的夢

「原始人」是樂於幫助人的，他常常在夢中用各種形象傳授知識。

在迷信的人看來，這好像是鬼神託夢，而實際上所謂「鬼神」不過是內心中的「原始人」罷了。雖然和人同處在一個頭腦中，但他所知道的東西常常是我們不知道的。所以他要通過夢把知識告訴我們。

我曾經在夢中聽人說到一個謎語，醒來以後想了好久，終於找到了謎底。在讚歎這個謎語編得巧妙的同時，我也在想：這個編謎語的人是誰？說到底不也是我嗎？為什麼「我」編的謎語我自己還不知道答案，需要去猜？答案是：編謎的我和猜謎的我雖然是在同一個頭腦中，但是他們之間還是可分隔的。原始「我」知道的事我不一定知道。編謎的「我」就是「原始人」。

在唐代《明皇雜錄》一書中，記載唐玄宗夢見十幾位仙人（原始人「我」），乘雲而下。演奏了一個曲子，曲度清越。一個仙人說：「這是《神仙紫雲匡》，如今傳授給陛下。」玄宗夢醒後記住了夢中曲調。

再如，唐代《朝野僉載》中記載，王沂平生不懂音樂，有一天從白天睡到晚上，醒來後要來琵琶，彈了幾支曲子。誰也沒聽過，但是非常感人，聽到的人無不流淚。王沂的妹妹想學。王沂便教她，才教了幾句王沂就全忘了夢中曲調。

還有清代高其佩善於指畫，據說也是夢中學來的。他八歲學畫，很努力，自恨不能自成一家。有一天，睏倦打盹，夢見一個老人（**原始人「我」**）帶他到一土屋中，四面牆上都是畫，畫得十分好。他想臨摹但是沒有筆墨，只有一杯水，於是便用手指蘸水臨摹，醒後就學會了指畫。

這類記載或許會有誇大不實的嫌疑，但是在我看來是可信的。以我個人經驗，我也夢見過有人唱歌，曲調異常優美，可惜的是我不會記譜，醒來後也就忘了。

不僅僅是藝術家常常在夢中遇見老師，科學家也常常在夢中遇師。苯的化學結構的發現過程就富有傳奇性。化學家凱庫勒研究苯的化學結構時，總是搞不清。因為苯是一種碳氫化合物，當時已發現的碳氫化合物的結構都是長鏈狀，而按鏈狀計算，苯中應含有更多的氫。凱庫勒苦思冥想不能明白，一天，在睡夢中他看見一群蛇在遊動，突然，一條蛇咬住自己的尾巴團團轉。他恍然大悟，苯的化學結構是一個環，他按環狀計算，發現碳和氫的比例正好與實驗結果相符合。

縫紉機針的設計者也在夢中受益，他夢見一群不講理的野人命令他二十四小時內發明出縫紉機，如果做不到就要用魚叉刺死他，當那些野人舉起魚叉時，他發現魚叉尖端有個孔。於是他醒來後，想到把針眼移到針尖附近試試看，結果一舉解決了設計中的困難。

還有一個化學家，研究如何增加天然橡膠的彈性，因為天然橡膠彈性太小，限制了它的用途。在他屢次試驗失敗後，他夢見魔鬼出現，讓他用地獄的硫黃去煉橡膠。醒來後夢中硫黃的氣味還聞得到，於是他試著把硫黃摻入橡膠，結果發現橡膠彈力大增，從而發明了硫化橡膠技術。

類似例子比比皆是。大家不知是否聽說過，西藏、青海說《格薩爾王》的講書人，都是在夢中學會講這些故事的。他們往往文化程度很低，甚至是文盲，但是未經學習，僅僅是夢中有人傳授，就可以記住七天七夜講不完的格薩爾王故事。

傳授知識的夢很讓人嚮往，睡一覺醒來就學會了什麼知識，有了什麼發明，這似乎太輕鬆了。但是為什麼這種好夢我們很少能遇到呢？原因很簡單，唐玄宗等人癡迷於音樂，日夜用心，他們自己的潛意識也就用心於創作，最終創作了出色的樂曲。科學家發明家們努力思考，他們的潛意識也在同時思考，而且先一步想出了答案。如果我們飽食終日無所用心，我們夢中是不會遇到神仙傳授什麼知識的。說到底，神仙都是自己的化身。

夢中傳授知識未必總是有人出現，有時我們會在夢中讀到文章、對聯等等，並從中得到知識。詩人柯勒律治說，他的長詩《忽必烈汗》是在夢中讀到的。那天他服了含鴉片的藥，在讀一本關於忽必烈的書時睡著了，在夢中他夢見了那首詩。夢醒後他忙把那首詩記了下來。這首詩成了英語詩歌名作。

## 五、創造性的夢

夢中自己創作詩、寫文章、作曲等等也很常見。這就是創造性的夢。

在從事創造性工作的人之中，創作的夢很常見。《紅樓夢》中的香菱向林黛玉學詩，連作了幾首都不夠好，最後她在夢中作了一首，博得了黛玉、寶釵的一致讚賞：「這首不但好，而且新巧有意趣。」這雖是小說家言，卻很符合心理規律。人夢中的創作特點恰恰是：「新巧有意趣。」或者說潛意識作品的特點正是新巧有意趣。

文學家袁枚在《隨園詩話》中說：「夢中得詩，醒時尚記，及曉，往往忘之。似村公子有句云：『夢中得句多忘卻，推醒姬人代記詩。』……魯星村亦云：『客裡每先頑僕起，夢中常惜好詩忘。』」蘇東坡似乎更善於做夢：「元豐六年十二月二十七日，天欲明，夢數吏人持紙一幅，其上題云：『請《祭春牛文》。』予取筆疾書其上，云：『三陽即至，庶草將興，愛出土牛，以戒農事。農被丹青之好，本出泥塗；成毀須臾之間，誰為喜慍？』吏微笑曰：『此兩句復當有怒者。』旁一吏云：『不妨。此是喚醒他。』」他還曾夢見八個莊客運土塞小池，土中發現兩個蘆菔根，莊客高興地吃了。他取筆作一篇文，裡邊有這樣的句子：「坐於南軒，對修竹數百，野鴨數千。」梅堯臣和妻子感情很深，妻子去世後，他夢見和妻子一同登山賦詩，醒後，還記得有「共登雲母山，不得同宮處」的句子。

除文學家外，科學家、發明家也會有創造性的夢。夢中作品的優點是：流暢、優美、新奇、有創造性、有趣味、巧妙、幽默。

夢中的科學發現、發明都較有突破性，不拘泥於常規。夢作之所以能有這些優點，是因為夢是純粹的形象思維，不受思想中的條條框框干擾，不受日常的邏輯拘束。

夢中作品的缺點是：醒後不久就會忘掉，作品不完整，往往是零星的，重自我表現而輕與他人交流。

正如前邊所說過的，夢中的創作歸根結柢仍是夢者的創作，所以其水準雖然有時比清醒時會高一點，但仍舊是夢者平時能力的反映。我在夢中也寫過詩，而且寫得比平日好，但是我夢中的詩不可能比蘇東坡夢中的詩好。因為我在詩歌方面的修養，以及在這上下的工夫都遠不能望其項背。做夢成詩人和做夢娶媳婦一樣，都是夢想而已。只有像香菱那樣，認真讀詩、思考詩才可能在夢中寫出好詩。

李白曾夢見筆頭上生花，從此才思敏捷。這不是什麼神異，而是李白認真讀書習作，終於有一天對文字已有所徹悟，然後才會夢筆生花，真正使他才思卓異的，是他的學習而不是他的夢。

同樣，我們如果希望自己哪一天也能夢中作好詩，首先要「日有所思」。

## 六、預言性的夢

夢中有些現象是現代科學難以解釋的。即使是最嚴謹的科學家也不得不承認，有時夢似乎真的能預言未來事件，雖然這種夢很少，而且有些夢表面上看是預言性的，實際上只是巧合或者是有其他原因。

也許有些朋友會說，你這是在宣揚迷信。我認為不能把這說成迷信，因為我不是盲目相信這種現象存在，而是在看到了可靠的例證，又經過了批判性思考之後，才初步確認了這種現象的存在。我不認為這是鬼神所示現，也不認為這是宿命論的證據。我堅持科學觀，但是我們不能因為科學現在還解釋不了這一現象，就不承認這一現象存在。也許未來的科學可以解釋它。

在談到「神秘的夢」這一題目時，偉大的心理學家佛洛伊德說：「十多年前，當這些問題首次進入我的視野時，我也曾感到一種擔心，以為它們使我們的科學宇宙觀受到了威脅：如果某些神秘現象被證明是真實的，恐怕科學宇宙觀就注定會被唯靈論或玄秘論所取代了。但今天我不再這麼認為了。我想，如果我們認為科學沒有能力吸收和重新產生神秘主義者斷言中的某些可能證明是真實的東西，那表明我們的科學宇宙觀還不十分信任科學的力量。」

在這裡，讓我把這一奇異現象寫出來，讓我們科學尋找解答。

先從我收集的例子開始吧，雖然這些例子較為平淡，但是卻是可靠的。

某人沒上大學前，住在哈爾濱，他曾夢見一個繁華的街道的十字路口。他當時從未見過這個街道，後來他考上大學到北京，上街時發現這正是夢中的地方，而在此之前他從未到過北京。

那麼，會不會是他記憶不可靠。會不會他夢中的街道只不過是和後來見到北京的街道相似，於是他誤以為是看到了夢中的街道呢？

由於我自己也做過幾次有預言性的夢，我也有些懷疑這是否只是錯覺，所以我採用了這樣一種方式來驗證。如果感到某一個夢像預言性的夢，就記下來，以便以後見到實景時，和夢記錄核對。再有，當看到一個景象似乎是夢中見到過的，馬上站住，先回憶夢，回憶夢中還有什麼情節和人物事物，然後再一一對比，看夢和實景是否相同。實際這樣做當然有一些困難，困難之一是記錄夢：我們做的夢如此之多，不可能一一記下來，我們也很難分辨出哪一個夢是預言性的夢。再有是看到實景像夢到過的，馬上站住回憶不大容易。有一次我夢見一女同學和我講話了。第二天她果然和我講話，我急忙回憶她夢中的話，但還沒等我回憶起來，她已經把話講完了。我當時感覺她的話正是我在夢中所聽到的話。但是，我沒有證據，因為我不是在她說話前先回憶起她的話的。

即使如此，我仍有一些可靠的記錄。

一九九二年四月三十日，我夢到去釣魚，還夢到街上扔著許多呼啦圈，脆而且細，我也玩了幾圈。五月一日我出門，看到的第一個情景就是小女孩在玩呼啦圈。下午去玉淵潭又看到好多人釣魚。

再有，我夢見某人來我家，他有肺結核。在夢中曾讀到「王有」兩字。醒來我解夢，也許我會遇見學生「王友朋」，他因肺結核已好久沒來上課了。果然這天王友朋來了。如果說我會想到他來，這不大可能，因為他患肺結核停課已好久。如果說巧合，也真是太巧了。還有一種可能是心靈感應，王友朋昨夜想來上課，我感應到了。

但是還有些夢不太容易用感應解釋。

一九八九年七月，我夢見在北京魏公村書店，看到書架上有一套書，共五卷，書名是《貞德姑娘》或《聖女貞德》，我要售貨員給我拿了一本，看書上寫著第四卷。

一年後，一天，我走進魏公村書店，突然有一種似曾相識感，周圍的情景好像見過，售貨員、周圍買書人都有些像見過似的。於是我站住了，回憶夢，然後我和夢對照，在夢中的那個書架上，我果然看到了「貞德」兩字，而且書也恰好是五本。我激動地讓售貨員給我拿一本。於是她用我在夢中見到的那種懶洋洋的樣子拿給我，我看了一下，書上寫著「第四輯」，是「第四輯」而不是「第四卷」，夢中錯了一個字，但仍讓我感到神奇。這是一個選本，所用書名是蕭伯納的一個劇本。

這個夢我有記錄，回家後我核對了夢的記錄，證實了回憶無誤。這不大可能是巧合。我怎麼會剛巧知道書店將要進這套書，而且在我去的那一天，將要在書架的左上角剛好放上五本？

這類夢我做過很多，試再舉一例。

我曾夢見一處園林，其中有許多亭閣，它們都有很高的飛簷，這種輕靈飄逸的高高飛簷是我從未見過的，還有一個很高的塔。大門匾上寫著「青羊」兩字，這字也不知表示什麼。

後來，我去成都青羊宮玩，一眼看到夢中見過的房子。

於是我站住，對自己說，回憶清楚夢中的塔是什麼樣子的，然後找一找，如果有這樣的塔，那麼夢有神奇能力，如果沒有，那我不相信夢有預言或傳感能力。

我找遍了青羊宮，沒有見到一座那樣的塔。我嘲笑著夢的預言的無稽，走到了鄰近的另一座園林——百花潭，卻驚奇地發現，夢中的塔正在那裡，樣子一模一樣。

在心理學文獻中，預言性夢的記載也比比皆是。下面請看心理學家路易莎．E．萊因提供的例子：「大約是我十六歲的時候，有一次從堪薩斯旅遊回來，途中……在霍爾布魯克市過夜。那晚我做了一個夢，夢見回到洛杉磯的家。鄰人站在前院一個尚未掩蓋的墳墓前，我走上前去問他出了什麼事，他說伊萊恩被汽車壓死了。他伸出手，豎起手掌，作了一個壓碾的動作說：『她的頭像雞蛋那樣壓碎了。』……第二天早晨，我把這個夢告訴了母親，一邊做了這個動作。我們隨後一起去郵局，郵局的窗前排著長隊，排在我們前面的那位墨西哥人正在向郵局局長講述剛才外面發生的車禍。另一個墨西哥人被火車壓死了。那個墨西哥人顯然目睹了這場事故，或者是剛出事就趕到了現場。他用我夢中見到過的手勢向局長講述道：『他的頭就像雞蛋那樣壓碎了。』」如果你願意的話，可以說這件事是個巧合，我願意稱之為一種科學尚不能解釋的現象。

親人的去世或遭遇危險是預言性夢的常見主題，也許是因為這類重大事件讓潛意識不能不關注吧。請看下面這個夢例，不知你遇到過沒有。

「大約是五年前，那天晚上我睡得很不好……我夢見同母親站在起居室裡，看著床上躺著我們最好的一位女朋友的屍體。……我站的姿勢同母親的一樣。她邊哭泣邊說道：『她是我最好的朋友。』醒來後我簡直無法排遣這個夢，但多少也不那麼在乎，因為這位朋友不可能躺在我家的那張床上。……可是，在這個夢後的一個月……我的母親因心臟病復發而在睡眠中去世。我被她的喘息聲驚醒，立即通知了醫生和她的那位朋友。醫生先趕到，他告訴我母親已逝世。那位朋友走進屋，我倆站的位置和夢中一樣，她也用同樣的語調說了同樣的話。」

有位學生還給我講過這樣一個例子：

「幾周前我做了一個夢，夢見回到了家裡，而家裡正在大擺宴席，張燈結綵，喜氣洋洋。爸爸尤其高興，滿面春風，妙語連珠，不斷地向客人敬酒，似乎正在慶賀什麼喜事。然後，不知由於什麼原因，爸爸出去了，等了許久不見回來，於是我走出去尋找爸爸。此時外面正天降大雪，積雪在地下鋪了厚厚一層，正在東張西望，忽見爸爸由遠處走來，在快要走到我的跟前時，突然倒了下去。我搶上幾步想看看爸爸究竟是怎麼回事，卻見爸爸已停止了呼吸，脈搏也停止了跳動。我頓時號啕大哭起來，哭聲引來了一大群人圍觀。八分鐘後，爸爸忽然動了一下，接著又睜開了眼睛，看到了我，對我說：『沒事，你爸爸死不了的。』然後我就驚醒了，心中十分恐懼。

「前不久收到家裡的一封信得知爸爸不久前出了一場車禍，造成臂骨骨折，腿骨出現裂縫，當時非常危險，沒要了爸爸的命已算是不幸中的大幸。經過治療已明顯好轉。」

涉及無關緊要小事的預言性夢也很多，例如一位美國婦女的夢：

「我夢見和丈夫、十歲的兒子一起騎車去野餐。中途休息時，我們把車子放倒在地上。這時駛來一車水兵，車在我們身旁停住了，他們問去威密岩洞怎麼走。我們回答，沒有岩洞，只有威密瀑布。他們非常失望，因為原想去岩洞野餐的。於是他們把所有為野餐準備的食物扔進我們的圍兜裡。有牛肉香腸、小麵包、泡菜、煮雞蛋，還有一加侖（約三．八升）罐的芥末，足夠一個團吃的。」

「夢醒後當天下午，我的一個鄰居駕著車發瘋似的向我家駛來，她一邊鑽出車子，一邊大聲笑著。她居然遞給我一加侖罐的芥末，然後又給了我許多麵包、生牛肉香腸、煮雞蛋和其他我夢見的食物。」

她的鄰居得到這些食物的經過幾乎和她的夢一模一樣。只有一點區別，水兵們聽說沒有岩洞很失望，鄰居就邀請他們去她海灘上的小屋去野餐。野餐後他們把剩下的食物都給了她。

預言性的夢和一般的夢有一個區別，就是它們是實景，而不是象徵。預言性的夢中不會出現老虎說話，或自己在天上飛這類超現實的鏡頭。夢中有些鏡頭比較奇特，例如上面例子中，夢見別人會平白送給她大量食品，但是以後的事情證明，這件事是可能的。

記得雨果講過一個故事，有人預言某個孩子「將死在法蘭西的王位上」。表面看，這簡直不可能，這個窮孩子怎麼會成為國王。但是後來，在大革命中，這個孩子參加了戰鬥，他負了傷。別人急忙扶他坐在近處的一把椅子上，給他包紮，但是他還是死了。知道這把椅子是什麼椅子嗎？是法蘭西國王的寶座。

預言性的夢和後來發生的事的關係往往和這個故事相似。

預言性的夢和後來的事在細節上也會有些差異，它們可以找到動機，也許是夢者的潛意識有意歪曲。例如上邊講過的夢中，一個女子夢見好朋友死，她和媽媽站在床邊哀悼，事實是她母親死，她和女朋友站在床邊說哀悼的話。其動機是：「我希望不是母親死，而是別人死。」有些夢與事的差異沒有什麼動機，似乎只是夢「看未來」時沒看清楚。例如，我夢見的貞德的書。本書是「第四輯」而我夢中是「第四卷」。在夢沒看清楚時，它還會加上一些自己的理解，而這種理解也許反而歪曲了事實。

這是一位美國婦女的夢：

「我看見一條美麗的綠色大道，約在一百英尺遠處有一個露天帳篷。地上鋪著地毯，我沿著它走著，就像在婚禮上那樣。我還挽著一位近親的手（但他不是我的父親）。人們從兩邊聚攏來，我聽到他們說『多麼勇敢、多麼勇敢』。醒來後，我想這個夢真怪，我為什麼要在婚禮上表現得那麼勇敢。

「……十二月七日我丈夫猝然身亡。當我來到以前從未到過的公墓時，眼前出現的竟然是我夢中的景象！天很冷，下著雪，地上鋪著地毯，兩邊都是人，還有露天帳篷！人們評論我說『多麼勇敢』，我挽著小叔子的手。」

預言性的夢看到了未來的鏡頭，但沒看全，於是夢把葬禮誤認為是婚禮了。

當然，這個夢除了「沒看清未來」之外，也許還有潛意識動機：「如果不是葬禮而是婚禮多好！」

預言性夢中的人物可以替換。例如前邊講的墨西哥人出車禍的夢，墨西哥人被鄰居所替換了。這是否出於夢者對鄰居的敵意呢？

預言性的夢是很少的，當你夢見一個災禍時，不要輕易把夢當成預言。先盡可能分析，看它是不是象徵。如果你已精於釋夢但仍難分析，這個夢又給你很深的印象，那麼這才可能是預言性的夢。

有些人一生也沒有幾個預言性的夢，有些人卻常常做這種夢。這裡有天賦差異，另外，是否相信預言性的夢、心理健康與否都會影響到做這類夢的能力。相信預言性的夢的人，心理健康，對己對人都較為坦誠。

## 七、心靈感應的夢

另一種神秘的夢是心靈感應的夢，這類夢和預言性的夢很相似，也是實景，不能分析，我們常常分不清一個夢是心靈感應的夢還是預言性的夢。唯一的判別方法是看時間：如果夢和事件同時發生，那麼是心靈感應的夢；如果夢比事件先出現，則是預言性的夢。

雖然心靈感應的原因尚未查明，但是這一現象還是比較容易理解的。必定是腦有一種特殊的感知覺能力。藉助這種能力，人接收到了遠處人或物發出的訊息，並且把這種訊息轉化為夢。

心理學家路易莎．E．萊因提到這樣一個夢，夢者是位軍人：「一九一八年十二月，我從軍中回家，事先沒有通知任何人。大約在清晨四點十五分，我乘坐的火車脫軌了。所幸的是我沒有受傷。半夜時我回到家中，此時約晚點了十五個小時。母親見到我時第一句話就問：『今天清晨四點十五分時你在哪裡？』我不露聲色地說，問這幹什麼。她告訴我，她夢見我和布朗（她的馬）遭遇到了暴力襲擊，布朗沒傷一根毛，而我的情況則不清楚。她醒來後看時鐘正指四點十五分。」

心靈傳感常發生在相互關心、熟悉的人之間，特別是有血緣關係的人之間。像預言性的夢一樣，心靈感應的夢往往注意死亡、重大危險事件。

「那天我夢見自己沿著一條街走路，周圍沒有什麼人。這時遠處走來了一個全身穿黑衣服的人，過了一會我才看清那是我最喜歡的姨媽。她穿著長而飄逸的黑袍，戴著一頂黑帽子，帽子上有一塊厚厚的面紗遮住了她的臉。認出她之後，我笑了起來，因為她向來穿著整潔考究，現在她將自己打扮得這樣令人不受歡迎真是難以想像，我記得，當我走近她時，我還在笑她。她越走越近了，我能看清她的臉了。她板著臉，只是看了我一眼，就向前走去，一言不發。這太令人吃驚了，因為她向來同我很親密，勝過母女。她走後，我真的聽見了敲門聲，開門後見是我的女房東。她說有人打電話給我。此人正是我夢中的那位姨媽，她說外祖母去世了。」

心靈感應的夢和預言性的夢一樣，事實和夢境未必全然一致。

但是主要訊息還是傳達了：姨媽穿了喪服。

在心靈感應夢中出現的死亡象徵和前邊在講死亡主題時所講的象徵有所不同。除了那些象徵，如上天、入地等等之外，還有一些是心靈感應的夢和預言性的夢更常用的死亡象徵：臉色蒼白，僵硬的動作，沉默或發出神秘的光。

我母親有一次夢見敲門聲，開門一看是一位同事，奇怪的是她一言不發地站在門口，臉色蒼白。我母親請她進屋，她也不進。

我告訴母親說，這是個不祥的夢，最好打聽一下這個同事的近況。當時我心裡判定這個同事大概病故了。過些天我母親去打聽，結果那個同事還在世，不過恰好在我母親做夢的那一晚，這位同事心臟病突發，經過搶救，總算死裡逃生。

佛洛伊德也曾提到過許多心靈感應的例子。一個從不相信神秘主義的人寫信告訴佛洛伊德一個夢，他遠嫁的女兒預期在十二月中旬生孩子。十一月十六日晚，他夢見妻子生了一對雙胞胎。十一月十八日他接女兒的電報，通知他自己生了一對雙胞胎。時間恰好在十六日晚。

對心靈感應的夢有一些實驗證明。美國心理分析家蒙塔古·厄爾曼博士為一位女士做心理分析時，這位女士講了她前一個晚上的兩個夢。

第一個夢中，她在家中與前夫在一起。桌上有一個瓶子，瓶中一半是酒精，一半是奶油。她說瓶中裝著些「白色的泡沫的東西」。她的前夫剛想喝，她說道：「等一下！」只見瓶上的標籤上寫著：「引起嘔吐。」

在第二個夢中，她有一隻小豹，她將它包裹起來，放在一隻大碗中，母親對她說，把這動物拿出來，否則它會死的。

厄爾曼博士聽了大吃一驚，倒不是這夢象徵著什麼稀奇的思想，而是恰恰在前一個晚上，博士自己看了一場教學電影，其內容和這位女士的夢有很多相似之處。影片中有兩群貓，一群是正常的，另一群被訓練得有酒癮。室內有兩隻碗，一隻中盛著正常的牛奶，另一隻中盛著有酒精的牛奶。正常貓選擇正常的牛奶，而有酒癮的貓選擇有酒精的牛奶。

筆者夫婦之間也常做一些心靈感應的夢，只是感應的形式比較特別。在同一晚上兩人的夢中會用相同或相似的素材做夢。比如有一次兩人都夢見自己在找一張紙，要往上寫東西。筆拿在手裡，紙卻無論如何也找不到。不是寫過字的，就是有格子不夠正式。雖然筆者夫婦的這兩個夢在主題上不盡相同，但有趣的是，兩人的「原始人」像老朋友一樣用同樣的素材各說各的故事。有時兩人也會夢到同一個人，但他（她）在他們兩人那裡的象徵意義卻不完全相同。也許「原始人」有自己的相互溝通方式，只是我們的意識還沒法了解。

心理學家斯坦利・克里普納等人採用的實驗方式是：讓被試在實驗室睡覺，並連接上腦波圖儀。在另一個房間有一個人，他打開密封的信封，每個信封中有一幅畫，他整晚專門看這幅畫，並且有意把思想傳給被試。

被試做夢十分鐘後，喚醒被試，要求他描述夢境並錄音。第二天把十二張畫給被試看，讓他選擇哪一幅最像夢。結果發現，其準確率遠高於猜測機率，而且有些夢和畫十分相近，例如一個被試夢見：「我在海邊的一條路上或沙灘上行走……海岸這個地方稍高一些，令我想起了梵谷。」當天夜裡另一個房間的人看的畫是梵谷的《沙灘上的漁船》。

儘管有許多例子似乎表明夢可以預演未來或心靈傳感，但是我們還應該對這類事件抱審慎態度，不可輕易相信，直到有一天科學真的破解這個謎。

如果有人從這種夢例出發，提出一些宿命論的觀點或涉及鬼神的觀點，我是要反對的，因為即使這類夢真的存在，也不能證明宿命論和有神論觀點。預言性的夢也許只是愛因斯坦所說的四維空間的一種效應，心靈感應的夢也許是人腦的一種潛在功能。

在夢的研究者中，對這種現象有著不同的態度：某些科學家傾向於相信此現象存在，但是仍舊不願輕易下結論；有些科學家卻寧可不願相信這種現象存在。

第十一章

# 記錄夢的方法

## 一、影子逃犯

夢如同夜間月光下樹叢中的影子，遠看像人像獸，走近了卻什麼也沒有了。夢如同晨霧，陽光一照就消散了。夢在我們心中很難留下痕跡，它不像夜間走過雪地的小動物，會留下清晰的足跡，卻像一些幽靈，雞一叫就無影無蹤了，到處都沒有它的足跡。

夢是很容易被忘掉的。原因有兩個。

一是夢的記憶痕跡很淺，會很快自行消退。我們都有這種經驗，剛醒時還記得很清楚的夢，過不多一會兒就忘了許多，等吃完早飯也許就忘光了。我們只記得做過一個夢，卻完全忘了夢見了什麼。或者半夜從夢中醒來，清清楚楚記得一個夢，於是又睡了，想第二天早晨再分析這個夢，而到第二天早晨，連一點影子也想不起來了。

在睡眠實驗室裡，心理學家觀察著儀器，有些儀器可以指明睡著的被試是不是在做夢（當然儀器不能知道他夢見的是什麼）。當被試正做夢時叫醒他，他幾乎總能講出一個生動的夢。如果被試夢結束後五分鐘叫醒他，他只能說出一些片段。夢結束十分鐘後叫醒他，他幾乎全忘完了。

可見夢忘得有多麼快。

忘掉夢的另一個原因是：有的夢暴露了內心，因而被壓抑，被有意忘掉了。

心理學家沃爾伯特在實驗室做夢實驗時，被試中有一個青年，很擔心夢會暴露自己。在實驗室中，他過了三小時才睡著，剛睡著就做了一個夢。心理學家叫醒他，他敘述了這個夢，但是很難為情。然後他又繼續睡。這以後，腦波圖指標表明，他開始做夢剛一二分鐘，還沒等別人喚醒他，他的夢就突然停止了。第二天早晨心理學家問他做了什麼夢，他回答說：「夢見打開了電視機，過了一會兒，就起身關上它。螢幕上一片漆黑。」

在日常生活中，人們如果怕夢暴露自己，怕夢中那些不好的念頭被自己或被別人發現，不必在睡覺時「關上內心的電視機」，只需要毀掉錄影帶——毀掉對夢的記憶——就可以了。

我們「內心中的原始人」是知道夢的意義的。因而，如果連他也不願說出來讓別人知道，他就會讓夢忘掉。

惠特曼等人在夢實驗室對兩個正在接受心理治療的病人的夢進行分析，發現了一個有趣現象：女被試在對實驗者講夢時，忘掉了一些夢，這些夢在她到了治療她的心理醫生那裡卻想起來了。經分析，這些夢的意義是對實驗者的性欲和敵意。還有些夢對心理醫生講的時候忘了，對實驗者講時卻不忘。經分析，這些夢都是與性有關的。由於被試知道心理醫生更擅長分析與性有關的夢，所以她到了心理醫生那裡就把這些夢「忘了」。男被試在和心理醫生講夢時，把在實驗室時還記得的一些夢忘了，這些夢的意義是關於同性戀的。

除了害怕在別人面前暴露自己，常忘掉夢的夢者也不願意自己面對夢所揭露出的東西。有些經常忘掉自己夢的人反而慶幸自己的遺忘。他們說，回想出來的大部分夢都很不愉快或把他們嚇得半死。這說明，他們的夢反映了心理衝突，而他們既不願意面對自己內心的衝突也不願記起反映這衝突的夢境。

出於這種回避的態度，他們會找一些藉口回避記錄夢，比如說：「記夢太麻煩。」「有那麼重要嗎？」「生活中那麼多事，哪兒有閒工夫去管夢！」

然而，這種回避對人的心理成長是不利的，因為心理衝突和不良情緒不會因為你不去管它就自己消失。回避夢，就是回避自己內心，這是一種掩耳盜鈴的態度，是不能解決問題的。

由於夢的記憶痕跡淺和人們有時會害怕記住夢這兩個原因，夢很容易忘，我們就需要想一些辦法記住我們的夢。

## 二、捕夢之術

美國心理學家派特里夏·加菲爾德對如何記憶和記錄夢有很深的研究，根據她的經驗，有這樣一些要點：

（1）重視你的夢，把夢當成珍貴禮物。相信夢能帶給你對自己對世界的洞察，提高你醒後應付生活的技能。不要拋棄表面上荒謬的和瑣碎的夢。接受每一個你記得的夢，認真對待它，把它記錄下來。

（2）臨睡前做出記牢夢的打算，對自己說：「我今晚一定要記住我的夢。」在朦朧中再重新提醒一下自己，要記住夢。

有的人從來記不住夢，這種人應這麼對自己說：「我願意了解自己，我願意記住夢，我肯定能記住。」有了記住的願望和信心，就肯定能記住。

（3）剛醒時不要睜眼，閉著眼回憶清晨，一睜開眼，我們就來到了白天世界。我們看見陽光，於是一下子清醒了。

我們會想到白天該做的事，夢就被拋在腦後了。而閉著眼，我們仍沉浸在夢的世界中，就容易回憶。只要能夠回想起一個夢的片段，就可以由它一點點聯想起整個夢。

（4）如果一點片段的夢也回想不起來，就想想生活中的重要人物。在想不起來夢境時，也不要放棄。想想你所接近的人、家人和親密朋友的形象。假設你的夢是關於你父親的，但是早晨夢被忘了，那麼，當你想父親的形象時，你就會回憶起來：「啊，對了，我昨天好像夢見他了。」這就好像你回憶一個人名，覺得那個名字就在嘴邊但就是想不起來，這時別人問：「是不是××？」如果正好說對了，你會恍然大悟地說：「對，對，正是他！」

（5）剛開始不要翻身，當回憶枯竭時，翻一下身。一醒來就起身或做其他迅速的運動都會打斷夢的回憶，所以剛開始回憶時應保持醒來時的姿勢。

當回憶枯竭時，慢慢翻個身，就會回憶起另一個夢。一些心理學家認為，保持做這個夢時的姿勢容易回憶。仰臥時做的夢，仰臥時最容易回憶；側臥時做的夢，側臥容易回憶。

（6）盡快回憶和盡快記錄夢非常重要。在我看來，對我們一般人來說，用不著那麼認真地閉著眼找夢。但是在早晨一醒，倒的確該首先想一下：「我昨天做了什麼夢沒有？」回憶起來後用筆簡略地記錄下來，或者講給朋友家人聽。

在白天，某些偶發事件、某句話的聲調、別人的某句話、自己的某句話，或你看見的什麼東西會喚醒你的記憶——「我昨天的夢和這很像」，因而使你想起一段夢來。正如對待早晨的夢的回憶一樣，盡快把它寫下來。因為這些回憶像鳥一樣，過一會兒就會飛走。

（7）在床上準備紙筆以記錄夢。如果你早晨回憶起一個有趣的夢，想把它記下來，但是床上沒有紙筆，你就只好起床去找。起床並且找東西這個過程就足以讓夢被忘掉一半。

如果對釋夢有興趣，至少在初學時要認真記錄少數夢。

為了記錄方便，你應該在床上備好紙筆。「紙」應該用硬皮的本子，稍大一些為好。因為是躺在床上寫字，用軟皮本顯然不方便。另外，硬皮本不易損壞，保存也比較方便。筆最好用圓珠筆，臨睡前試試好不好用。用鋼筆的危險是，不小心筆帽掉了，筆尖碰到床單就會讓床單髒一大塊。

最好閉著眼記錄，這樣夢不容易忘。但是一般人這樣做會把字寫得疊在一起，也只好睜開眼打開燈記錄，但是，床頭燈不要太亮。

為什麼不能用答錄機呢？據我的經驗，用答錄機有兩大缺點：第一，誰有那麼多時間去重聽錄音並把錄音整理出來？如果不整理，那錄音帶會用掉太多。一大堆錄音帶放在那裡也沒有時間去邊聽邊分析。第二，剛醒時人的口齒很不清楚，你自以為清清楚楚地在說話，而結果錄下來的只是一堆含含糊糊的聲音。

記夢時先記一個簡略大綱，不必太詳細，然後再填充細節。要揀重要的、印象深的夢記，如果每個夢都細細寫下來，那每天上午就不用幹別的事了。

（8）先記錄關鍵字和新奇獨特的東西。加菲爾德提出先記動詞短語。我發現中文中不一定是動詞短語最重要，所以，我記錄關鍵字，用詞而不是句子去記一個夢。例如：「和郭……賣棗……老太太……店……魚……螃……無水……」用這些詞先勾出夢的輪廓，過一會兒再填充內容：「我夢見和郭一起到一個市場去，郭提出我們也賣點東西，於是我們賣棗……」填充可以起床後再做，甚至可以等中午再做，但是不能拖太久，否則也會忘掉的。

如果你在夢中作了一首詩，剛醒時先要把詩寫下來，然後再寫夢中的其他情節，因為詩是更容易忘的。如果在夢裡用了什麼怪字或有什麼其他創作，也要首先記下來，因為這些作品是易忘的。

（9）為記錄下來的夢擬一個標題。像給小故事加題目一樣，也可以給一段夢的記錄加一個標題。這樣做不僅有利於以後回憶這個夢，還有利於理解這個夢。因為為了寫標題，你要尋找夢的「中心思想」或「主要情節」，在這個過程中你就發現了夢的要點。

我的夢標題大略如「出遊治河」、「逃向鳳凰石山」、「寶石花」等等。

（10）邊記錄邊分析。在半夢半醒之間，釋自己的夢很容易。原因是這時潛意識還沒有完全停止活動。因此在早晨不妨躺在床上，一邊記錄夢一邊分析：「這一段又是什麼意思呢？」

（11）回憶夢，理解夢的能力會越練越精，常常記自己的夢，記憶夢的能力就會越來越好，同時也更會釋夢，這樣，就可以從夢中學到越來越多的東西。

美國心理學家蓋爾．戴蘭妮也提出了一些改善對夢的回憶的方法，基本上與上面所講的相同。她還提到要允許自己醒來後有安詳的環境想夢、記錄夢。

蓋爾．戴蘭妮還總結出一種做「夢筆記」的特別方法，這種方法把夢和做夢前一天的事、做夢前的孵夢和釋夢等記錄到一起（**下面我們還將介紹孵夢**），使自己在很久之後，仍可以清楚地看到夢的全部前因後果，是極為有效的方法。

她的方法如下：

我教人用來記錄夢的方法，多年來不斷改良。我希望目前提供的方法大家可以先試試看，也許以後你也能發展出適合自己風格的改良方法。

按照我們定的格式把夢記錄在筆記中，初看之下可能覺得很複雜，不過請記住，那只是一種理想的格式。等哪一天你不想花那麼多時間記錄，也可以採取較簡易的方式。可是務必記住一項原則，做夢筆記裡的內容一定要清楚詳盡，這樣才能從中學習到東西，當你理解自己夢境的能力增強之後，檢討過去的夢將讓你發現更多意念。有時候，過去令你百思不解的夢，重讀之下竟豁然開朗，與目前的生活有密切關係。

我曾在一星期中重溫過去四年內所做過的夢，事後某一天，我安詳地坐在沙發上，腦袋裡任何事都沒想。突然間，我靈光閃動，體會到一個在一九七三年做的夢的意義。

我把那只精美的鑽石錶遺留在溜冰場裡。我走出車門的時候才發覺到，手上戴的是一隻平淡無奇，但功能齊全的男用錶。我很焦急，擔心回去的時候已經被人撿走。

現在，坐在客廳裡面對著壁爐，我終於了解，這個夢是在警告我並沒有好好利用「寶貴」時間溜冰！進大學之前，我參加集訓，準備參加溜冰比賽。可是在一九六八年念了大學之後，我放棄了溜冰，我告訴我自己，溜冰與認真念書是魚與熊掌，不能兼得。年滿二十歲時，我也對自己說，年齡太大了，不適合溜冰。四年之後，我的夢依然在責罵我。我並沒有利用寶貴的時間溜冰，只是想成為一名心理學家。我在夢中戴的那只男錶，很像某位心理學家戴的錶，他很會利用時間，但有些工作狂。我曾經想要把我最初的需求忽略掉，這些需求是愛、創造、藝術，因為它們可能讓我分心，妨礙我的研究。我一個月拖過一個月，我的夢終究點醒我，一星期中溜個幾次冰並不會讓我「玩物喪志」。於是，我又開始溜冰了，並獲得極大滿足。如果以前我能每個月好好重溫舊夢，說不定不會拖這麼久才了解這個夢的意思。

如果你只是草草勾勒你的夢境，那麼，在溫習的時候就不易看出它的意義。對於初次記錄夢境的人來說，一定要不斷重新檢討自己所做的夢，才能慢慢熟悉自己的夢境語言。下面就是理想的做夢筆記格式。

…………

我們就以瑪麗亞的做夢筆記為例，讓大家知道我們的學員是如何記錄他們的夢的，然後我們再循序說明。

一九九七年，五月三日，星期六。

**一日摘記：**

今天我做了好多事，洗完六大籃衣服，用熨斗燙一大堆衣褲，出去購物，染髮，回復自然的金髮。真不敢相信，我做出一條肉卷，然後和湯姆去看《教父》第二部。我覺得做了好多事情，玩得很痛快，心情很輕鬆。

**默默討論：**

我很想進一步了解我與湯姆的感情關係。我覺得對他有點煩，可是又覺得孤單，會想念他。跟他一起出去玩很愉快。可是，我們未來發展出的關係，會是我想要的那種嗎？我很希望找個好男人，一起建立家庭，生兒育女。

**★湯姆在我生命中的地位如何？**

#楓樹下的無聊事

湯姆坐在一棵看起來很無聊的楓樹下，楓葉已經枯黃——那好像是秋天，可是又沒有秋天那麼美、那麼溫暖。我走向他，帶來一籃野餐。我想，裡面一定滿滿裝著乳酪、法國麵包、水果等等好吃的食物，我掀開棋格布，發現裡面是花生醬、果凍、可樂和薯條，全部用麥當勞的包裝紙包著。我們玩得很愉快，並把這些垃圾食物全數吃掉。不過，這樣過一整天，我覺得有些失望。

**評注：**

好一場郊遊！原來我對湯姆那麼好，是因為「性」的關係。他並不是心目中的理想男人。當我打開野餐籃時吃了一驚——好像說，原來你期望吃到牛排，可是卻得到漢堡。這樣的比喻夠了，我和湯姆的關係就順其自然吧！

……………

瑪麗亞的做夢筆記很簡短、易讀，段落清楚，從她的符號註記中就知道星期六那天她心裡在想什麼，而且也知道那晚她做了夢。夢在什麼地方結束，她對這個夢有什麼看法，也都安排得很整齊。依照如下的說明，你也有辦法寫出自己的做夢筆記。

## 一日摘記

臨睡之前，記錄你整天的活動，盡量簡單扼要。瑪麗亞就寫得很簡潔，要點都浮現了。一日摘記的主要目的是簡短記下你一天的想法、感受、行為，這有助於檢討你的一日得失，引導你進入狀態。請不要以流水帳寫下你今天做了哪些事，至少用一行的空間寫出你今天的感觸與想法。通常這會是等一下做夢時的關鍵意義。製作人製作夢境演出後的數天，這個摘記將可以幫助你詮釋夢境。

### 默默討論（自由選擇）

如果你準備在某天晚上針對特殊問題孵夢，最好在入睡前與自己討論一下該主題。例如，瑪麗亞和自己討論對湯姆的觀感。在討論的時候會激起你的感情和思緒，對於你想孵夢的主題很有說明。

### 默念句

如果今晚是孵夢之夜，寫一行的問句或請求，表達出你想了解某件事的深切渴望。瑪麗亞的默念句是：「湯姆在我生命中的地位如何？」睡覺前把這個默念句寫下來，並在句子前面加個「★」號，表示這是很重要的一行，可供事後參考。

### 夢的標題

這一行先保持空白，等第二天記錄好夢境內容時，再用三至五個字寫出足以代表整個夢的標題。瑪麗亞所定的標題是「楓樹下的無聊事」。這個標題在你複習的時候很有參考價值。甚至，你寫下的某些標題很可能是了解夢境意義的重要線索。

### 夢境的內容

盡量把內容記錄下來，越準確越好。描寫做夢時及醒來後的感觸。醒來後，心中揮之不去的印象、詩歌、幻想、感覺，也要一一記錄。它們有如夢本身，有時候也有故事可說。一定要立刻寫下夢中出現的特殊引用句、詩詞、歌曲，不尋常的夢境影像一定要先描寫或畫出來。夢中所出現的某些特殊的話，似乎最難回想。如果你能在回想其他的內容之前，趕快寫下來，這樣才不易忘記。注意，千萬不可過於自信而偷懶。例如做完夢半夜醒來，對自己說：「我先回想剛才做的夢，等明天早上起床再用筆記錄。」這樣的話，你會漏失許多有意義的內容。另外請記住，從夢中醒來後不可以批評自己的夢。記錄應該是最優先的事。有時候，你會想避開某種夢，並在矇矓之際決定把剛做的夢忘掉。這種情形我們前面也稍有討論。即使經驗老到的夢境記錄也難免受其影響，失去許多有趣畫面。

……………

我們要學會欣賞、享受夢所提供的自由國度。在這裡，你自由行動，感受夢中的現實，不受因果、時空、重力的限制。請把握這種無拘無束的畫面，請不要用清醒生活的方式描述夢境，用這種方式述說只會引起不必要的限制，而是盡可能把夢的風格寫出。你可以在記錄時註明，在什麼時候你覺察到自己正在做夢，或覺察到兩個夢中景象同時發生。你也應該註明，在睡覺中何時發生不像在做夢的事件經驗，例如，好像飄浮在身體上方，或看到很明亮的光等等。

你可以利用兩邊或上下的空白部分，寫下對夢中影像或行為的瞬息聯想，你也可以用這些空白部分畫出不尋常的夢境影像。把夢境記錄與分析、聯想區別開來。

**評注**

在這一部分裡，記錄你的夢境或其他任何你對夢境內容的聯想。

因為你是把夢境內容寫在另一張紙上，所以，事後溫習時，你若有其他的感觸或聯想，都可以在評注部分隨時增加或修改，你也可以利用這一部分，描述你在還未入睡前曚矓階段中的視覺、聽覺及其他感覺經驗。

## 夢典

有些做夢者發現，把經常出現或重新出現超過一次以上的夢境影像收集起來編成夢典，對了解夢的意義很有用處。仔細研究一番，你將會發現屬於自己的象徵系統。其實，夢典並非一本你自己象徵系統的詞典。它只是一本你的夢境影像庫，說明你聯想，並幫助你進一步檢查令你困惑或重複出現的素材。

## 複習

當你把記錄的夢存檔於年度筆記本裡，你等於擁有自己的無價之寶。每月一次與每年一次複習或回顧自己所做的夢，將讓你有意想不到的新領悟。因為生活經驗的豐富與技巧的增進，你已懂得如何參考一日摘記並了解多年前你難以理解的夢的意義。

複習筆記的時候，你可能會發現重複出現的主題，每月份或每年份的複習要寫上日期，並描述一下你的一日摘記或夢中重複出現的主題。同時也描述一下，在面對自己的恐懼、威脅、攻擊、仁慈，或在探索未知領域時，你的做夢人生與清醒人生的解決方法有何不同。經過定期的複習之後，你就可以看出自己經常扮演的角色：它是受害者，還是心情沉重的人、抗拒者、陌生人、駕駛人、助人者、獨斷者、教導者？先回顧你的夢，然後回顧自己的生活，看看你扮演的是什麼角色。

複習自己的夢是很好玩的事，以前你認為瑣碎、無趣的夢，對照現今的生活經驗，你將發現，它是整個生活史中一段迷人的、處於不斷轉變中的、尚未完成的人生經驗……

除上述方法外，我還想做些補充：一是吃安眠藥會破壞人記憶夢的能力，所以如果你想記住夢，最好不要服安眠藥。二是早晨睡得很充足，自然醒來有利於記住夢。人在下半夜的夢比上半夜的夢更豐富更生動，早晨的最後一個夢是最容易記住的。如果你早晨還沒睡好就被叫醒，這個夢就被打斷了。所以最好把釋夢放在週六、週日的早晨，這兩天多睡一會兒也無妨。而且通過釋夢，分析一下自己的心理狀況，解決一下心理衝突，對人的心理健康也是有益的。釋夢可以看作是精神上的保健操。

第十二章

# 命題做夢

在幾萬年前，人類不懂得種糧食，只懂得採集。他們走進森林，見到蘑菇就採蘑菇，見到蘋果就摘蘋果。即使他們想吃的東西森林裡剛好沒有，他們也毫無辦法。後來，人們發現，他們可以種糧食、種菜和種水果。這樣，他們愛吃什麼只要種就是了。

對待夢這種精神食糧的態度也有這樣的兩個階段，會釋夢的人等於會採集，他可以在昨夜的「森林」裡採到現成的夢，夢表明「原始人」提出了指導，但是這個夢未必正是他想要的。如果他學會如何「種夢」，播下一個夢的種子，第二天清晨再收穫，那這個夢對他就更有用了。播下一個夢的種子是可以實現的，那就是我們所謂的「問夢」。問夢就是在睡前，先提出一個我們關心的問題去問夢，或者說問我們內心的「原始人」，彷彿一個記者就採訪提問題，或一個學生請教老師問題。如果知道方法，當天晚上做的夢就會回答你的問題。

## 一、問夢解決智力問題

從事創造性活動的人，如發明家、文學家等人或多或少都得到過靈感的幫助。他們苦思冥想一個難題而得不到解答，卻在散步聊天不經意時，突然間從腦子裡冒出了一個答案。

靈感和夢一樣，都是「內心中的原始人」的創作。只不過靈感是在白天湧現，夢是在晚上出現罷了。

科學家苦思冥想時，他的潛意識也在想，科學家休息散步了，他的潛意識還在想，一旦想出結果就會以靈感形式出現。

夢也可能解決難題，解決後就用夢告訴你答案。那麼如何讓夢為我們服務，幫我們解決難題呢？

首先，你要把真正的難題留給夢。如果是稍微動動腦子就能解決的問題，何必費力在夢中求解，醒著想一想就是了，何必問夢。

其次，未睡時先認真想想，努力爭取解決這一難題。這種努力可以加深潛意識對此難題的印象，使潛意識更清楚題目的意思，了解條件和解題所需的背景知識，而且可以使潛意識知道，你很希望解出這一難題來。

最後，是在臨睡時對自己下指令，對自己說：「我要在夢中解決關於什麼什麼的問題。」這一指令要重複說幾次，從而加深印象。

這樣的話，在夢裡就很有可能會看到答案了。這答案也許夢中是你自己想出來的，也許是一個夢中的神仙或奇人告訴你的，也許是用一個奇怪的景象表演出來的，就像前邊講的「苯的發現」例子中蛇咬著尾巴的景象一樣。把夢記住，利用前面所講的一切記夢技巧，把夢清楚地記住，然後再在夢中尋找答案。由於夢所給出的答案並不是直接說出來的，而是用形象表示出來的，所以還需要對夢進行翻譯。但是不論怎麼說，這總歸對解決難題有很大幫助。

夢的答案也不一定準確，也會犯錯誤。由於缺少現實感，夢的錯誤有時很可笑。但是即使是錯誤的答案也是有用的，它往往開闊了你的思路，啟發你想一些原來沒想到的地方。如果你善於利用這些啟示，在醒後，你解決智力難題比睡前應當容易得多了。

補充說一句，在利用夢解決難題時，千萬不可貪多，每晚只問夢一個難題。否則，難題過多，對它們的思索就會相互混淆，夢反而難於解答它們。

在面臨情緒困擾時，不能再讓夢解決智力難題。因為你的情緒困擾，本身就是需要夢解決的難題，夢在解決情緒難題時，不能再同時解決智力難題了。

## 二、問夢解決心理難題

心理上有問題更應該問夢。除了數學難題、物理難題和發明中的難題，情緒困擾、人生選擇、自我發現等等也都是難題，而且是對我們來說更重要的難題。我們已經知道，夢有時可以給我們一些指導。通過釋夢，我們可以得到這些指導。

但是有時我們更想主動去詢問夢，而不是消極地等待它。這時我們可以採用睡前發令方法來向夢提問。

這與讓夢解決難題的方法一樣，也是在睡前對自己說：「我要夢見，為什麼我改不掉懶惰惡習。」或者：「我要從夢中知道，我的憂鬱從何而來。」

## 三、向夢提問的要點

（1）反覆重複問題，而且重複這同一句話。不要說一遍就算了，因為那樣只會留下很淺的印象，不能對夢產生影響，也不要用不同的話重複，例如：「我要問夢，我怎麼這麼懶。我總想改，可是改不掉。我的意思是說，人們都覺得我懶。這是不是因為身體不好……」這樣問不好，因為不明確，夢反而難以回答。

（2）用簡單、無歧義的語言表述。夢是從字面意義上去理解人的話的，如果你的問題話裡有話，夢也許會歪曲你的問題。如果你的問題表述得太不簡練，夢會印象不深。

（3）問問題時在腦子裡把這種情緒感受或與問題有關的事件回想一下。例如，問為什麼憂鬱時，體會一下自己的憂鬱。問為什麼懶時，想一想睡懶覺蹺課，做功課拖延，書連動也不想動等事，想想所有表現出懶的事情。

（4）一夜只問一個問題。你如果問了兩個問題，將造成你自己的混亂，你不知道夢給你的回答是關於哪一個問題的。

美國心理學家蓋爾．戴蘭妮發展了一套向夢提問的方法，她的具體方法比我的要更複雜些，需用的時間要長一些。但是基本思想是相同的，如果你是新手，嚴格按她所說的去做更好，熟練之後可以按我上面所說的方法做。以下是她的方法：

## 第一步：選擇合適的夜晚

首先，你不能過度疲倦。因為你是要與夢中的你攜手合作，不是要對抗他，所以有必要避免服用刺激物，譬如不能飲酒、不能吃藥。止痛藥與安眠藥會妨礙心靈的運作，很多用藥成習的人，發現夢中的人生反而會更活潑、更有趣，因此不再依賴藥物。如果你有固定的用藥習慣，而且已經有很長的時間了，請記住，突然不吃藥反而有危險。由於做夢時的心靈活動，有時候可以減緩或治療失眠症，因此，有用藥習慣的人，最好請教醫生，安排時間表，慢慢戒除藥癮。如果醫生一下子開出一兩個星期分量的安眠藥，你最好再去找別的醫生，聽聽另外的意見，因為這種長期靠藥物入眠的習慣，會影響你的睡眠品質。

其次，入睡之前一定要有十～二十分鐘不被打擾的清靜時刻，處理接著要討論的其他幾個步驟。

最後，第二天早上醒來，至少需要十分鐘記錄你所孵出的夢，除非你在半夜醒來時已經做了記錄。一定要給自己留一點時間，做好這些工作。

**第二步：一日摘記**

臨睡之前，記錄你一整天的生活感觸，把一天的想法、感受寫在紙上，可讓你放鬆、淨化心靈。有重點地簡單寫下幾行即可。

**第三步：打燈（在心中默默討論問題）**

如果你在執導電影，一定要有燈光照明，打燈強調某一局部。我們的這一步驟叫做「默默討論」。我們運用意識，從各個角度仔細檢查所處的情境，把注意力放在以前沒有充分照明的地方。然後「默默發問」，問自己是否真的願意面對問題，是否準備好採取某些行動。跟自己討論整個問題，把討論的內容記下，越詳盡越好。底下的問題可供你參考：

你認為問題的「生成因」是哪些？

你覺得有不同的解決辦法嗎？

寫到這裡，你有哪些感觸？

讓衝突懸著，會是「塞翁失馬，焉知非福」嗎？或是會有某些益處？

以不變應萬變繼續在問題中生活，比解決問題更安全嗎？

如果問題解決，你會失掉什麼嗎？（譬如，自憐、自以為奉獻犧牲）

如果問題解決，事情是否因此改觀？

也許你不會拿困擾問題來問自己，而是找尋各種跟生活利益相符的資訊或啟發。若有這種情形，你可以問自己，為什麼你想獲得某些資訊，而且，一旦獲得這些資訊，你又計畫怎麼做。

當你在清醒狀態「默默發問」時，請盡量深入，激發自己的感情，把心中的想法一一寫出來。

我們可能胡亂做一做而跳過這一步驟。其實，這是非常重要的一步，越能運用意識掌握問題，並寫下討論，就更有機會在第二天早上獲得問題解答。有時候做一簡短的討論就夠了，當然，這必須練習到熟能生巧，這時候就可以把默默討論這一步驟，部分或全部跳過。比較困難與比較困惑的主題，一定要把討論的情形寫下。請記住，如果你是第一次嘗試孵夢，為了確保順利進行，默默討論這一步將是成功與否的關鍵。在討論之前，請在紙邊做一註記，便於填寫日期、標題、補充事項等等，以供事後參考。

### 第四步：默念句子

接下來，在筆記本上寫出大約一行的句子。這個句子必須深入而且清楚表達你所想要了解困境癥結的欲望。這個句子將是你要默念的語句，越簡要越好。你也可以先草擬幾個句子，反覆推敲，直到找到自覺佳妙的好句。你所要默念的句子也許是：「為什麼我怕高，該怎麼辦？」或者：「我與張三的關係出了哪些問題？」如果你希望得出新點子，就必須明白說出你的欲求，例如：「請賜我新觀念創作繪畫！」不管你是發問或是請求，句子盡可能簡單扼要。句子越是具體，所做的夢就可能越明確。把句子寫得醒目一點，並在左邊標示一個★號。省掉這一步驟將會造成困擾，例如：「我不知道該孵什麼夢？」「我忘掉了該默念的問句！」「我是不是該孵夢？」

**第五步：調焦**

現在請把筆記放到床邊，開燈，閉上眼睛，然後集中精神於默念語句。想像你就要開始製作夢境，解答你的疑難雜症。你要求攝影機對你感興趣的主題做一近距離特寫，這就是你默念的句子。你所指揮的攝影機，就是你的意識。焦點完全集中在你默念句的影像上。這時你躺在床上，不斷複誦句子，一遍又一遍。入睡前，忘掉你剛才默默討論時所寫下的東西，心裡完全集中在你的問題上。如果分神的思緒插了進來，諸如「會成功嗎？」「明天起床我一定要記住……」，那麼不要繼續再想下去，全心全意集中在你的默念句上，你的疑問會慢慢昇華。把全部的感情專注於句子，堅持到進入夢鄉。

照著上述方法做，即使你是第一次孵夢，也有非常大的可能在夢中浮現你的困擾問題。這是孵夢過程中最重要的部分，因此，注意一下你的攝影機是否調妥焦距。

**第六步：開演**

這一步最簡單，只要睡覺就好。對於整個做夢的奧秘原因，科學家至今也所知不多，我們的所有心理活動，有一部分是以潛意識方式出現。從清醒時的觀點看，通常只有在睡眠狀態下，這一部分的心理活動才能碰觸到我們智慧與經驗的根源。當白天一切的知覺活動止息下來，進入夢鄉後，我們就進入另一種更為敏銳精妙的經驗層次。

在睡眠狀態裡，我們可能接觸內心中的更高層自我，並進入了所有個人歷史（**行為、態度、記憶、印象**）以及未來個人可能性的大寶庫。許多心理學家、精神醫學家，還有研究做夢的專家早已發現，我們的內在自我能夠以更清楚、更客觀的方式看待我們生活上的問題，而且視角比清醒時分更為廣闊、深遠。

在非常難得的偶然機會裡，你可能變得很清醒，在意識狀態下目擊夢境製作人的賣力演出。你能夠覺察自己的某個部分正忙碌挑選適當的角色，這些角色來自你個人記憶的聯想，你正努力把內在自我的經驗翻譯成意識心靈認為合理的語言。這種與內在自我的接觸，明顯產生了極具象徵的形式。夢中我的任務是打破這些強烈象徵，將其轉化為更為具體的風貌，讓它與我們的日常經驗發生關聯。因此，我們所記得的夢，可能只是整個睡眠歷程中的末端而已。

有意願孵夢就可能孵出夢來。夢會重新定義你的問題，把意識所看到的問題做一轉化，讓內在我重新認識這個問題。其中的差別可能極具啟發性。夢可能對你的兩難困境提供你未曾考慮到的選擇機會。夢也可能引導你，進入心理上察覺與理解的全新領域。

最後，有些孵出來的夢，本身似乎有解決問題、安撫、治療的功能。做夢的經驗可能以化解衝突的方式改變你的心境與感情。請相信你的夢境製作人，他會把工作弄妥。你那有創造力的部分，知道你心中的關切重點，並且自動自發地對這些問題做出反應，有技巧地導演出你的夢境。

## 第七步：記錄

轉醒之際，立刻把你記得的夢盡量詳細地寫下，不論時間是半夜還是清晨。對於整個夢境或回憶到的某些部分，不要事先批評，也不要把心中突然想到的感觸、歌詞、幻想等等加進來，盡量如實重述夢境。

如果時間允許的話，心中的任何聯想，或夢中特殊的影像，可以摘要寫下或畫下，不過要區別清楚，最好是畫或寫在紙邊。事後在解析時，當初孵夢所默念的句子不能忘記，而且要盡可能追索夢中所含的確切意義……

第十三章

# 做夢的主人

夢不好就改夢。

問夢如同點播節目。但是你知道嗎？現在我們的電視即將被互動式電視代替，將來的互動式節目將允許觀眾影響節目。例如，一部交互電視劇播出時，演到女主人公在舞廳看到男友和另一個女人在一起，觀眾可以用控制鍵盤，決定女主人公是轉身跑開，還是衝上去打架或是裝作若無其事地上前打招呼，而後邊的劇情發展也就因此而不同了。

我們和夢的關係，也可以是互動式的，我們可以以種種方式影響夢境，實際上這意味著我們用夢所用的象徵語言和自己心中的「原始人」交流，向其表達我們的想法。

## 一、基本的造夢方法

基本的「造夢」方法是在睡前向夢提要求，要求夢消除或改變一些消極的東西，使自己的心靈成長。

提要求的方式和向夢提問一樣，是睡前用簡單、無歧義的語句向夢提出，也同樣要遵守我前邊提出的要點。與問夢不同的是，這裡我們所說的要求指令，都是直接關於象徵形象的。

例如：「當夢見那個髒孩子時，不要打他。」而不是說：「我要接納我自己身上的缺點和不足。」

我小時候，曾經自發地用過這種方法。那是我剛開始自己在一個屋子裡睡，離開母親有點害怕，所以每天夜裡都做噩夢，形形色色的鬼怪在夢中出現。有時甚至一閉眼，還沒有睡著，腦子裡就出現一隻猛虎，嚇得我不敢睡覺，但是不睡又不行，我也不願放棄自己獨佔一屋的快樂和自由。

於是在我不堪忍受時，我就對自己說：「一會兒再夢見鬼，我要和他搏鬥。」一會兒睡著了，鬼出現了，我想搏鬥卻動不了，鬼在威脅我似乎還嘲笑我，我嚇醒了。醒後我對自己說：「一會兒再夢見鬼，我要努力動手，和他搏鬥。」過一會兒再夢見鬼時，我努力動手，和他搏鬥。結果夢見手微微動了，鬼沒有跑，我又嚇醒了。

我馬上重複指令，繼續睡，繼續努力搏鬥，不久我夢見鬼時，就能夢見自己和鬼在搏鬥，夢見鬼被我打敗。從此我不再夢見鬼了。

這就是引導夢境改善心理，夢中的鬼來源於我的恐懼。「和鬼搏鬥」則意味著「戰勝恐懼」，當我在夢中戰勝了鬼，我在實際生活中也就戰勝了恐懼。

引導夢境的要點是，當一個消極的形象或主題反覆在夢中出現時，首先分析一下夢，了解一下其意義。

例如，反覆夢見被追趕。首先分析夢，判定被追表示有一種恐懼。然後，根據追你的人的特點，判定你所恐懼的是什麼。

如果具體意義不清楚，第一個指令是「正視問題」。

例如夢見被追，夢中卻看不清追趕者，甚至沒回頭去看追趕者。那麼第一個睡前指令可以這麼說：「我要在夢中回頭看看誰追我！」因為不回頭看追趕者象徵著「不正視危險」，而回頭看追趕者則象徵著「敢面對危險」、「敢正視困難」。

有一次我夢見被追趕。追趕者的沉重腳步聲一直在身後響。我向自己發指令：「回頭看是誰追我。」結果後邊沒有人，「沉重的腳步聲」原來是我的心跳。於是我恍然大悟，意識到白天所遇到的那件事根本沒什麼可怕，我只是在自己嚇自己而已。「沒有人追你，你怕的只是自己的心跳。」如果你夢中回頭看到了追趕者，你就可以根據他的樣子分析出來他代表什麼，然後採取相應措施。

比如有個女孩用吐口水在夢中打鬼。「鬼怕吐口水」這似乎是一個迷信，但是在夢中它只是象徵，即「用輕蔑來對付那些邪惡的小人」。還可以用筆作匕首去打鬼，這就是魯迅所謂用筆戰鬥。可以用槍打鬼，用棒子打鬼，當自己難於勝利時，還可以向夢中的友人求助：「讓××來，他可以戰勝鬼。」如果××是一個光明磊落的朋友，那麼「××幫助打鬼」就象徵著用自己心中的正氣壓倒邪惡。把敵人埋起來表示「埋葬」懷疑、悔恨等不良情緒，燒死敵人表示把不好的事物「消滅乾淨」。

心理學家蓋爾．戴蘭妮說：「如果你醒著時經常暗示自己，要正視和反抗夢中的敵人，並且問他為什麼要威脅你，那麼你就會成功。這也許會立即做到，也許要花上幾個月，但你終究能做到。這時你會感到大功告成，直至白天仍然如此，你由此而獲得了新的勇氣和膽量。」

蓋爾．戴蘭妮指出，理解夢中的敵人，與之和解是一種很好的方法。我們從她所舉的例子，可以看出這種理解的方式。

瑪麗．埃倫的夢：「我待在自己的屋子裡，這時一群年輕的歹徒闖進屋子打算向我行凶。我設法將他們騙走，然後關好門窗。我想這下可安全了。然而當我驚魂未定時，他們又來了，又以新的手法恐嚇我。他們長得像巨獸，有長長的觸鬚，眼睛突出，皮膚似海怪。我不想讓夢中的恐懼壓倒我，於是我壯起膽子說：『你們又來了，這下又要幹什麼？』這些怪人立即變成一群友善的人，他們表示想和我做朋友，幫助我理解自己。他們對我指出了我那樣嫉妒我最好的朋友的原因。他們的解釋很中肯。我醒來時更有信心了，也不那樣嫉妒她了。」

里克每隔三週就夢見一個可憎而凶惡的男人追趕他。這男人有時是軍人，有時是暴君、惡霸或地主。每次在夢中，他總是設法保護自己，有時還殺死了進攻者，可是夢還是反覆出現。心理學家分析，這個夢是他對死去父親的憎恨的表現，於是勸他以「恨罪惡而愛罪人」的態度寬容父親的缺點。於是他夢見：「一個士兵衝進他的屋子，他剛想抓起一桿槍向來犯者射擊時，想起了自己下過的決心，並且模糊地意識到自己在做夢。於是他放下槍，心中對那來人說要理解他。他問士兵：『你要幹什麼？』這士兵立即變成一個友善的人，並且答道：『我要你停止憎恨。』然後又對他說了一些話，這些話醒後里克記不起來了，但在夢中卻讓他茅塞頓開。正當里克對這個陌生朋友充滿愛和感激之情時，夢境改變了。這次里克和他父親在一起，在他看來父親內心矛盾重重，絕無惡意。他第一次對父親產生了深深的憐憫和寬恕之心。」

從這一次夢後，里克在十八個月裡只夢見四次被驅趕。

蓋爾．戴蘭妮指出，如果遇到夢中威脅性角色時不是去消滅他們，而是去理解他們，就能得到更多的收穫。

不僅是夢見被追趕，在任何重複的夢出現時，都可以通過用「下次做這種夢時我將如何如何」這種指令，讓自己改變夢中做法。

例如，某女孩常夢見撿到錢，但是每次都交公了。分析結果表明，這是一種不自信的態度，認為：「幸福不屬於我，好的機遇也輪不上我。」因此，如果她在清醒的時候反覆對自己說：「下次夢見撿錢我就自己收著，那是我應得的。」這有助於提高她的自信。

## 二、隨心所欲做清醒夢

如果在清醒的夢中，我們一邊做夢，一邊又知道自己在做夢，而且能採取主動的行動，這就給夢治療帶來了極方便的條件。

你可以邊做夢，邊分析夢，邊改造夢。例如，我曾夢見爬一個公園兒童遊樂場的鐵梯子，越往上爬，梯子越不穩。我很擔心會摔下來，在考慮要不要下來。在做這個夢的同時，我感到爬梯子表示我在努力爭取較高的社會地位，梯子不穩表示對命運的不放心。我想我需要的是增強自己的信心，於是我對夢裡的我說：「你力量很大，把握得很穩，往上攀吧，不用怕。」於是我夢見我繼續上攀，直到頂端。

或者可以不分析，直接改造。

我曾夢見幾個男孩子在拆除一枚炸彈，他們想用錘子砸。

當時我知道自己在做夢，於是我讓夢中的人不要砸，要耐心拆。拆開之後，有個男孩把火藥放到一個盒子裡，說必須有一個人去引爆它，而引爆者必須犧牲。大家都不願意去。最後讓一個衣服破爛的可憐的男孩去。這時清醒的我忽然想，為什麼一定要引爆呢，可以把火藥用水浸濕後吹散就可以了，於是我讓夢中人這樣做了。

完全清醒後，我分析此夢，發現炸彈指生活中的另一個人的敵意，我拆炸彈指消除這種敵意。

砸碎炸彈指用強力打破其敵意，幸好夢中我沒有那樣做。引爆炸藥並犧牲一個人指我委曲求全，這也並不是好的方法。好的方法是用水（代表愛）使火藥不易爆炸，再一點點吹散。

在半夢半醒的時候，也可以主動做夢。早晨將醒未醒時，或晚上將睡未睡時，會出現一些似夢非夢的景象，白天打盹時也會出現，這同樣是一種象徵，這也是一種夢。

主動做這種夢或改造它也是很有益的。例如，由於與女友發生矛盾，某夢者產生了強烈的嫉妒心和不安全感，在臨睡時腦子裡仍然想著這件事，他腦海中浮現出一支手槍的形象，他知道這支槍隨時可能走火傷人。於是他要求夢中的自己把槍裡的子彈取出來扔掉。

再如，在臨醒時，某夢者夢見一支電錶，其指針向左偏。夢者詢問「原始人」，得知左表示過去，右表示未來。於是可以要求夢把錶針調到中央，也就是「現在」的位置。把時間用在留戀過去、悔恨過去上，用在幻想未來上，都不如把握住現在。只要我們抓住每一個現在，做好現在的每一件事，那麼我們的將來就會很美好，將來的我們也不會為過去而悔恨。

在做了一個不好的夢後，早晨也可以「重新」夢、修改夢。方法很簡單，假如你晚上做了一個夢，夢見你失足滑到懸崖邊，手裡抓住一根樹枝，腳下是萬丈懸崖。你等待救援但是沒有人來，後來你堅持不住了，一鬆手掉了下去，你嚇醒了。

醒後一分析，是你對堅持做某事失去了信心，打算放棄了。那麼，在醒後，可以重新讓自己把「鏡頭」倒回手裡抓住樹枝等待救援的時候，然後讓自己「改編」後邊的情景，告訴自己：只要努力而小心地往上攀，「我還可以爬上去」。或者告訴自己：「有一個救援者已經來了，他已經伸手來拉我。」如果改編夢境成功，你在實際生活中也可以堅持繼續努力，或至少堅守待援。

修改夢境不可能一切如意。有時，你想讓夢這麼改，而夢卻固執地不這麼做。例如，一個女孩夢見一隻孔雀在船上，臉朝後面看。在這個夢裡，向後看表示回顧過去。而當時她需要的是不再想過去的事，而是關注現在和未來。於是她讓自己修改夢，把夢境的形象重新記起，然後發出指令，讓孔雀回過頭來向前看。但是，孔雀拒不回頭。這種情況，表明她的潛意識認為：「現在我不願或不能照你希望的那樣做。」「我做不到。」在這種情況下，就需要請心理學家說明，分析原因及癥結所在，解決內在衝突。

以下是一個改造自己的夢的例子。

「我和一群熟悉的朋友去逛像廟會一樣的廣場，裡面有許多舊書攤，轉了轉沒發現什麼好書。然後向右拐，看見一群一群的人在挖墓穴。我不以為然地往前走。然後過一個石橋。走著走著橋忽然豎起來，變成一個陡壁，現在不是過橋而是攀援。爬著爬著，爬不動了，發現腿很重，一看有個七八歲的男孩正在拉自己的腳。我想這樣不行。我讓他先放開我，我們可以一起上。於是我幫著他，和我一起並排向上爬，很照顧他。我們艱難地爬到壁頂發現是像登山運動員登的山，山上有雪，颳著風。壁的另一面是懸崖。我發現壁頂有一塊大石頭。我想下去，我和那個小孩躲在大石頭後面，這樣風就吹不到我們。我知道我們必須下去。怎麼下去呢？我發現這時不知怎麼，我就有了一大捆粗的繩子。於是我把繩子繫一個圈套住兩個大石頭，我和小孩溜下去。

「溜下去以後我像在水池裡，又像是泥塘裡。我在那裡採摘蘑菇，捕捉青蛙。這時水漫到我的脖子。我坐木船過河，船頭高高翹起，使我看不見對岸，本來對岸是可以看見的。這時，我意識到我在做夢，我想，我可以把船頭變成橋。這樣一想果然橋出現了，直通對岸。我走過去，對岸有很多小吃攤，很有人情味。」

## 三、留一份清醒在夢裡

做清醒的夢的能力可以通過練習而提高。首先，練習釋夢，問夢就可以使清醒的夢增加。因為釋夢或問夢都使你更關注夢，關注夢越多，在夢中越容易有更多的意識。

再有，就是利用半夢半醒之間的狀態，利用那時的淺夢，把它改造為一個清醒的夢。

在半夢半醒之間，如果你仔細分辨，你可以發現你有兩種意識，一種是日常的意識，一種是夢的意識（**它就是心理學中所謂的潛意識**）。前一種主要由思想構成，而後一種主要是象徵形象，只偶爾夾雜一些語句。你還能感覺到睡眠的品質，那是一種難以言傳的感覺。你還可以感覺到你是如何由睡眠轉入清醒的。在由睡眠轉入清醒時，夢的意識漸漸消散，日常意識的聲音越來越強，同時，你也許會不自覺地長吸一口氣。這長吸一口氣的動作是從睡眠轉到清醒的一個顯著標誌，然後你睜開眼，醒了。

在練習做清醒的夢時，你要盡量讓這兩個意識並存，也就是說，讓我們心中的「原始人」和「現代人」同時在場。這不是一下子就能做到的，你也許會失去「現代人」，於是沉入夢中，完全忘了「這只是一場夢」。為了避免這種情況出現，你可以時常提醒自己一句：「這是夢。」從而避免失去日常意識，認夢為真。另外，你還要防備另一種危險，那就是你一下子醒了過來。

要小心不要讓睡眠轉入清醒，當你不自覺想長吸一口氣時，抑制住自己，不加深呼吸，你的睡

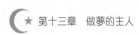

眠就不會一下子消失。在你感覺要醒時，放鬆一下自己，減少雜念也可以讓睡眠繼續。

在清醒的夢中，會有一些思維活動。如果這種思維的語句太長，人就會離開睡眠狀態。所以，要保持在清醒的夢的狀態，就要注意不要讓思維的語句太長。如果你的夢裡有一個人在講話，而這個講話持續時間太長，你也應該讓他中止一下，否則也會使你很快醒過來。

在醒後，睡意還沒有完全消失的情況下，也可以通過回憶夢進入清醒的夢。具體方法是把注意力集中在夢境中的一個「鏡頭」上，盡可能讓它清晰，並且分析它的意義，向夢提問題，引導它向更好的方向發展，漸漸地從這個「鏡頭」開始，就會開始一個夢，這個夢就是清醒的夢。

例如，夢醒之後，其他情節都忘了，只記得一個情境：有個中年人在用斧子削木頭。夢者分析這個鏡頭中的中年人，但是仍不知道這個中年人的意義。於是他一方面看著夢中的這個中年人，一方面在心裡說：「這個形象會變化，變成另一種形態，我看一看那個形象就知道意義了。」這麼想著，這個削木頭的中年人變成了一個嘴裡啃著一本書的熊，這隻熊想把書像啃餅一樣啃成圓形，然後用它做建築材料……在做這個夢的過程中，夢者仍舊是清醒的，他一邊看這個夢，一邊可以進行分析，一邊還可以改造夢境。「可找一把刀來切，」他一邊向夢發指令，一邊分析，「這個夢表明我現在讀書的方式不太正確……」

保持清醒的夢，你就可以在夢中隨時有一份對夢的理解，有了改變夢的自由。你可以邊夢邊釋，邊釋邊改，從而使自己的夢趨於更美的境地。

還有另一種方法能引發清醒的夢，那就是利用「夢標誌物」。先在白天選擇某個你夢中常見的事物作為「夢標誌物」。例如，我經常夢見一個人，這個人在我生活中從沒有見過，他面容很粗野。我就選他做「夢標誌物」。或者，夢中我經常見到一種平房，像我小時候住過的房子。我就選這種平房做「夢標誌物」。或者，在日常生活中我從不可能接觸槍，但是夢裡卻常用它，我就選槍做「夢標誌物」。

選定「夢標誌物」後，對自己說暗示語：「一旦我看到這一事物（比如槍），我就是在做夢。」這樣，當你在夢中見到這個「夢標誌物」的時候，你就有可能覺悟到你正在做夢，從而使夢中有了另一種意識而變成清醒的夢。

另外，你也可以暗示自己說，你會在夢中發現不符合日常邏輯的事，這表示你在做夢。比如，夢見槍打中人不出血、人可以飛等等。一旦發生了這樣的事，你就知道你是在夢中了。

印度瑜伽術可以促進清醒的夢，通過修習「夢瑜伽」，人們可以使自己在夢中保持充分的意識，而且其清醒的夢，品質更高。

前邊我們說過，清醒的夢就是日常意識和夢的意識並存。實際上，還有另一種清醒的夢，它雖然也是兩種意識並存，但是夢意識之外的另一種意識卻並不是日常意識，而是一種更高的意識，一種非語言的純淨的覺知意識，這種清醒的夢品質更高。印度瑜伽術得到的就是這種清醒的夢。

雖然在清醒的夢中你有能力改變夢境，但是絕不要想完全控制夢，一是你難以做到，二是你不應該做到。如果你完全控制夢，你內心中的「原始人」就沒有了和你交流的機會，夢完全成了你清醒意識的獨白，這樣，夢對你心靈的成長反而有危險。因為你佔據了「原始人」的領地，成了那裡的獨裁者，而壓抑了「原始人」的表達，總有一天，「原始人」會起來反抗這種暴政，到那時，你的心理平衡將被破壞。

# 第十四章

## 用夢

# 一、夢是智慧的體現

我們了解了夢的語言，走進了夢的世界，在那裡發現了不少有趣的東西。如果我們只想做一個夢世界的遊客，我們應該心滿意足了。我們不需花一分錢旅費，就可以到我們能夢想到的任何地方去旅行。但是，人類總是貪心的。我們都是人類，我們做不到在夢裡一點也不貪心。我們希望對夢的理解能給我們帶來更多的東西。

而實際上夢完全可以給我們更多東西。夢是我們的良師益友，了解它，可以增進我們的心理健康，提高我們的心理素質，甚至使我們整個人生都因之改變。

釋夢為什麼能促進心理健康呢？因為夢是我們內心中的「原始人」的產物。這個「原始人」實際上是我們心理結構中較原始的那部分，它時時刻刻在接收外界訊息，分析各種情況，並且通過夢把它的「思想」傳達出來。由於以下原因，它的「思想」對我們很有價值。

首先，在意識層，我們思考問題的方式是抽象的、概括的。同樣，在意識層，我們觀察事物也是有選擇性的。例如，我們聽一個人講話時，主要注意力都放在聽他說話的內容上，至多能留意一下他的聲調是否異樣等。而在潛意識層，那個「原始人」像一個日夜開機的功能良好的錄影機，它會把那個人的每一句話連同聲調，每一個細微的舉動都錄下來加以分析。這樣，對方任何一點點行動上的異常都會引起「原始人」的注意。也就是說，「原始人」對人對事的觀察比意識層的我們細緻全面得多。因此他可能會發現一些我們沒有注意到的東西。

其次，在意識層，我們往往自己騙自己。人有了語言、思維，比動物聰明多了，但也正是因為人有了這些，人也能夠自欺欺人。魯迅說過這類意思的話：獅子虎狼要吃人，它們吃就是了。絕不會先說一些我為何要吃你、你為何要被我吃的理由。但是人就不一樣了，明明是人要害人，還要假借公理、正義的名義，講他吃人的道理。人欺騙自己的事更是太多了，明明討厭他父親，但是想到父親有遺產，需要巴結，就騙自己說我有責任感，我有孝心，所以我會對他這麼好；明明是對女孩有企圖，卻騙自己說我們不過是異性好友，是交流思想談理想；明明是感覺到丈夫有外遇，但是怕揭穿了真相反而會被丈夫拋棄，從而失去物質享受，就騙自己說丈夫不回家是工作太忙。但是在內心中，「原始人」卻更會直面現實，他知道事實是什麼。因此，「原始人」能告訴我們許多真相，促使我們更能面對現實，不逃避現實從而理智地解決問題。

再次，「原始人」更接近人的本能，他更知道你真正需要的是什麼。人由於自欺，由於受種種觀念的干擾，往往會不知道什麼是自己真正想要的，只是盲目地追求一些社會上人人在追求的東西，看不到自己內心的真正渴望。「原始人」則不會，至少是不大會犯這類錯誤。

釋夢或許可能比喻成潛海，從水面潛下去，潛到內心深處，潛到那幽冥的未知世界，從那裡得到珍珠——這珍珠就是知識與智慧。

為什麼這些知識和智慧能促進心理健康？因為許許多多心理問題都源於自欺，源於對自己內心的不了解。舉例說：一個女孩，像中了邪一樣，一次次「愛上」有婦之夫。在她自己，認為這都是為了愛，只不過「剛巧」她每次愛上的人都結婚了而已。後來經心理分析才發現，這種「邪」是從她初戀失敗後開始的——她的男友被別的女人搶走了。實際上，她以後的戀愛根本不是真正的戀愛，只是她為了證實自己有能力從別的女人那裡奪來一個男人所做的驗證而已。同時她也是在象徵性地報復，她把一個個陌生女人看成那個奪走她初戀男友的情敵的化身，從她們身邊奪來男人，從而報復她以前的情敵。再有，她也是把有婦之夫當成初戀男友的象徵，想把他奪回來。當然，這種象徵性的報復和奪回不是真的，受到她傷害的陌生女人並不是她以往的情敵，有婦之夫也並不是她的初戀男友。這種替代性的行為並不能讓她得到真正的滿足。如果她了解了自己內心，她就有可能放棄這種「引誘有婦之夫」的無聊行動，去尋找真正的愛。

再如，一個小夥子和他的上司總也搞不好關係。他的上司為人並不壞，雖然稍有一點獨斷但是並不過分。他自己人緣也很好。為什麼他就是不能和上司好好相處呢？原來，他與父親關係不好，而他的上司無論從相貌或性格都有些像他父親，所以他把對父親的不滿遷移到了上司身上。如果他明白了這一點，他就可以把父親和上司分開，對上司也就不至於心懷這麼嚴重的偏見了。

還有，一個女孩總是十分憂鬱，而她自己也不知為什麼憂鬱。只是幹什麼都提不起精神，覺得自己沒有價值，什麼也不想吃，失眠。而如果她知道了她憂鬱的原因，她就可以有機會擺脫憂鬱，從而讓她自己恢復活力和快樂。我們分析她的夢，夢中經常出現的主題是被剝衣服、掉牙和剝皮，由夢的分析得知她的老闆經常以開玩笑的方式傷害她的自尊心。而她白天自以為自己不在意，實際上卻十分害怕。知道了情緒為什麼低落，她下決心換了一個工作單位，憂鬱明顯有了好轉。

夢是知識與智慧的一種體現；知識與智慧是心理健康的保證。

## 二、釋夢能促進自我接納

要靠釋夢促進心理健康，有一點是要特別注意的，那就是自我接納。承認自己不是聖人，只是一個凡人，所以有種種不足也是可以接受的。

因為夢帶來的知識，許多是關於我們自己的陰影方面的知識，沒有自我接納，這些知識往往讓人難以接受。

比如說，一個認為自己很純潔的人，認為自己不淫穢的人，卻在夢中發現自己比所有見過的淫穢者還淫穢。一個認為自己很溫和善良的人，卻發現在夢中自己對人有很深的怨毒，恨不得殺掉最親近的人。一個人在夢中發現自己有亂倫的衝動，還有一個人發現驕傲的自己在夢中自我評價很低……這種知識誰能接受？就算這是真的，他們也不願睜開眼去看。

在前邊的夢例中，讀者可能已發現許多夢都與性有關，當夢者知道自己夢中的性欲望後，有些人會覺得：「我怎麼這麼下流？」反而心裡不舒服。

我曾經做過這樣一個夢：我和一個小學同學一起在學校，學校教務長說我們犯了件事，我們玩色情撲克，責令我們寫悔過書。我沒有做這件事，所以不願寫悔過書。但是同學勸我說：「你不寫，他就認為態度不好，要加重懲罰。你寫了，他就認為你態度好，反而不會處分你。」我十分憤怒，瞧不起這個同學，並且想，也許他真的犯了這個錯。這個同學在實際生活中我就很討厭，覺得是個很噁心人的傢伙，下流骯髒，相貌醜陋。我堅決不寫悔過書，就這樣醒了。

醒後我進行釋夢，根據對那個小學同學進行的分析，意外地發現他是我人格的一部分的象徵。

難道我還會有這樣的部分嗎？真的難以接受。我還會有這種骯髒醜陋的心理嗎？我會「玩色情撲克」，也就是說，從色情的遊戲中獲得性滿足嗎？這的確讓我難以接受。

在我們釋這種夢時，自我接納是十分重要的心理準備。

所謂自我接納，就是承認自己是一個凡人，有一些不夠高尚、純潔的念頭，也是正常的。不要為此不安、內疚，更不要掩耳盜鈴，不承認這些雜念，更不要自欺欺人，假稱聖人。

有個女人與丈夫兩地分居，夢中經常以各種轉換的形態夢見與鄰居某男人有私情。釋夢者告訴她夢的意義後，她不接受，說：「我怎麼會這麼壞？」而實際上，正如人餓了想吃飯一樣，在性上出現了饑餓自然會通過夢幻滿足自己，這談不上壞，這只是她人性的特點而已。正如我們不能因為貓偷魚去責備貓一樣，對她的夢也無可深責。社會道德也只約束行為不約束夢想。只要在實際生活中不做違背道德的事，對夢何必苛求？

英雄也不是沒有過卑下的情操，只是他不被卑下的情操所左右罷了。

有個人的夢經過解析，是盼他爺爺死，他對此不能接受。而實際上，這也不是不可接受的事，因為他內心中覺得，爺爺對他的成長是一個阻礙。在他內心中某一部分，自然願意消除這一阻礙。但是這並不可怕，因為在他心中也有另外一部分不但不盼爺爺死，而且對爺爺還很有感情。退一步說，有些長輩為人極差，甚至心藏邪惡，那麼後輩希望他死去也不是大逆不道的事。

人就是這樣充滿矛盾，愛一個人欲他長生不老，恨一個人願他馬上死去。這些欲望只是表現愛恨情緒而已，人有愛有恨，這難道是不可接受的事嗎？愛慕一個人，從而希望與他共歡愛，這也不是不道德，只是說明一種情感而已。有情感才是人性。

也許有人會問：難道一個人不應該為自己的邪念羞愧嗎？反而該把任何邪念都接納下來嗎？這樣做不是縱容自己嗎？不會阻礙人進步嗎？

對這個問題要這樣回答：首先，許多「邪念」都有它存在的理由，有它存在的合理性。比如性的邪念。下流骯髒的性固然是不好的，但是它的存在也有合理性。當一個人壓抑正常的性衝動時，被壓抑的性衝動就會以一種邪惡的方式、骯髒的方式表現出來。曾經有個教士，認為純潔的人應當禁欲才能接近上帝。他也自以為做到了。但是，他卻變得性格怪僻，而且，在野外看見狗生小崽，都氣憤得去踢那狗。為什麼呢？因為他從生育想到交配，感到噁心。這個人的心靈難道不是很骯髒嗎？為什麼他會心靈骯髒呢？因為他不接納自己，不接納自己也是人，也必有性欲這一點。

他壓抑性，反而使性變得骯髒了。如果我們對他說，你心裡有種骯髒的性欲，它使你對狗交配都嫉妒，他顯然更不會接受。但是，如果他想心理健康，第一步正是要接納自己。告訴自己，我也是人，人在性被壓抑時會滋生骯髒邪惡也是正常的，不必為此過分羞恥。這以後，才可以進一步找到正當的、健康的滿足性欲的方式。或者，正像大學生在不可能有性生活時一樣，找到把性的能量昇華，把它引到藝術創作或其他方向上的方式，從而消除產生邪惡骯髒的土壤。如果那個教士這麼做了，他也許看見狗生崽心中會湧起慈愛：「多可愛的小狗！」這樣，他才是更接近了上帝。

再強調一遍吧，當夢中出現了「邪念」時，要告訴自己：惡的出現是因為善饑渴了。人在正常的需要得不到滿足時會產生邪惡也是正常的，我們不應該只壓抑邪念，相反要想辦法滿足正常需要，從而消除惡的土壤。

個別的人，會把一些十分正常的念頭也當成邪念。例如，夢見性，而且不是骯髒下流的性，只是正常的性，比如對某同學產生欲望，就很自責。這更不必了，因為這是人性。你是人有人性是理所當然的。

再有，不自我接納，對自己嚴厲批判，讓自己內疚，往往並不能讓你變得更好。它只是在已有的煩惱上，讓你多一層煩惱而已。

一個女人不愛丈夫，愛另一個人，她對自己很生氣，也感到很內疚，因為她的丈夫對她的確十分好。但是這種內疚並不能讓她對丈夫更好，雖然她可以因此做得似乎很賢慧，但是丈夫能感覺到這種賢慧的虛偽。有時，內疚反而使她脾氣變壞，對丈夫更為粗暴。

再如一個青年人手淫，手淫過度固然有點害處，但是並不大。可是他對此十分內疚。每次手淫後要痛罵自己一頓，整天沒有心情好的時候。這種痛罵使他變好了嗎？沒有，反而讓他多了一層痛苦煩惱。如果自我接納，認為手淫也沒什麼大不了的，那麼他的情況反而好得多，至多只是有些疲勞無神而已。

如果一個人不能自我接納，釋夢有時反而有害，因為它把潛藏的內心暴露出來了。而如果能自我接納，夢就會給你一個了解自己，從而改進自己的機會。

## 三、釋夢能改善心理狀況

假如你有一個朋友，為人內向，有事總埋在心裡。這天和你談起夢，你分析了他的夢，發現他與父母和妻子都有矛盾，而且發現這矛盾來源於他的處世方式。你便可以借談夢，和他談談這些問題，啟發他改變自己。如果不釋夢，也許他絕不會和你說這些事，你也就不會有機會幫助他分析這些事。

用釋夢去改善心理，要點是因勢利導，逐步深入。舉例來說，假如有個中年女性說：她夢見一隻黑狗追她。她用大棒打狗卻打不死，跑也跑不掉，十分恐懼。

首先釋夢者可以告訴她，這種擺脫不掉的追趕者往往是她自己心靈的一部分：「這隻狗就在你自己腦袋裡，你當然跑不掉。」而狗，往往象徵著內心中的員警，它追你，是它認為你犯了罪，那麼你是不是做了什麼事讓你自己的良心不安呢？如果夢者說想不起來，那麼這是她不敢說、不願說，釋夢者可以讓她再講一個夢，從中尋找她負罪感的來源，也可以安撫她使她安心。通過對另一個夢的解析，就可能發現夢者有婚外戀的嚮往，而她的道德觀很嚴苛，因此十分內疚。

知道這些後，釋夢者可以首先告訴她：「良心」未必總是正確的。人有兩種良心。一種是源於最深切的人性。這種良心使人喜愛美好的事物，厭惡憤恨邪惡的事物。當一個人看到北約軍隊對南斯拉夫狂轟濫炸時，他會義憤，這是出於人性深層的良心。當一個人看到虛偽欺詐時，他會厭惡，這也出於人性深層的良心。人還有一種良心是源於幼年受的教育，源於社會道德，這種良心未必總是正確的。在一百年前，如果一個寡婦想再婚，人們會認為她很丟臉，甚至很無恥。即使這個寡婦剛剛二十歲，人們也要求她不得再婚更不許有「野男人」。那時的寡婦如果想再婚，她自己的良心也將譴責自己。時代變了，社會在不斷進步，在今天，誰還會把寡婦再嫁視為一種不道德的行為？然而有些人的良心源於幼年的教育，而當社會道德發生變化之後，他的良心仍舊沒有變。這時他的良心就有可能是不正確而又不必要的。前面說的那個中年婦女有一個過於嚴苛的良心，它要求她想也不許想丈夫以外的其他男人，而當她動了一下這種念頭時，就「讓狗追捕她」。釋夢者可以告訴她，她可以對自己說：道德如同法律，不是一成不變的。如果它已不適合，可以修改。現在要把舊道德改為：偶爾受到異性吸引，產生婚外戀的念頭，這是難免的，不必當成不道德。為了對家庭的責任和對愛情忠實，要約束自己不實施行動。當道德或說良心的法律改變了之後，她就不是「道德罪犯」了，狗自然也就不會追她了。

由此夢我們還應想到：為什麼這個中年女性會產生婚外戀念頭？一般來說，必定是婚姻生活中不滿足。這種不滿在哪裡呢？夫妻之間是否相互掩飾，不願意承認關係已經出現了裂痕？或者是否明知有裂痕，卻找不出解決的方法？

釋夢者可以就勢探詢這些問題，並且盡可能幫助對方找到新的解決方法。這樣釋夢才有意義。當我們釋自己的夢時，也一樣可以這樣做。自己去問自己，自己去安撫自己，自己去對自己講話，要求自己放棄舊的觀念，重建新的更合理的觀念，從而使自己更健康、完善。

釋夢能改善心理狀況，主要源於以下幾點。

**（1）有真性情**

正如前面提到過的如果把我們心靈領域比作一座園林，這也許應該說是一座夜間的園林。除在一間房子有燈，樹林、池塘、草地和假山都處於黑暗中，藉助淡淡星光，我們可以隱隱約約看到房子外的事物，但是那一切都是變形的：樹木像高大可怕的怪人，池塘閃著奇異的光澤，假山的洞穴更神秘。亮燈的房子是我們的意識，黑暗的區域是潛意識。

潛意識會暗暗影響人的意識，正如樹林裡的風聲會傳入房子裡，草地裡的秋蟲會闖入房子裡，毒蛇偶爾也會爬入房子。人有時會奇怪：「我今天怎麼了？這麼件小事我會勃然大怒？」他在意識中找不到原因，因為原因在潛意識裡。甚至他會說：「我今天怎麼這麼累，一句話都不想說？」而實際上，他這天對妻子很憤怒，而他不曾意識到憤怒，這怒就變成了一種累的感覺。累是假感覺，怒才是他的真情緒。

夢可以揭示出人所處的真實情緒狀態和心理狀態，從而解決心理矛盾，化解情緒，做出正確的人生抉擇，使人走向幸福。

某人常夢見沿著危險的梯子向上爬，在高處行走，或者在很高的地方跳來跳去，伴隨這些夢的是害怕的情緒。在白天，他生活得很好，學習不錯，受老師器重，也被同學所看重。他沒有感到自己有什麼可害怕的。但是根據夢來看，他是有所害怕的，他害怕他無法保持這種「高高在上」的地位，害怕哪一天不慎失足而摔落在地。

如果細加觀察，這種隱藏著的害怕在日常生活中也會有所表現。比如表現為失眠、頭痛、記憶力下降、易煩躁等等。

對他，應該這樣疏導：「重要的不是戰勝別人，不是永遠領先，而是把事情做好。人的價值不在於被老師器重，被同學看重，如果你把自己的價值建立在別人的看法上，那是很危險的。你應該用自信代替他人的讚許，發現自己的真正價值。不要管別人怎麼看你，不要刻意維持『高位』，而要重點發展自己，享受生命。」

再如，有一段時間我發現自己不再夢見美麗的園林。相反常夢見遊樂場，夢見打遊戲機，看自己的分數越打越高，或從下往上爬滑梯等等。釋夢使我知道，我這一段時間過於看重功名了，於是世界對我來說不再是園林而成了決勝負之處。於是我調節了一下自己，讓自己不要過分看重外在成就。

再如，一個高中生苦讀功課迎接高考。他夢見自己被剖腹，肚子裡被掏空了。這表明他的真正內臟，即他的生命力受到了嚴重損害，他應該不要那麼刻苦了，應該勞逸結合，有些娛樂，不然將會有危險。據說漢代大文學家揚雄曾夢見肚子被剖，五臟流到地下，結果不久後就生大病死去了。這個高中生如果繼續苦讀，至少也會有生場大病的危險。

經常夢見戰鬥，意味著過度緊張。分析一下，這緊張也許來源於競爭，也許來源於害怕與人交往。下一步，夢者就應該想一想，自己如何才能削弱這種緊張。也許，應放棄過高的目標，對自己提出一個更現實些的目標，放棄過強的好勝心。也許，應該嘗試如何與人相處。

### （2）能得到警示

夢可以說是一個報警器，或者說一個忠實的朋友。當你生活中有什麼危險時，夢就會提醒你。這裡所說的危險也不一定是多大的危險，只要是對你有害的事物，夢都會時時提防。

某大學生夢見自己躺在床鋪上，同宿舍有個同學站在床邊。他可以看見這人的臉，印象深的是這個人的鼻子很高，而且有點紅，好像在發炎一樣。這人正叼著根煙。而在實際生活中這人是不吸煙的。根據分析，夢中的高鼻子同學實際上是夢者自己的化身。高鼻子又代表什麼呢？夢者有鼻炎，而醫生告訴過他，吸煙多會使鼻子流血。夢中讓自己的化身的鼻子被強調出來提示鼻炎，鼻子紅表示流血或表示發炎。而為什麼用這位同學代表自己呢？因為這位同宿舍同學以前也吸煙，但是現在戒了。

因此這個夢就是一個警示：如果你再繼續吸煙，你的鼻炎就會加重，鼻子流血。某某以前也吸煙但是他戒了，你應該和他一樣。

榮格講過一個夢例：一個登山者夢見自己越攀越高，直到山頂又往上攀，結果攀到了半空中。這也是警示，警示他會「上天」。

古人陶侃，即著名詩人陶淵明的曾祖父，曾經夢見壁上掛的梭子變成燕子飛上天。又夢見他自己飛上天，看到天門有九道，他走進了八道，只剩最後一道門。他要進門時，被守門者打落到地下，一翼被打傷。醒來後他的臂上仍然很疼痛。

陶侃自己解釋夢見上天代表想當皇帝，被打落在地代表失敗。因此，在他擁有八州兵馬，有實力去爭奪帝位時，他決定還是不做為好。

雖然陶侃相信此夢是種神靈啟示，但是他對夢的意義的解釋是對的。夢，即他心中的「原始人」來信告訴他，不要輕舉妄動，企圖上天，如果那樣做，你將會被打落在地。

不要忽視夢的警告，夢比我們更細心，它會看到我們所忽視的事。夢不會被野心、被貪婪所蒙蔽，夢會更清楚地看到真相，聽從它的警告會使你避開即將到來的危險甚至災難。

**（3）能擇善而從**

在我們的一生中，常常會面臨選擇：選擇職業，選擇戀人，選擇做不做某件事等等。每一次選擇的對錯都會影響到未來我們幸福與否。選擇是意志的體現。如果一個人什麼事都不自己選擇而讓別人代為選擇，比如事事讓父母作主或讓其他親友決定，那麼他可以說在精神上是一個奴隸。選擇是重要的而又是困難的，因為外界有太多的不可知。我們選擇買哪一檔股票後，不可能知道這檔股票未來會漲會跌，會漲多少，因為國家的經濟環境、股票管理者的政策、其他股東的決策等等都是不可能完全把握的。報考大學時，我們也很難知道這個專業在四年後是不是仍舊熱門。而最大的不可知卻不是外界的不可知，而是內在的不可知：自己究竟是喜愛哪一個女孩？她倆各有長處，也各有不足。自己究竟更喜愛哪種工作？我該怎麼做？等等。每當你面臨這種選擇的難題時，夢就會認真思考，做出它的選擇，而它的選擇幾乎總是更正確的。

這是因為，夢對你的內心更清楚，它知道你真正愛什麼不愛什麼、真正的需要是什麼、真正的願望是什麼。同時，對外界，它也了解得更多，它從許多細枝末節上得出了對未來的判斷，正如見到一兩根綠草就能判斷春天即將到來一樣。

有一個大學生臨畢業時，有兩個公司可供選擇，一個公司名氣較大，另一個稍小些，待遇也是前者稍高。但是前一個公司工作比較緊張，壓力較大，後一個較輕閒。他很難決定，到了晚上他做了一個夢：夢見有外敵侵略，敵機在投彈。而他卻在一個地窖裡，或者說防空洞裡，和兄長一起打撲克玩。

我們都很清楚，戰爭表示緊張。因此這個夢的意思是：如果我去了前一個公司，地位比較高（在地面上當然比在地窖裡「地位」高），但是那樣就會被緊張侵襲。如果我在後一個公司，地位比較低，但是卻沒有緊張，可以舒服地過日子，打撲克就是指舒服輕鬆地生活。在這二者之間，應該選擇後者（因為夢中他是待在地窖裡打牌的）。

在前邊提到過的一個夢裡，夢者夢見兩個女孩，一個漂亮，另一個有氣質。他分析這兩個女孩分別代表他的女友和一個他有些傾心的女孩。在那個夢裡，實際上他也已做了選擇，選擇有氣質的那個女孩而不是他的女友。同樣，在第五章講的衣服象徵一節的夢裡，夢者夢見自己的女友穿一件軍大衣，上面貼著貼畫，而另外的女孩穿運動裝，這也已把選擇明白地呈現了出來，他喜愛穿運動裝的女孩超過女友。

如果事態繼續發展下去，沒有什麼變化，那麼這兩個夢的主人都將在戀愛上出現危機，因為他們已在心裡放棄了現在的女友，必有一天他們將在行為上放棄。未必是他們會「甩了」女友，也許他們只是變得冷淡、粗心、粗魯等等，讓女友先提出分手。

聰明的辦法是面對自己不喜歡對方的現實，當斷則斷，這也許看起來有些薄情，但是卻可以把痛苦減到更少，比起心裡不喜歡卻又虛情假意要好得多。

夢傳達的是「原始人」的訊息，而在「原始人」那裡，他和世界的聯結更直接，就像靈敏的動物對自然界的反應一樣。他對環境的訊息更開放。其實選擇就是一個依賴已知條件的運算。參考「原始人」得到的訊息，也就意味著使運算的已知條件更充分。這樣做出的選擇，不言而喻就會更正確。傾聽夢的聲音，它會幫我們更好地做出選擇。

夢例一：

小枚已和男友定了婚期。眼看日子一天天臨近，小枚積極又疲憊地準備著，可心裡總有股煩悶不安的情緒。也許是太累或太過興奮，小枚這樣對自己解釋著。一天晚上，小枚做了這樣的一個夢：「我和男友一起去什麼地方，走著走著就剩我一個人。我來到一個房子前面，房子外表上很寬大、好看。可仔細看，我發現房子是用席子做的。這時我感到很慌張，好像我犯了什麼錯，有人要來抓我。於是我開始逃跑，一邊逃一邊心裡充滿了恐慌。這時好像我媽媽和我在一起，我慌張地問媽媽：『如果我被抓住，會怎麼樣？』媽媽說：『會判無期徒刑。』」

就這樣小枚從夢中醒來。「無期徒刑」這幾個字一直在她的腦子裡縈繞。

「原始人」已經給她寫信來了，看她去不去讀，會不會讀。其實「原始人」是告訴她自己對婚姻的感受。房子代表婚姻。「原始人」說：這個婚姻表面上看起來很不錯，實質上，它是不堅固的（在這裡用席子來象徵），中看不中用。但是你會為自己發現真相而害怕。如果你走進這個婚姻，就意味著你像個囚犯，今後再沒有自由了。

小枚在心理學家的幫助下，讀懂了「原始人」的信。也藉著「原始人」的提醒，小枚開始正視自己即將建立的婚姻，她發現這個婚姻的確存在很多問題，儘管按一般的標準，他們很般配。她也意識到自己的恐懼來源於什麼。她因為孤獨所以渴望婚姻，也沒有輕易結束關係的勇氣。小枚迫於種種外界壓力和自己的脆弱，她覺得自己必須逃進婚姻的城堡，而且慌不擇路，她不敢去細究這是溫暖的港灣還是禁錮心靈的囚室。「原始人」則不忍看小枚做出重大的錯誤選擇，於是就在一個晚上給她寫了語重心長的信。

小枚藉助「原始人」的力量，鼓足勇氣解除了婚約，而且有了這次與「原始人」的交流，小枚有點找到了自己力量的源泉的感覺。

其實「原始人」的智慧和力量始終和我們在一起。只是我們不習慣，也不會，甚至不敢和它交流。「原始人」也很著急，所以經常在晚上給我們寫信或「打電話」。

夢例二：

徐某夢見自己要去上課，站在衣鏡前，打扮得很雅致、體面。這時又想到應該穿一條長裙。於是便在鏡子裡看見了自己穿長裙的樣子。這是條格子裙，有點淡淡的紅色。裙子長及腳踝。突然她又想到穿裙子裡面是要穿長筒襪的。又一想，來不及找襪子了。自己穿的褲子也很不錯。最後依稀記得的是自己穿著長裙裡面是褲子站在鏡子前的樣子。彷彿還有房間收拾得一塵不染的喜悅的感覺。

夢者徐某是位三十歲的知識女性。在此夢的前幾天，她正猶豫著是讓丈夫繼續深造，自己甘當成功男人背後的女人，還是自己去深造，成為一個成功的，或者說在「台前」的女人。

這個夢的關鍵細節是裙子和褲子。「衣服」一般是人格面具的象徵，也就是常識意義上的做什麼人，在別人的眼裡是個怎樣的人。「照鏡子」一般是反省的象徵，自己審視自己的意思。在這個夢裡，「衣服」和「照鏡子」用的都是較普遍的象徵。

問夢者：「穿裙子」和「穿褲子」有什麼區別？夢者答：穿裙子比較嫵媚，穿褲子則比較瀟灑。

當了解了這個夢的背景後，這個夢的意義便一目了然了。夢的意思是這樣的：夢者對自己的內在心靈狀況（一塵不染、令人喜悅）很滿意。對自己外在的即社會性的狀況也很滿意（**事實也是如此，她有一個不錯的婚姻，自己和丈夫在事業上都有所建樹**）。但是在這樣的前提下，是讓自己更獨立（**穿褲子象徵更男性化，即更事業取向**），顯得更像自由的職業女性，還是讓自己更富女人味（**穿裙子象徵女性化，即更家庭取向**）？

「原始人」給她的答案是：沒有足夠的機會可以讓她更傾向家庭，做個幸福的小女人（**事實上，她的丈夫並不是很積極爭取這個在她看來難得的深造機會**）。雖然她更滿足於做個幕後的小女人，但現實是她更該抓住這個機會，讓自己的事業更上一層樓。而且追求事業的態度也不必一直潛藏在對丈夫的鼓勵和支持後面（就像夢中嫵媚的裙子擋住了瀟脫的褲子）。

如果夢所提出的選擇和我們意識中的選擇不同，我們是否應該聽從夢的勸說呢？一般來說，應該聽從夢。當然，聽從夢的前提是，你確有把握你對夢的解釋沒有錯誤。因為他們能改善性格。性格不同的人，常做的夢也不同。

常夢見飛翔的人，性格自信開朗，朝氣蓬勃。但是這種人往往缺少踏踏實實的作風，做事不夠認真細緻。這種人也許才華橫溢，為人們所稱讚，然而做起事來，卻容易失於懶散草率，結果成績並不出色。他們有創造力，想像力豐富，但是過於放任自己，貪玩懶散。因此，常做這一類夢的人，應該時時提醒自己，做事要認真細緻，有責任感，要腳踏實地。要切切實實防止自己耽於幻想，待人接物要力戒自誇、驕傲。

「飛翔」的另一個意思是「借幻想逃避現實」。代表性的夢中情境是：先是被可怕的東西追趕，在馬上要被追上的危急時刻，主人公突然飛了起來。做這種夢的人以知識份子為多，他們對待生活中的困難的方式是逃避。而他們逃避的方式，是沉迷於幻想或沉迷於思想，結果在表面上他是一個自信的人，追求的是高尚的事物和理想，很清高，不屑於關心功名利祿等俗事，而實際上，他只是害怕競爭而已。

如果由釋夢了解了自己的性格真相，這些「飛翔者」也許會感到失落。他們首先應自我接納：「目前我的確是這個現狀，我不像我自以為的那麼優秀、偉大。但是這也沒有關係。我過去那麼自欺、逃避，不也生活得還好嗎？現在我對自己有了更多理解，也就有了改善性格的機會，這不是一種好事嗎？」在接受現實的基礎上，他可以有意識地改善自己的性格。例如，在發現自己沉迷於幻想的時候，提醒自己：「不要去想那麼遠的事，先想想怎麼做好今天的事吧。」在發現自己逃避困難時，不論自己有什麼理由，都應告誡自己：「那些理由都只是藉口，我不應該逃避困難，把這一關闖過。」日久天長，他的性格就會改變。

常夢見荒涼景象的人，往往性格孤僻退縮。夢見荒漠、沙漠，寸草不生的石灘、荒山野嶺，夢見在空無一人的屋子裡、在廢墟裡，夢見自己或別人變成石頭、變成死人等等，這都是生命缺乏活力的象徵。這種人害怕與現實接觸，害怕與人接觸，退縮到自己的幻想世界中。讓外人看到的只是虛假的自我，一個面具。由於他們的自我不接受外界現實的訊息，又不能向外界表現，於是自我就慢慢枯萎了。這種人發展下去是很危險的，他們的出路是自救，掙扎著努力讓自己面對現實，表達真實的感受，和世界建立聯繫。這樣，他們才能使生命復甦。

這種人內心中的不安全感極為強烈，很難信任別人，也很容易被別人傷害。所以，他們應該選一個有愛心而又細心的人做朋友。他們往往會懶於或怯於與人接觸，但是為了自救，應強迫自己至少每天和別人交流一次，強迫自己有機會找朋友交談，以避免自己走入死寂的生活。他們還可以學習一門藝術，如繪畫、音樂等，去表達情緒，宣洩情緒，調節情緒，久而久之，也可以使性格向好的一面轉化。

常夢見鬼、夢見別人追趕、夢見與別人戰鬥的人往往性格偏執、固執。由於偏執，會懷疑別人和自己作對；由於固執，容易和別人衝突。因此，會夢見鬼，即指惡人；夢見被追趕和戰鬥，即指被別人威脅和被迫鬥爭。這種人應力求放棄偏見，放棄對他人的不信任。也許他們會說：「我身邊的確小人很多。」但是要想一想：為什麼偏偏是你身邊小人多呢？有人說：世界是一面鏡子，你對它笑，它也對你笑。你對它哭，它也對你哭。我們也可以這麼補充：你對他怒目而視，它也對你怒目而視。當你把別人當敵人時，別人自然會與你為敵。你首先攻擊別人，別人自然會算計你。對偏執者來說，信任別人、善待別人很難。這是因為：一方面，他們不願對自己負責，當出了問題時，願意把責任推給別人；另一方面，他們從父母那兒學到了苛責、挑剔的待人方式。要想幸福，偏執者必須下決心對自己負責，不責備別人，才能做到信任和善待人，才能放棄偏見。

常夢見鬼、夢見別人追趕，但不常夢見戰鬥反而常夢見隱藏逃避的人往往性格怯懦。這種人需要的是從小事做起，一點點鍛鍊自己的勇氣。例如過去買菜不敢討價還價，就從討價還價開始。然後一步步面對困難一些的任務進行鍛鍊。

夢見道路曲折、泥濘，步履維艱，或面對深淵，無法前進，夢見嚇得不能動彈，夢見做事失敗，夢見別人對自己冷漠等，都在提示夢者性格憂鬱消沉、缺少自信。這類人需要的是培養自信。要經常用自己有過的小小成功勉勵自己，對自己說：「我信任你。」「你是很不錯的。」遭到失敗也不用在意。有位心理學家說過：沒有失敗這件事。如果你做一件事沒做成，這只不過是說這事還在嘗試過程中而已，不是失敗。因為多嘗試幾次你總會成功。

夢中常有很長的浪漫故事。往往是在早上臨醒前做這種夢，以至有人貪睡不愛起床。這種夢顯然是一種願望滿足。這種人的性格往往內向，好幻想，愛通過夢獲得生活中缺乏的東西，他們所需要的，是走出幻想，進入現實，在現實中尋求真正的滿足。

有些人感到，夢中的自己和清醒時的自己性格相反。有的人醒時十分勇敢，而在夢中卻謹小慎微或膽小怕事。有的人醒時十分善良，而在夢中卻仇恨別人。夢與現實的不同是由於：首先，也許醒時的自己是偽裝，夢中的才是真相。一個怯懦的人，也許會刻意讓自己顯得勇敢，也許為了克服自己的怯懦故意去冒一些不必要的風險。《紅與黑》中的于連是不勇敢的，所以他偏要做勾引市長夫人這種危險的事。如果是這種情況，夢者不必在日常生活中刻意去勇敢，以免增加心理壓力，應選擇一個適宜於自己的生活方式。例如錢鍾書是一個優秀的學者，生活也很幸福。但是讓他去做軍人或做商人，也許他的膽魄或能力就顯得不足。你也許正宜於做學者，就不必去做商人。

其次，夢與現實中性格相反也許是由於夢在提醒夢者，你的性格過度向某一方向發展了，現在應發展一下性格另一面了。例如，勇敢已足夠了，該學習如何謹慎了；善良是好的，但是也要正視自己對別人還有仇恨這件事。假如唐僧夢見自己揮棒打死了一個妖怪，這也許是說他該發展一下性格中對惡的威力，而不僅僅是以軟弱的善感化妖怪。具體是哪一種情況，只能具體分析。

在夢的指導下，改善性格這件事是可以做到的。但是，我們必須知道那句俗話：「江山易改，本性難移。」改善性格不是一天兩天就能見效的，應拿出愚公移山的精神來，不斷做改造自己的事。也許你在幾個月後，也許在一年後，你再比較一下從前的你和現在的你，你才會發現自己真的改變了。恰如一個少年只有過了幾個月再量身高，才能發現自己已長高了。

有人說：「工作那麼忙，哪兒有時間去做改善性格的事？」我們對他的回答是：「不需要你拿出多少時間專門坐在家裡『改性格』。因為性格不是一個木雕，讓你可以抓在手裡改。性格就反映在你工作中生活裡，在做每一件事時，在和每一個人交際時，你性格都體現出來了。在每一件事上留心自己的表現，在工作、生活中逐漸改善自己的性格。」

在比較過去和現在的性格時，還有一個簡單的方法，那就是比較你的夢。由你常做的夢，你可以知道你的性格有了什麼樣的改變。

社會生物學家認為，各種動物的不同，說到底是生存策略的不同。比如一個危險的敵人來了，你應該怎麼辦？有多種策略。一種是逃跑，鹿、羊、兔子都選擇了這一種。所以它們讓自己發展出了快速奔跑的能力——輕巧的身體，和小小的膽子。膽小對它們也有用。設想一隻鹿膽子比較大，總是在狼離它很近才逃跑，它會遇到什麼命運呢？另一種策略是防禦。烏龜就是這樣，所以它有了硬硬的殼。還有一種策略是自衛。野牛野豬就是這樣，所以它們有了角和獠牙。

各種人的不同說到底也是生存策略不同。面對危險，有人戰鬥，有人逃避。這些不同在夢裡清晰地體現了出來。

例如，有人夢見敵人來了，於是她逃走了。逃過一條河，面前是一個高聳的山崖，她抓著草往上爬。因為爬上去就安全了。由此可見，首先，這個人面對生活中的緊張焦慮時，首先是想避開。由此可見她不是一個攻擊性很強的人。再有是過河，即想尋找新領域。還有是上山，這表示「往上爬」即提高自己。這種性格應該還是較好的，也許她會因緊張的驅迫而做出成就。

另一個人，也夢見敵人來了，但他卻不是逃跑，而是倒在地上裝死。他想這樣敵人就不會殺他了。在生活中，他也是一遇到問題就躺倒，就裝傻。在遇到競爭情境時，他總是退後一步，他信奉的哲學是：「槍打出頭鳥。」採用這種策略，他的潛力將被埋沒，他的發展將受阻礙。這種人應該以夢為警示，迅速改變自己的生活方式。

還有一個人夢見敵人來了，手足無措，不知該怎麼辦，結果被敵人一槍打死。這種人往往在生活中也一樣被動地任命運擺布，因此常常生活在抑鬱沮喪的情緒中。如果他努力讓自己去學會新的生存策略，他的命運也將改變。

再有一個人夢見敵人來了，假裝投降，但是暗地裡和敵人作對。有一天敵人發現了真相，揮刀劈他，他恐懼地大叫一聲醒來。表面看這個夢不錯，夢者是個地下工作者似的人物。而實際上，這個人待人虛偽，表面上對人很好，而心裡並沒有真感情。當別人要他做什麼時，他從不反對，但是卻消極反抗，不是拖延就是故意出錯。對他自己來說，生活也並不幸福，因為他要隨時掩蓋自己的真面目。這類人需要做的，是逐漸學會以真面目示人，而不是欺騙。

還有人夢見和敵人戰鬥，戰鬥的結果是勝利較少，大多數不分勝負，少數是失敗。這種夢反映了一種鬥爭性的生存策略。夢者好競爭，敢於鬥爭，不怕困難，被人們視為強者。但是他也有他的問題，那就是性急、好勝、武斷等。對年紀大的人來說，這種性格會引發心血管疾病。還有人夢見敵人來了，連忙向別人求助。這是一種依賴的生存策略。在生活中，她的依賴性也很強，如果她有人可依賴，比如嫁了一個父兄型的丈夫，也可以生活得挺好的。如果她不幸失去了依賴的對象，那對她就是個災難。所以她還是應該培養一下自己的獨立性。

有人問，夢見敵人來了，夢者這樣做、那樣做都不是完美的生存策略，那什麼才是最好的生存策略呢？就這些生存策略來說，也許沒有哪一種是最好的，正如沒有哪一種動物是在生物界立於不敗之地的。有一利必有一弊。例如依賴策略利在省力，弊在受制於人。但是，還是有相對完善的人，他們可以很少使用上述策略。當他們夢見敵人來時會如何呢？他們根本不會夢見敵人來，因為他對人無敵意，處事有辦法，沒有那麼多緊張焦慮。

上面我用「敵人」夢為例講了從夢看生存策略。實際上，在任何一個夢中，都會多多少少透露一些訊息，反映出這個人的生存策略。例如在前邊講聯想技術時，我引用了一個夢例：夢者夢見一個他喜歡的女孩總躲著他，和她的家人在一起。於是夢者很生氣，騎上一匹好馬，覺得自己很英俊，搶先出了屋子。這就是一種策略。「我生氣了，我走了」，用這種方式促使女孩讓步，促進女孩追他。另一個男孩夢見把一隻小鳥踏在腳下，一扯它，不想扯掉了它的皮。他還威脅說：「你再跑就把你餵貓！」這裡的小鳥當然指一個女孩，這個男孩的生存策略是「威脅和恐嚇」。在對女孩時如此，在其他情境中，這兩個男孩也都會常用他們各自的策略——「我生氣了，我走了」或「把你餵貓」。

了解了生存策略，就可以深入去想一想，自己這種策略利弊何在，如何讓自己採用更有建設性的方式生活。

「原始人」既然很聰明，就不免要對身邊的人加以評論判斷。通過釋夢，我們可以獲悉他的判斷，從而幫助我們理解周圍的人。在理解周圍人的基礎上，可以使人際關係得到改善。

某人做了一個夢，夢中他的兩個朋友聯手把另一個朋友殺了。他目睹了凶殺並且決定揭發兩人。在做夢前，兩個「殺人犯」之一曾來找過夢者，在言談中流露過對「被害人」的不滿，暗示他要和「另一凶犯」一起做對「被害人」不利的事。夢者當時沒有在意，而他的潛意識卻留心了這件事，並且提醒他應該把這件事通知「被害人」。

當你認為某個人很好，而夢認為他不好時，要相信夢。反之也一樣。因為「原始人」敏感而又細心，他可以注意到別人的許許多多細微特徵和不引人注意的言行，並且根據經驗，從這些小的地方去推斷其品行。在清醒時，我們也有這種經驗，有時我們初見一個人就莫名其妙地不喜歡他，我們說不出理由，甚至相信這個人很好，但是心裡就是不喜歡。

這實際上就是「原始人」做了判斷。它根據一些細節，判斷這個人不好。這些細節我們很難注意到。舉例說，當一個人說謊時，他的瞳孔會縮小，我們誰也不會注意到別人瞳孔的收縮，但是「原始人」卻能感覺到瞳孔變化帶來的眼神差異，當一個人和你說話時瞳孔縮小時，「原始人」就感到他不可靠。「原始人」的這種判斷一般稱為直覺。一般人不太願意相信直覺，因為直覺說不出理由，但是事實證明，直覺往往是對的。

別人講述他的夢，更是讓我們了解他的一個順暢途徑。它可以讓我們看到他不加掩飾地展示出來的內心世界。人們雖然不一定願意對別人坦白內心，卻不在意給別人講自己的夢。

有個人愛上了一個女孩，但是他卻摸不清對方的態度。一天夜裡，在同學聚會談天時，他找了個機會向對方做出了暗示，但是對方不動聲色。於是他在第二天又找藉口到這個女同學宿舍去談天，並且把話題引到夢上。結果那個女孩講了她昨晚的夢，讓這個人喜出望外。原來，夢告訴他那個女孩對他已心儀許久了。

有的夢表面看起來很可怕，例如夢見親人死亡。夢醒後，夢者還會很擔心，害怕夢是凶兆，怕這件事真的發生。而實際上，夢的真實意義與表面意義是不同的。夢見親人死未必是凶兆。也許它所表示的是親人所代表的某種事物的消失。例如，某人夢見一長輩死亡，釋夢後發現，該長輩一生貧困。夢者用他來象徵貧困，這一天睡前，夢者得到消息自己畢業分配已定下來了，所去的單位收入很高。因此，夢所表示的不過是「貧困」已離他而去，這是一個快樂的夢。

有相當一部分人還相信，夢是吉凶預兆。因此夢到不好的事，會讓他們憂心忡忡，心神不安。通過釋夢，當然我這裡指的是科學釋夢，就可以解除其疑慮，可以消除迷信。

未知的東西容易引起迷信和恐懼。在人們不了解雷電的時候，人們以為它是天上的雷公在用大斧劈砍，讓人去靠近雷或者電是極為恐怖的。而在人們了解了雷是雲之間的放電之後，人們就不再提什麼雷公了，而且人們還想方法讓這種可怕的東西流進每一個家庭為之服務。人們安然睡在電的旁邊，毫不恐懼，享受電帶來的好處。

恐怖的夢也是引起迷信和恐懼的一個原因，有時，一個人夢到親人死亡等災禍，難免心中惴惴不安，甚至因此失眠和嚴重焦慮。它之所以引起迷信和恐懼，也是因為人們不了解它的意義。人們以為它是一個壞兆頭，會帶來災禍。如果你了解了心理科學中釋夢的技術，了解了你的夢的意義，它也就不可怕了。

心理學家發現，夢表面上荒謬奇怪，實際上，夢的表面意義下，掩藏著一點也不荒謬的真實意義。如果我們懂得如何分析夢、解釋夢，我們就可以知道夢的真實意義。這種意義往往並不是對未來禍福的預言，而是對你現在的心理狀況的指示，對你改善自己的心理極有助益。

經過釋夢，你就會知道恐怖的夢未必都是不好的。有時一個表面上恐怖的夢實際上有很好的含義。

有這樣一個例子：

一位女性夢見和弟弟一起走過一座橋。她先走過去了，她的弟弟落在了後面。橋忽然塌了，弟弟掉到河裡。她嚇壞了，急忙去救弟弟。可是河水流得太急了，她弟弟捲入漩渦淹死了。她悲痛地放聲大哭。她醒來以後，感到很擔心害怕，怕弟弟真會出什麼事。

心理學家聽到這個夢後，高興地說：「太好了，祝賀你，我為你高興。」這個心理學家絕不是幸災樂禍，而是通過釋夢，了解了夢的真實意義。原來，這個做夢的女性，當時正在做心理諮詢，她沒有心理障礙，只是希望通過心理諮詢改善自己的性格和她的夫妻關係。她的性格有兩面性，一面很獨立，另一面很依賴，造成她的家庭矛盾的主要是依賴性過強，種種問題因此而起。

事實上夢者是有一個弟弟，弟弟的性格是依賴性較強。經過釋夢，她的夢並不是什麼可怕的預兆，而是她當時心理狀況的寫照。「橋」在夢中出現，可能有幾種意義：有時它象徵男性性器。按心理學大師佛洛伊德的說法，橋「連接男女之間的距離」；橋還可以象徵連接友誼的紐帶；有時它還可以象徵從一個階段過渡到另一個階段。

在這個夢裡，橋就是象徵從一個階段過渡到另一個階段，象徵她的性格將有一個較大的變化。這個變化就是「弟弟落水了」。

弟弟落水也是一個象徵。對夢裡的所有情節，我們都不能按表面的意思理解。弟弟落水並不是表示她的弟弟真會落水，也不是像民間說的那樣夢要反著解——難道在水裡會冒出一個弟弟來給她？弟弟實際上也是一個象徵，象徵她自己性格中和弟弟性格相似的地方——依賴性強。弟弟落水淹死就是指她自己性格將不再是過度依賴。這個夢和實際的弟弟毫無關係。夢只是說：「你的性格將會有一個較大的改變，你將不再那麼過度依賴別人。雖然你對此不習慣（**夢中救弟弟象徵對失去舊的性格特點不習慣**），但是，這種改變是必然發生的。」

這樣的事情，難道心理學家表示祝賀不應該嗎？

有一個人夢見自己殺了一個人，他俯身去看死人，卻發現那死人不是別人，正是自己。這個被殺死的自己的樣子很醜陋。

前文曾提到一個人夢見自己被人殺死了，一把匕首正插在胸口。她氣憤至極，但是那個凶手說這只不過是一個手術。她夢見自己倒在地上，凶手在解剖自己。這時，她站在一旁看著凶手在把自己開腹剖心，忽然她明白了被殺死的不是自己。

這兩個夢看起來都很恐怖、血腥，但是實際上和上面那個夢一樣，真實意義是很好的。

前一個夢中，夢者自己殺死了一個醜陋的自己。殺死代表著消除什麼東西，殺死了一個醜陋的自己代表他消除了自己身上的一些缺點、一些醜陋的心理。

後一個夢中，另一個人即「凶手」，在做前一個夢中夢者自己做的事。但是，後一個夢的夢者自己一開始還不理解「凶手」的善意。後來她才明白，凶手殺死解剖的不是她，而是那個應該被消除的她，是她性格中的病態的東西。

夢中的「凶手」在實際生活中，是在幫她分析她性格中的問題，解剖問題，尋找問題的原因，幫她改善自己。「凶手」對她的心理分析和批評可能是有些尖銳，但是是對她有益的。夢者因為被觸痛，在情緒上有一點反感，但是「站在一旁看著凶手在把自己開腹剖心」（看別人分析自己）這一有益的經歷，使她終於懂得了，是「凶手」正在剔除自己有病的心理。

魯迅不是說他在解剖自己也解剖別人嗎？實際上，他就像這個夢中的「凶手」，讓被解剖者氣憤，但是實際上卻能使被解剖者受益無窮。

做了一個恐怖的夢，醒後真的沒必要惴惴不安，也許這個夢正象徵著很好的意義呢。

## 四、夢能輔助心理諮詢

心理醫生常常把夢作為一個了解來訪者、幫助來訪者的重要工具之一。夢是進入心靈的線索。

筆者在多年的心理諮詢與治療中就常常利用夢來了解來訪者的心理問題，甚至結合意象對話技術利用夢治療來訪者。所以在這裡我要專門談談心理諮詢與治療中夢的運用，也是為了讓讀者通過掌握夢來改善自己的心理健康、加速心靈的成長。自我分析、自我治療對每個人來說也是一個終生的任務。古人說：「自知者明，知人者智。」心理健康、心靈不斷成長對現代人的意義不單是快樂沒煩惱，而且意味著更大的適應性、更強的心理力量和更融洽的人際關係。

一個面色蒼白的女孩走進我的諮詢室。她大約二十五六歲，皮膚白得有些不協調。她是因為最近總是無緣無故地嘔吐，才來到我這裡，尋求心理治療的幫助。她告訴我，最近總是不舒服，醫生多次為她做身體檢查，沒發現任何異樣。「是醫生建議我來做心理治療的。」她說話的聲音低低的，始終沒有抬頭看我。我的各種提問都被她輕聲而漠然地擋了回來。於是我決定從夢入手，了解她、幫助她。

她給我講了一個夢：

她在看一本連環畫，但畫像電影一樣會動的，故事的女主人公爬過嵌滿了豎起的玻璃片的牆頭，和她一起爬的是幾個陌生的男人。他們也許是想去偷什麼東西。這時彷彿他們被人發現了，女主人公也想和那幾個男人一起往外逃。可是，那幾個男人很輕鬆地就翻過了牆頭。女主人公很張惶地看著他們。同時，她的雙臂上抱著一個已死的嬰兒。

我判斷這個夢裡反映出她心理創傷的癥結。她很想把這種感覺「吐」出來，「吐」掉。這是一個很明顯的與失身、懷孕、墮胎有關的夢。夢中連環畫的女主人公就是夢者自己。因為自己無法承認、面對這是自己所經驗過的事，就把這種不愉快、痛苦的經驗投射在別人身上。

夢者曾和男性有過越軌的行為。「爬過牆去偷什麼」指越軌行為，至於越軌的是什麼，則由「豎起的玻璃片」來象徵，這是陰莖和性交的象徵。在對性還十分無知的少女心目中，性是危險的，會劃傷自己。接下來夢再繼續演繹整個過程。越軌了之後怎樣呢？出現了「危險」，而當危險來臨的時候，男人卻「輕而易舉」地就走開了，把女人留在危險之中。是什麼樣的危險呢？女人的手臂上抱著個死亡的嬰兒。這是墮胎的象徵。懷孕了又墮胎，結果就是一個「死亡的嬰兒」。

到這裡可以說「夢相大白」。來訪者可能有一番難以啟齒的經歷。她和什麼人發生了性關係，但懷孕及墮胎的後果卻只有她一人承擔。由於無人傾訴，這一段羞辱、難堪，還有整個過程的恐懼、無助，使她如鯁在喉。所以她的反應是嘔吐，她非常想一吐為快，從此輕鬆生活。

雖然有了這樣的判斷，卻還不能唐突地對她和盤托出。而且判斷歸判斷，心理治療師對自己的任何判斷都得保持一定的彈性。否則就是武斷。

我對她說：「夢中連環畫裡的那個女主人公，好像陷入了某種困境。是什麼呢？」

她沉吟了一會兒說：「她很害怕。」

我的語氣盡量和緩：「她怕什麼？」

「沒有人能幫她。」她語氣低沉地說。

「你問問她，她有怎樣的心事，才使她這樣痛苦、害怕。」我說。

「她很蠢、很傻，也很下賤。」她的語氣有些激烈。

「為什麼要這樣說？」我預計著快觸碰到橫亙在她心裡的那塊礁石。果然，她抬起頭，又期盼又疑惑地看著我。「你覺得我們說這些有用嗎？已經這樣了，還能怎樣？」她說。

「發生的事不能改變，但它對我們的影響可以改變。改變了，我們就可以生活在今天而不是一輩子生活在昨天。」我鼓勵她說。

「我想你已經知道了？」她說。

「重要的不是我知道不知道，而是你自己怎樣理解，怎樣從過去的陰影裡走出來。」我繼續鼓勵她、安慰她。

「能走出來嗎？」她像在問自己。

「如果夢中的這個女人是你最要好的朋友，你和她情同姐妹，那麼看到她這樣你會怎樣對待她呢？」我啟發她。

「她怎麼了？」她一臉想掩蓋什麼痛苦的迷惑。

「她和男性去了有危險的、被禁止去的地方。結果男性輕鬆逃脫，而她自己陷在裡面，手裡抱著個死去的嬰兒。」我很耐心，也很理解她的心理阻抗。

「我不知道該對她說什麼？」她很冷漠地反應道。

我意識到這個創傷對她有多巨大。所以我更耐心、更溫和地對她說：「想像你是她最最要好的朋友，除了你，她沒有別的可以依靠的親人和朋友。你看到她很痛苦、很害怕，你心裡也很難過。我想作為她的好朋友，你能忍心她就這樣陷在這種處境和心境中不能自拔嗎？」

「我不知道我能做什麼。」她說，語氣和緩了許多。

「先找到你關心她、愛護她、願意幫助她的感覺。你是愛護她的，不管她做了什麼，對嗎？」

我注意著她細微的變化，力爭每個字都有打動她的分量。

「對，我想是的，因為我們是朋友。」

「是最好最好的朋友。」我插話道。

「對，是很知己的朋友，所以不管她做了什麼，我都一樣看重她。」她彷彿很費力地說。

「對，因為你關心她、愛護她，所以願意幫助她。那麼看到她這樣害怕、無助地站在那裡，你會做什麼，會怎樣反應呢？」我問。

「我會上去抱住她，讓她不要害怕。」她說。

「你上去抱住她，她會怎樣反應呢？」我問。

「她會發抖，一直抖個不停。」她說。

「那你怎樣做呢？」我問。

「我會更緊地抱住她，對她說，別怕，別怕，有我在，我會幫助你的。」

「那麼然後呢？」我知道她已經可以按我引導她的方式繼續往下做了。

「她不那麼怕了，我和她一起把孩子埋掉了。我對她說：『這不是你的錯。向前看，你還年輕。誰都有走錯路的時候。』她聽了，臉色顯得比剛才紅潤了些。」

「然後你們會做些或說些什麼呢？」我繼續問。

「我想帶她走出那個園子，那個園子死氣沉沉的，並不適合她。」她說。

「好吧，那你和她一起出來吧。」我說。

「怎麼出來的？」我問。

「我們走到牆跟前，發現有半開的柵欄門，其實是很容易出來的。她有些猶豫，回過頭看，我想她是在看那個小孩的墓地。」

「你怎麼做了呢？」我問。

「我對她說，過去的就讓它過去，向前看。於是我們就出來了。……外面的陽光很強烈，她有點不習慣。我對她說：『你很快就會習慣的，你不是一直都很喜歡陽光嗎？』她慢慢也感覺到陽光的溫暖了。」她說著，臉上也越來越恢復了些血色。

「你現在的感覺怎樣？」我問。

「輕鬆了很多。」她邊說，邊長長地吁了口氣。

以此為契機，我又和她面談了幾次，直到她內心的力量越來越強，帶領她從容地走進今天的陽光裡。那一段經歷帶給她的罪惡感、羞恥感、自卑、自責，都被整理好，掩埋了起來。她終於從昨天的陰影裡走了出來。

其實，每一個傷疤都可以蛻變成玫瑰，只是這個轉化還需要更深地進入心靈。也許她的另一個夢又是一道漏進心靈的微光，我們摸索著它，可以不斷地深入領會心靈的巨大和豐富。那時收穫的不只是常識意義上的心理正常，而是心理真正的健康和成長。

當然，夢僅僅是進入心靈，或者說進入潛意識心理的一個線索。但正因為它的特殊性，它已成為進入心靈或潛意識心理的重要管道。

美國心理學家蓋爾．戴蘭妮的一個例子也很好地說明了這一點。

艾田是美國中西部人，她是六個孩子的母親，剛滿六十歲後不久，做了這樣的夢：「我跟鮑勃．霍普（好萊塢著名喜劇演員）一起在床上。我不認為他知道我跟他躺在一起，我大氣都不敢喘，免得他難為情。事後我向桃樂絲描述他身上穿的那件毛衣，桃樂絲說她曾在電影上看過。我回答說，根本沒有任何一部這樣的電影。」

艾田一點都不明白，這個夢代表什麼意思。她從來不曾分析過自己的夢境，也無法想像，為什麼夢中會跟鮑勃．霍普一起躺在床上。戴蘭妮問：「誰是鮑勃．霍普？」艾田說：「他是個和善的男人，也是有趣的喜劇演員，我喜歡他，也很崇拜他。」她們的夢境面談沿著下述方式繼續進行。

戴蘭妮（以下簡稱「戴」）：為什麼你會讓鮑勃．霍普覺得難為情？

艾田（以下簡稱「艾」）：我肯定他上錯床了。如果他知道是跟我躺在床上，一定會很難為情。所以我盡量保持安靜，不驚動他。

戴：你為什麼那麼確定他上錯床？

艾：我只是假設。你說，鮑勃．霍普怎麼會想跟我一起上床？

戴：那麼，你認為他想跟誰上床？

艾：漂亮、年輕、有魅力的女郎，我想應該是這樣，但絕不會是我！

戴：所以你只是假設你的想法是對的，沒有任何證據？

艾：不錯，這很明顯嘛。

戴：太可惜了，我敢打賭，如果當時你跟鮑勃．霍普講話，他一定會告訴你是誰跟他一起躺在床上。由於整個夢境是你一手製作的，你安排鮑勃．霍普登臺演出，因此，整個夢境是有目的的，而且也無所謂上錯床，這樣的假定似乎也很正常。角色是由你分配的，其中包括鮑勃．霍普上錯床所讓你引起的感覺。這個感覺顯出你對自己的看法，那就是「我一點都不動人，沒有魅力，不能吸引像鮑勃．霍普這樣的人」。

艾：對，我自知無法吸引鮑勃．霍普。至於能不能吸引像鮑勃．霍普這樣的人，我不知道。

戴：桃樂絲是誰？

艾：一個非常要好的朋友。

戴：她好像對你說，毛衣很重要，而且可以在某部電影中看到這件毛衣。可是你卻說，根本沒有任何一部這樣的電影，為什麼？

艾：我不知道。

戴：你還記得毛衣的樣子嗎？

艾：記得。我在夢裡還有印象。那是件白色毛衣，上面有一隻綠色的小鱷魚，像是件高爾夫球衣。

戴：你知道有誰穿過類似的衣服嗎？

艾：不知道，我想不出來。

戴：確定「任何人」都想不出來嗎？

艾：……想不出。

戴：昨天，我看到一位你很熟的人穿著這件衣服。

艾：誰？

（此時，和艾田結婚四十年的丈夫喬治，把這件焦點衣服從手提箱中拉出來。）

艾：哎呀，喬治！你是我的鮑勃．霍普嗎？

從艾田所做的夢，戴蘭妮正在幫助她看出丈夫身上的鮑勃．霍普。而艾田無法全然欣賞喬治身上有趣、幽默的「明星」特質。有哪些因素妨礙艾田欣賞喬治身上的鮑勃．霍普呢？她的夢裡有一個線索。夢中，她與鮑勃．霍普毫無瓜葛，因為她肯定自己「配不上」他。她因為缺乏自信而不敢「高攀」。由於艾田相信自己無法吸引有鮑勃．霍普性格的人，因此她自然無法欣賞有類似特質而且能被艾田所吸引的男人，那男人正是她丈夫。婚姻生活中，這並不是非比尋常的問題，通常，配偶中的某一人或是彼此，常為自卑所苦。

釋夢本身就可以作為心理諮詢及治療的一種方式，如以下夢例：

「我夢見有個醜陋、粗壯、高大的男人闖進來，穿著黑衣服，手裡拿著手槍。我和另外兩個男的在屋裡，我們雖明知打不過他，但仍然和他搏鬥。這時另兩個男的中的一個不見了，好像是溜出去了。這個闖進來的人對我說：『我前世殺了你。』我一聽彷彿記起來似的，憤怒地朝他撲過去。

他對另外的那個男子說：『是我使你成了孤兒。』那個男子也很憤怒，知道是他殺了自己的父母。來人也在找另一個男子。

「我們一起從玻璃窗出去。這時夢境一轉，這個闖進來的人，頭朝下掉在了下面的水池裡，他平躺在水面。於是我用我手裡的槍瞄準他。覺得瞄準有些困難，我打中了他的肩膀。我想這樣並不能打死他。於是又瞄他的後腦勺。我開了五槍，我覺得他的腦漿被打了出來。四周圍了許多人來看，他們朝他的屍體扔石頭，嘲笑他。我又有些不忍。我和另一個人（那個孤兒）一起去護衛他的屍體，那第三個人始終看不見。」

夢者是個三十九歲的學者，因為新近到一個大公司工作，負責市場銷售，所以壓力很大，前來諮詢。

有些夢是很重要的，它往往反映的是夢者較深層的心理內容。如何「嗅」出那些夢是重要的，這要靠釋夢者的經驗和進入自己心靈的程度。這二者結合，釋夢者可以很容易有一種發現重要夢的直覺。

我意識到這個夢對他很有意義。於是我以此為切入點，直接對他進行輔導。

我：你現在舒適地坐好，盡量進入你夢中的形象。讓夢境盡可能生動地復現在你眼前。能做到嗎？

來訪者：能。（輕輕地閉上了眼睛）

我：夢中的這些人物都是你人格的不同側面。有的側面你樂於認同、容易認同，就好像你的兄弟或好朋友；而有的側面你不能也不願意認同，就像你夢中的強盜。其實，這些都是你人格的不同部分。好，回到那個醜陋、粗壯、高大的男人剛剛闖進來時的情景。讓夢中的你放鬆，友好、和平地面對來者。試試看。

來訪者：（**呼吸變得勻且長，深深地吁出一口氣**）

我：請你以一種很友好、很歡迎的姿態對他說：「你來找我有什麼事嗎？我很高興你來，我一直盼著你來。」試試看。

來訪者：我並不希望他來。

我：（**語氣和緩地**）他是你人格中的一部分。你們彼此生疏得太久了，本來是兄弟一家人，何必互相敵視？

來訪者：我就想和他拼殺，誰怕誰。

我：他就好比你的左手，你就好比右手，你願意用右手砍掉左手，還是願意兩隻手一起做事？

來訪者：（**沉吟了一會兒**）好吧。我問他『你來幹什麼』，他說，他想讓我認識他。我就上去拍了拍他的肩膀。

我：他有什麼變化或反應嗎？

來訪者：他的臉比剛才好看多了。

我：你身邊的那兩位也是你人格的不同部分，你們幾個原本就是一個人，就像四個最好的兄弟。你們互相表示下友好。

來訪者：我們幾個抱在一起，大家都挺高興的。後來不見的那個，比較瘦小，低著頭好像不高興。

我：你們去關心關心他，他肯定有自己的心事和委屈。

來訪者：我們問他怎麼了。他說，他覺得自己無能，沒臉和我們待在一起。

我：你們怎麼做呢？

來訪者：他是挺無能的，根本不適應壓力社會。

我：他也是你的兄弟，而且他未必像你想的那麼無能。你去擁抱他，看看會發生什麼？

來訪者：我擁抱他了。他很高興，而且好像變得高大起來，人也顯得結實。

我：我們每個人其實都是充滿智慧和力量的，需要愛來激發。

來訪者：我們四個一起要出去做些什麼了，我們從門裡不是從窗走出去。門是正道，窗是左道。

我：這和你的生活有關係嗎？

來訪者：（微笑著）我可以堂堂正正地做生意、做人。（**長長地吁口氣，胸部起伏著，人坐得更舒展些**）合在一起了，變成另外一個人，這個人強壯、有力而且相貌俊朗。

我：好，把這個人和你，現在坐著的你合在一起。

來訪者：（**胸部明顯地起伏，慢慢睜開眼睛，微笑著**）我想我該抓緊時間工作了，謝謝你，我知道該怎麼做了。

我：不斷地在生活中接納你自己，好的、壞的、聰明的、愚蠢的、堅強的、軟弱的，只要你接納他們，你就會更有力量、更豐富，也會更有智慧。

分析到這兒，這個夢的意義，我和他都已明瞭。他說：「這個夢反映了我自命清高的學者部分的人格與世俗的人格之間的矛盾。而世俗的人格（夢中以醜陋、粗壯、高大的男人代表）是我的一部分，他有一種現實的力量。可能正是基於這部分人格，我才有棄文從商的舉動。然而心裡又厭惡他的世俗，所以夢裡就有了文弱書生與世俗強盜的殊死搏鬥，結果還是我的書生一面佔了上風。好在我隱隱約約也有些認同那現實的一面（夢中以憐憫他的死代表），否則，也不會這麼順利地和他結合。」

上面這個例子就是用夢做心理輔導的一個實錄。用這種方法，在心理治療中或在自我幫助中，都可以把了解自己和自己的成長很好地結合起來。它可以避免冗長的自由聯想費時費力的缺點，也不會陷於「我的內心原來是這樣，可知道了又怎樣，我怎麼改呀」的困惑。

使用這種方法其實很簡單，只要掌握兩個最基本的原則：一是夢中所有的人、事、物都是自己心靈的一部分；二是無條件地接納自己的心靈，及心靈中任何一個部分。

具體的操作技術是：讓心靈中的各部分交流、溝通；然後彼此擁抱，接納對方；最後合為一體。懂得了這個方法，那麼每一個夢都是在提醒你，還有哪些心靈內容沒有得到整合，於是再整合。這個過程就成為心靈不斷成長的過程，而心靈的成長會帶給你整個人生的改變，從人生觀到生存方式、人際關係、身體狀況等等。

當然說難也難，難就難在你必須明瞭並相信，無條件的接納或說無條件的愛，真的能創造奇蹟。

無論如何，就像我在諮詢中常說的，「試一試」，因為它真的很值得試，而且只有試了，你才會真的懂、真的去用。

# 第十五章

# 夢與文化

# 一、夢文化的解讀

通過對夢的研究，人們形成種種觀點，從而有了種種夢行為習慣以及各種傳統並成為本民族文化的一個有機的組成部分：夢文化。在這一章，我們將從心理學的視角，對夢文化評頭論足，加以分析解讀。

當然，我們分析的重點是中國的夢文化。此書不是專門研究文化的著作，所以僅以漫談的形式、簡略的文筆，提出夢文化的隻麟片爪，供讀者了解。

## 1. 解讀夢的靈魂觀

古老民族和現代的一些保持了原始思想的民族中，夢的靈魂觀是最常見的。

中國東北的赫哲族人，清代以前尚處在史前時期。在他們的信仰中，人人都有三個靈魂：一是生命的靈魂，一是轉生的靈魂，還有一個思想的靈魂或觀念的靈魂。據說，生命的靈魂賦予人們以生命，轉生的靈魂主宰人們來世的轉生，觀念的靈魂使人們有感覺和思想。人們在睡眠的時候，身體所以不動，耳目所以沒有知覺，就是因為觀念的靈魂離開了肉體。人們所以做夢，所以在夢中能看見很多東西，甚至看見已經死去的親人，就是因為觀念的靈魂離開身體後，能到別的地方去，能同神靈和別的靈魂相接觸。正因為夢中靈魂可以同神靈相接觸，可以同祖先的靈魂相接觸，因此他們便把夢象作為神靈或祖先對夢者的一種啟示，夢象隨之對夢者就有了預兆的意義。在赫哲族人看來，有些夢是好夢吉兆，如：夢見喝酒得錢，預示著打獵會滿載而歸；夢見死人、抬棺材，預示著一定能打到野獸。有些夢則是壞夢凶兆，如：夢見黑熊預示著災難降臨，不是家裡死人就是親屬死人；夢見騎馬行走，預示著狩獵空手而歸。赫哲族人對夢兆的這種迷信，明顯地同他們的狩獵生活聯繫在一起，也同他們古老的思維方式聯繫在一起。人們從上面所舉的一些夢兆中可以看出，這些夢兆都是基於生活經驗的一種「逆推」。拉回來獵物才能有錢有酒；反過來，喝酒、得錢之夢，只有拉回來獵物才能應驗。同樣，打死了野獸，必須像抬死人、抬棺材那樣把它們抬回來；反過來，死人、棺材之夢，在打死了野獸之後也算得應驗。還應補充一點，原始人常常喜歡把自己打扮成野獸的樣子，抬死獸在他們的心目中，同抬死人沒有兩樣。

生活在興安嶺大森林的鄂倫春族人，同樣也有靈魂的觀念。他們對靈魂的解釋和赫哲族人大體相同，只是主要強調觀念的靈魂。人為什麼會做夢？他們也認為，人睡眠時靈魂離開肉體跑出來，像是遇到了什麼東西。死去的人為什麼能在夢中相會？他們認為，親人的肉體雖然死亡，他們的靈魂還存在。

中國西南的傈僳族人，解放前其生活的有些地區還停留在刀耕火種的原始階段。傈僳族人不但信仰靈魂，而且還有夢中「殺魂」之說。據說，有一種人叫「扣扒」，他的靈魂是一隻鷹鬼。由於鷹鬼在夢中可以「殺魂」，人們對「扣扒」非常害怕又非常氣憤。如果一個人夢見一隻鷹，同時又夢見某個人，某人即是「扣扒」。夢者如果由此得病以至死亡，那就是夢者的魂被「扣扒」殺了。為了證明某人是「扣扒」和追究「殺魂」的責任，巫師們要舉行駭人的撈油鍋的儀式進行「神判」，「扣扒」將因為「殺魂」而受到嚴厲的懲罰。

瑤族人對夢兆也有他們的解釋。據說，夢見太陽落山，父母有災；夢見颳風下雨、夢見與女子相戀，自己有災；夢見唱歌，要與別人吵架；夢見吃肉，有病有災；夢見吃飯，將勞累終日；夢見解大便、蛇跑或自己把木頭、石頭滾下山，都要丟財。相反，夢見打小蛇或火燒房子，要進財或發財，夢見野火燒山或夢見父母，天要下雨；夢見死人或自己死，則自己或被夢者長壽有福；夢見哭，倒有福氣等等。

景頗族人一般把靈魂稱作「南拉」。他們認為人之所以做夢，就是因為靈魂離開了自己的肉體。如果靈魂不離身，人就不會入睡做夢。有時候入睡卻不做夢，就是因為靈魂外出沒有碰見什麼東西，如果靈魂外出碰到什麼怪物，人在睡眠中就要做起怪夢來。按照景頗族的習俗，夢見槍、長刀之類，是妻子生男孩的吉兆；夢見鐵鍋和支鍋的三腳架之類，則是妻子生女孩的吉兆。夢見黃瓜、南瓜結得很多，自己又摘了一大籮背回來，據說是凶兆。夢見太陽落、牙齒掉和喝酒吃肉也是凶兆，不是家裡死人就是鄰居死人。

在現代人看來，靈魂存在的說法是一種迷信，按生物學和物理學解釋，精神活動歸根結柢是大腦的活動。在睡眠時，也不可能有什麼實體的靈魂從腦子裡飛出去。

但是，現代人嘴裡說不信靈魂存在，在心中卻常常或多或少有相反的意見。人們會傳說一些怪事，這些怪事只有用靈魂甚至鬼神才能解釋。反迷信的工作之所以不斷地進行，正是因為迷信在不斷地冒出來。我們談到古代人的信鬼神靈魂，可以說那是因為他們不知道科學，而在科學已經如此昌盛的今天，為什麼人們卻並不能和舊的觀念一刀兩斷呢？

以心理學來看，這是因為「靈魂」這一觀念經過了人類一代代的長久的信仰，已經沉澱進入了人的心靈深處，進入了人的集體潛意識。而集體潛意識中存在的東西，不是輕易就可以改變的。另外，我們還可以說「靈魂觀」、「鬼神觀」的產生，都是人把一些精神性的存在想像為實體的結果。除了物質性的存在，如山、樹、石等等之外，還有觀念性的存在。比如我們說：「這個世界上存在著真、善、美，也存在著假、惡、醜，存在著正義，也存在著詐偽。」正義是一個存在，但不是物質性存在，它看不見摸不著，但是它仍舊是確確實實的存在。除了物質性、觀念性的存在，還有精神性的存在。榮格所說的原型就是精神性的存在，一個「英雄原型」雖然也看不見摸不到，但是它也確確實實存在。

當一個人喚醒了自己的英雄原型，他會感到彷彿有個英雄活在自己心裡，鼓勵自己面對一切困難，征服一切困難。也許這個人有一天會死去，但是他可以以自己的英雄行為激發起另一個人心中的英雄原型，這樣，彷彿那個英雄沒有死，還活在了另一個人心裡。我們會象徵性地說，英雄沒有死，英雄是永生的，他會在一代代人身上復活。

原始人和現代人的潛意識，有時會把這一精神性存在當成物質性存在，猜想有個英雄的靈魂附在這個人的身體上，使他變得勇敢無畏。這個靈魂也許以一隻鳥的形態出現，也許只是看不見的一股氣。但是即使是氣，也是一種物質，而精神性存在不是物質。他們混淆兩種存在形式就是靈魂觀出現的原因。在做夢時，我們的心理的確在活動，我們的心思和想像的確離開了身體，到了各個地方，但是心理、心思和想像都是精神性存在，如果把它們當成靈魂，那就是混淆了。

## 2. 解讀夢的文化

雖然以心理學釋夢只有一百多年的歷史，但是人類的占夢活動卻有極為久遠的歷史。古今中外的各種占夢的理論及方法多如牛毛。

從心理學分析，占夢活動應該是古人類的極為重要的活動。現代人的生活中，邏輯思維佔舉足輕重的地位，而在原始人那裡，這種邏輯思維還未形成，或至多有一點簡單的萌芽，那麼，原始人靠什麼來決定行為呢？他們所具有的只有形象思維，只有象徵，而夢又是人最主要的象徵活動，所以夢在原始人那裡的作用就如同邏輯思維在現代人這裡的作用一樣巨大。占夢的作用就如同現代人進行邏輯推理。

中國古代很早就有占夢的記載，據劉文英先生總結，根據現有文獻，提到占夢最早的人物是黃帝。皇甫謐《帝王世紀》曰：「黃帝夢大風吹天下之塵垢皆去，又夢人執千鈞之弩驅羊萬群。」醒後黃帝自我分析：「風為號令，執政者也；垢去土，后在也。天下豈有姓風名后者哉？夫千鈞之弩，異力者也；驅羊萬群，能牧民為善者也。天下豈有姓力名牧者哉？」於是「依二占而求之」，得風后、力牧兩位名臣。

這個記載故事非常清楚，但其內容則妄不可信。黃帝的時代，尚無文字，怎麼還能運用析文解字來占夢？即使有文字，也不會是漢魏時期的隸書，而應該比甲骨文還要早的象形文字或圖畫文字，用析文解字來占夢根本不可能。但是，參照國內外許多原始民族的情況，如果說黃帝的時代已經出現占夢，那倒完全有此可能。

黃帝和堯舜禹時代的夢與占夢活動，都係遠古的傳說，只能供研究參考。在中國歷史上，從殷人開始，夢和占夢才有了可靠的記載。殷人的甲骨文字中，已經出現了比較規範的「夢」字。甲骨卜辭中有關殷王占夢的記載也很多。而且殷王總是問，其夢有禍沒有禍，其夢有災沒有災。這說明，殷王對其夢的吉凶非常關心，也說明，占夢在殷王的生活中佔有相當重要的地位。

根據著名甲骨學家胡厚宣的歸納，殷王在卜辭中所占問的夢境或夢象，有人物、鬼怪、天象、走獸，還有田獵、祭祀等等。在人物當中，既有殷王身旁的妻、妾、史官，又有死去的先祖、先妣。在天象當中，既占問過下雨，又占問過天晴。在走獸當中提到牛和死虎。其中要數鬼夢最多。同怕鬼的心理相聯繫，殷王占夢似還有一個特點，就是多著眼於夢的消極方面，因為殷王凡遇鬼夢總是問有沒有禍亂、有沒有災孽。其他夢景、夢象，一般也是這樣占問。「有沒有喜幸」的占問，從未見過一例。大概由於這個緣故，殷王儘管無事不占，占夢在整個占卜中的地位並不那麼重要。

根據許多古籍的記載，殷高宗夢傳說的故事，流傳很廣。據說殷高宗（武丁）夢見上帝賜給他一位良臣，來輔佐他主持國政。他根據夢中這個人的形象，到處尋找。結果在傅岩之野發現一位奴隸，名說，很像。於是便把他立為國相。

《史記．殷本紀》和《帝王世紀》等也有類似記載，基本情節相同。這個故事和卜辭不同的地方在於，它強調高宗德行高尚，感動了神明、感動了上帝，所以神靈給他託夢。

在我們今天看來，此夢很可能是武丁為了破格用人而杜撰。但是，就算是杜撰此夢，利用神道，為使人們相信就不能隨意胡編，而必須利用愛恨分明的傳統的觀念。我們著重想要指出的是，殷人不但認為鬼魂能夠通夢，而且認為上帝也能通引入夢，夢境、夢景和夢象，都是神意的表現。

周人滅殷之前，夢的傳說和占夢活動也極為頻繁。據說，周文王和周武王事前都做過不少吉夢，預兆著周人代殷。

《帝王世紀》曰：文王曾夢「日月著其身」。日月，帝王之象徵，顯然是說文王受命於天。《尚書．太誓中》還記載著武王伐紂時的明誓之言：「朕夢協朕卜，襲於休祥、戍商必克。」武王到底做了一個什麼夢，《太誓》沒有講。據《墨子．非攻下》說：「武王踐功，夢見三神曰：予既沉漬殷紂於酒德矣，往攻之，予必使汝大勘之。武王乃攻。」

以上諸夢，明顯地都有強烈的政治意義和政治目的，不可避免地包含著虛構。但從中我們可以看出，占夢在周人政治生活中佔有極重要的地位，周王對夢的態度，似比殷王更為虔敬。凡有關政事，必召太子。而占夢則需在神聖的明堂。占為吉夢，更要向上帝神明膜拜，以感謝上天的保佑。

在周人滅殷的過程中，姜太公起了極其重要的作用。正像武丁夢得傅說一樣，關於姜太公也有很多夢的傳說。據讖緯《尚書中候》說，太公未遇文王時，曾釣魚於溪，夜夢北斗輔星告訴人以「伐紂之意」。那姜太公就應當是天神派遣的輔臣了。《莊子．田子方》又說，文王夢見一位「良人」告訴他：「寓而政於臧丈人，庶幾乎民有瘳乎！」這位「良人」不同凡俗，當屬神人；「臧丈人」即在臧地釣魚的漁夫，實指姜太公。

《博物志》還有所謂「海婦之夢」，據說太公為灌壇令時，文王夜夢一個婦人當道哭，曰：「吾是東海神女，嫁於西海神童。今灌壇令當道，廢我行。我行必有大風雨，而太公有德，吾不敢以暴風雨過。」東海神女當為龍王女。龍王女遇姜太公都害怕，足見其神威。這些夢當然也可能有後人的虛構，但用夢來神化周初這位名臣，當時完全是可能的。

從《周禮》當中我們還可以看到，周人在占夢時把夢分為六類：「一曰正夢，二曰噩夢，三曰思夢，四曰寤夢，五曰喜夢，六曰懼夢。」「六夢」之中有「懼」亦有「喜」，這說明周人對夢的心理和殷人單純的懼怕頗不相同。

從《左傳》一書中，人們可看到，各國諸侯在春秋時期的歷史舞臺上表演得相當充分。他們無論遇到戰事還是進行祭祀，都愛疑神疑鬼，因而他們對夢的態度大多非常認真。

《左傳．昭公七年》記載，衛卿孔成子夢見衛國的先祖康叔對他說：立元為國君。史朝也夢見康叔對他說：我將命令苟和圉來輔佐元。由於兩人之夢相合，衛襄公死後，孔成子即把元立為國君，他就是衛靈公。《左傳．昭公十七年》記載，韓宣子曾夢見晉文公拉著荀吳，而把陸渾交付給他，所以他決定讓荀吳領兵掛帥。荀吳滅了陸渾之後，他特地把俘虜奉獻在晉文公的廟裡。在這兩個記載中，孔成子之立國君和韓宣子之命統帥，也都把夢作為他們的根據。他們同樣認為，康叔在夢中說的話，也就是祖先的命令；晉文公在夢中的活動，也就是祖先的意旨。由此可見，他們對夢的迷信，何等之深！

《左傳》所記之夢，大多是諸侯公卿之夢及其將相臣僚之夢。當然，夢者當中，也有諸侯的嬖妾和一般的小臣。但所夢的內容，也都因為與諸侯有關，才被記載下來。至於夢象和通夢者的情況，似比殷周時期要複雜。

第一類夢象和通夢者是神靈，有天、天使和河神等。

第二類夢象和通夢者是「厲鬼」。「厲鬼」即惡鬼，據說絕後之鬼常為「厲」。這類夢一般屬於凶夢，而在夢中為「厲」者，多是夢者仇敵的鬼魂。

第三類夢象和通夢者是先祖、先君之靈。這類夢在《左傳》中最多。如孤突夢太子申生，孔成子和史朝並夢康叔，魯昭公夢襄公，韓宣子夢晉文公等。由於它們向夢者所傳達的都是先祖先君的意旨，因而一般都是吉夢。《左傳．成公二年》記載，韓厥夢見其父子輿對他說：「且避左右。」讓他第二天在戰車上不要站在左右兩側，他便站在中間駕駛戰車追趕齊侯。結果，站在車左的人死在車下，站在車右的人死在車裡，他不但保全了性命，而且取得了勝利。

第四類夢像是帶有象徵意義的日月、河流、城門、蟲鳥之類；通夢者雖未點明，終究只能歸於神靈。

值得注意的是，《左傳》對於王侯將相之夢的記載，完全作為一種重要史實或史料來看待。凡是前文記夢，後文必述其驗。《左傳．成公十年》載：「晉侯夢大厲，被髮及地，搏膺而踴曰，殺余孫不義，余得請於帝矣！」晉侯夢「大厲」，其驗更神更奇。先是晉侯召桑田巫占夢，巫說：「看來，君王是嘗不到新麥子了。」晉侯由此病重，求救於秦國著名的醫緩。醫緩未到之前，他又夢見兩個小孩，一說：「醫緩是名醫，恐怕要傷我們，我們往哪裡逃？」一說：「我們待在肓之上膏之下，看他把我們怎麼辦！」醫緩到後對晉侯說：「病沒有辦法了。肓之上膏之下，砭石不能用，針刺夠不著，藥物也達不到。」到了麥熟時節，晉侯認為早先桑田巫的占卜是胡說，他要當其面口嘗新麥。可是，剛要進食，肚子脹，進了廁所便栽在糞坑一命嗚呼了。作者不厭其煩地記述事件程序，他到底要說明什麼呢？顯然，他要通過這些所謂「史實」告訴人們，夢的吉凶應驗是注定的，誰也無法抗拒。

《左傳》對夢的記載，反映了那個時代占夢在社會上的影響。孔子雖稱「不語怪、力、亂、神」，然對夢同樣是很迷信的。孔子晚年曾經說過：「甚矣吾衰也！久矣吾不復夢見周公！」（《論語．述而》）應該說，這種哀歎並不是嚴肅地對夢發表什麼見解，但確實包含著一種觀念，即周公之靈不再給他託夢而提供新的啟示了。孔子在行將就木之前還講過：「而丘也殷人也。予疇昔之夜，夢坐奠於兩楹中間。」（《論語．檀弓上》）他夢見自己坐在兩楹之間而見饋食，以為是凶兆。這也證明孔子雖非事事占夢，然確實受到占夢迷信的影響。

到了戰國時期，七雄爭霸，完全是一場經濟實力、軍事實力以及智術謀略上的較量。由於人的作用得到充分的顯示，無神論思潮空前活躍。由此，占夢在上層人物心中的地位急劇下降。在記載這一時期歷史的文獻中，就很難看到哪個國君及臣僚以占夢決定政治軍事活動。在思想界，作為儒家代表人物的孟子、荀子，作為法家代表人物的商鞅、韓非，以及道家的莊子，兵家的孫臏，陰陽家的鄒衍，都沒有流露出他們對占夢的迷信。當然，占夢在民間的影響肯定還是很深的。

由以上材料可以看出，占夢在遠古有十分重要的地位。殷高宗要提拔傅說、周文王要提拔姜太公，都是只需說一個夢，就可以讓一個平民做相國。這種事情不要說在現在，就是在秦漢以後的封建時代也是幾乎完全不可能的。占夢的重要性到後來逐漸降低，除了其他因素外，在心理上的原因是，人們的心理離深層的集體潛意識越來越遠，因而原始意象對人的影響減少了。

### 3. 解讀古代占夢術

古代占夢術的理論是非科學的，但是這並不意味著古代占夢術一無可取，因為古人在生活經歷中可以直覺地了解到一些夢的意義，也可以發現一些常用象徵的意義，甚至其占夢方法中，也有一些合乎心理學原理。但絕大多數都似乎帶有宿命論的味道。

我們試舉一些例子。

在《敦煌本夢書》中有如下占夢的內容：

夢見龍鬥者，主口舌。
夢見龍飛者，身合貴。
夢見黑龍者，家大富。
夢見蛇當道者，大吉。
夢見蛇虎者，主富，吉。
夢見蛇入床下，重病。
夢見（蛇）上屋，大凶。
夢見蛇上床，主死事。
夢見蛇相趁，少口舌。
夢見蛇咬人家者，母衰。
夢見蛇作盤者，宅不安。
夢見打煞蛇者，大吉。
夢見雜死（色）鳥者，遠信至。
夢見飛鳥入屋，凶死。
夢見飛鳥自死，行人病。

夢見百蟲自滅，小口衰。
夢見蝦蚪者，大吉利。
夢見蜘蛛、蟢子，口舌。
夢見龜者，口舌。
夢見鱉者，主百（事）吉但。
夢見魚者，盡不祥。

我們知道，蛇的象徵意義很多，其中有「狠毒」等意義。所以有時可能一個人夢見蛇上屋、上床或入床下，過不多久的確遇見了禍事。我們可以假設有一個人隱約感覺到生活中有個陰險小人在算計自己，於是夢見蛇，結果不久這個小人真的用詭計害了夢者，而夢者就得出結論：「夢見（蛇）上屋，大凶。」這種經驗的總結有時的確會對，但是卻不一定總是正確，因為蛇也可能代表其他意義。假如有一個女人夢見蛇上床是在她新婚之夜，那麼這僅僅是一個性象徵，而且是一個喜悅的象徵。

正因為如此，這類占夢辭書往往會自相矛盾，如前邊說「夢見蛇虎者，主富，吉」、「夢見蛇當道者，大吉」，後邊又說「夢見蛇作盤者，宅不安」。

在印度，也有和中國相似的占夢書。下面摘錄一些在印度常用的夢象徵，讀者可以對照比較一下。

咬牙——夢見自己用牙咬別人，預示著要報仇。夢見自己又咬了一個人，是別人仇視自己的兆頭。夢見被狗咬，將會受到仇人的攻擊，或患重病。

盲人——夢見自己雙目失明，預示著不可相信自己的親屬和朋友，對妻子和孩子也不要相信。夢見門口站著一個盲人，客人要來臨。夢見盲人叩門，會發財。

血——夢見自己在喝血，是發財的祥兆。夢見血，自己的財產會有繼承人。夢見血受損，預示著失敗。夢見床鋪或衣服上有血跡，會患重病，或受刑事案件牽連。夢見別人的床鋪或衣服有血斑，仇人將被自己征服，並向自己求饒。夢見血流成河，預兆著要發大財。女人做了上述的夢，居住的地區會出現流行病。

身體——夢見身體被燙傷，是凶兆，預示著與別人為仇，臥床不起。夢見被人剝光了自己的衣服，經濟會出現危機。夢見自己身體健康結實，是祥瑞。

鞋——夢見新鞋，要交新朋友。夢見舊鞋，會與妻子分離，被憂慮所困擾。

襪子——夢見穿襪子，預兆要生病。女人夢見穿襪子，能得到丈夫或戀人的愛。夢見購買襪子，很快要去旅行。夢見送給別人襪子，能交新朋友。夢見得到別人送的襪子，會憂慮重重。商人夢見穿破襪子，會病魔纏身。旅行者夢見穿破襪子，旅行會愉快、順利。商店老闆夢見穿破襪子，生意能獲利。夢見襪子丟失了，財產所遇到的危險會消除。

死人——夢見與死人交談，會揚名四海。夢見與已經死了的人進餐，會長壽。夢見把死人抱在懷裡，或呼喊死人的名字，不久要離開人世。鰥夫夢見已故的妻子，會與一位受過教育的女人結婚，她會成為自己事業的助手。寡婦夢見已故的丈夫，會恪守貞節，史冊留名。

耳聾——夢見自己成了聾子，朋友會給自己帶來損失。夢見與聾子交談，神經要失常。夢見親友聾了，會受到敵人的欺騙。

耳朵——夢見自己的耳朵被割掉，命令能被執行。夢見別人的耳朵被割，要遭受苦難。夢見自己掏耳朵，或者讓別人給自己掏耳朵，有好消息。夢見有人擰自己的耳朵，所犯的罪會受到法律制裁。夢見耳朵裡長毛的人，能發財。

耳環——夢見耳環，婚姻美滿、幸福。已婚女子夢見自己佩戴金耳環，會生一個漂亮的男孩。男人夢見自己戴金耳環，會一生冥頑不靈、愚昧固執。夢見別的男人佩戴銅耳環，收入會銳減。女子夢見別人贈送耳環，會生一個漂亮的男孩。男人夢見自己戴金耳環，妻子會很快懷孕。

這些對夢的解釋，一定程度上還是有一些道理的。例如：「夢見自己雙目失明，預示著不可相信自己的親屬和朋友，對妻子和孩子也不要相信。」我們知道，夢見失明的諸多意義中，確有一種是表示「盲目相信別人」。如果夢者的生活中曾盲目相信別人，那麼潛意識是有可能以雙目失明的夢提醒他的。再如「夢見舊鞋，會與妻子分離」，我們知道鞋可以作為婚姻的象徵，因此如果夢到丟了舊鞋，的確表示你潛意識中願意離開妻子。再如「寡婦夢見已故的丈夫，會恪守貞節」更容易理解，如果她時常夢見死去的丈夫，說明她對丈夫的感情深，當然她守貞節的可能性就比較大。但是，我們也要看到這種占夢都不是完全靠得住的。假如一個寡婦夢見已故的丈夫很像鄰居男子，也許這僅僅表示她希望鄰居做自己的丈夫呢！

## 4.解讀禳夢術

古人既然相信夢預兆吉凶，做了噩夢，當然不願意坐以待斃，因而種種禳除噩夢的法術也就應運而生。下面有一個引自《敦煌本夢書》中的例子：

凡人夜得惡夢，早起且莫向人說，虔淨其心，以黑（墨）書此符安臥床腳下，勿令人知，乃可咒曰：赤陽，赤陽，日出東方。此符斷夢，辟除不祥。讀之三遍，百鬼潛藏。急急如律令。夫惡夢姓雲名行鬼，惡想姓賈名自直，吾知汝名識汝字，遠吾千里，急急如律令敕。又姓子字世瓠，吾知汝名識汝字。

沒有古人告訴我們這種符咒是否有效，他們自然是要說有效的。但是即使這個咒真的有效，也不說明噩夢真的名叫雲行鬼，一聽到我們喊它的名字，知道我們識破了他的行藏就嚇得跑到千里之外了。

但是，我們仍不能把這種符咒說成是無聊的把戲放在一邊，以心理學的眼光，我們會發現它也是有一點道理的。首先，它是一種催眠或暗示術。心理學發現，重複說一些語詞會對潛意識產生作用。最常見的簡單的例子就是重複說「放鬆、放鬆、放鬆」，人就會鬆弛下來；重複對小孩子哼唱「睡吧、睡吧」，小孩子就會睡著；重複對一個女孩子說「我愛你」，她就會對你有感情。禳除噩夢符咒也是一種暗示語。

一個小孩做了噩夢，媽媽對床下大喊：「大老虎快滾蛋滾得遠遠的，不許嚇唬小寶寶。」喊上幾遍，孩子就能安心入睡了，這並不意味著大老虎跑掉了，只意味著孩子接受了母親的暗示，相信床下已經沒有了老虎。實際上這個咒和小孩媽媽的用語很相似。「遠吾千里，急急如律令敕」翻譯成通俗的語言就是：「你給我跑得遠遠的，遠到一千里以外去，快快！」而且成年人知道那不是大老虎，就另編一個名字叫「雲行鬼」，大喊讓它走，而且要連續把咒讀三遍，心裡也就踏實了。

成年人潛意識中也有膽小的部分，對這一部分也可以用哄小孩子的方法來對付，讓他膽子大一些，如果暗示生效，這個人的噩夢自然會有所減輕。

另外還有一點有趣之處，咒語中含有一種想法。一旦你知道了噩夢的名字，它就會聞名逃竄。在這個咒裡，只給噩夢起了一個名字「雲行鬼」，給噩想（**可怕的想法**）起了一個名字「賈自直」，在其他符咒中，不同時間做噩夢，要喊出不同的名字才行。

這種觀點當然本身很荒謬，但蘊含著一點道理。噩夢雖不是鬼來作祟，也沒有種種名字。但是，噩夢中之所以出現可怕形象，也是因為你潛意識中有些被壓抑的部分試圖和你溝通。它們沒有固定的名字，我們可以說，如果你壓抑性欲太嚴重，它就叫「性」；如果你壓抑了野心，它就叫「野心」；如果你與父親的關係有問題，它就叫「父親」。如果你在噩夢後，通過釋夢，知道了這個可怕形象代表著什麼，決定了應該如何改變自己現有的行為方式而更好地對待它，噩夢就會消失。因此可以說，消除噩夢靠的是認識被壓抑的自我。

只是古人也許隱隱感覺到了這個道理，但是他們無力準確地釋出噩夢的真實意義，也就只好為噩夢起一個「雲行鬼」之類不著邊際的名字了。

## 5.解讀中國古代的夢故事

中國古代流傳的夢故事很多，與其說這是古人的夢，不如說是古人的寓言。因為這些夢故事中有很多並不是（或者並不能肯定是）夢，而是古人編出來以傳達自己的思想的。大略而言，中國古代的夢故事可以分為以下幾類。

人生如夢類：以著名的莊周夢蝶故事為代表。夢很簡單，莊周夢見自己是一隻蝴蝶。他醒來後，提出一個很難解的哲學問題：「是莊周夢見自己變了蝴蝶，還是蝴蝶夢見自己變了莊周？」從現象學角度，我們實在沒有辦法分辨這兩種假設孰真孰偽。

夢例：黃粱一夢。

唐玄宗開元七年（七一九年），有個名叫呂翁的道士，因事到邯鄲去，途中遇到一位姓盧的書生。這位道士可不簡單，他長年修道，已經掌握了各種神仙幻變的法術。

二人攀談起來，談話中，那位姓盧的書生，流露出渴望榮華富貴、厭倦貧困生活的想法，呂翁雖勸解了一番，但盧生感慨不已，難以釋懷。於是，呂翁便拿出一個枕頭來，遞給盧生，說：「你枕著我這個枕頭睡，它可以使你榮華富貴，適意愉快，就像你想要的那樣。」盧生接過枕頭，發現這是一個青色瓷枕。枕頭兩端，各有一孔。便將頭枕在上面，睡了起來。

剛剛睡下，就朦朦朧朧地發現枕頭上的洞孔慢慢地大了起來，裡面也逐漸明朗起來，盧生於是把整個身子都鑽了進去，這一下子，他回到了自己的家裡。過了幾個月，他娶了一個老婆，姑娘家裡很有錢，陪嫁的物品非常豐厚，盧生高興極了。從此以後，他的生活變得富足起來。

第二年，他參加進士考試，一舉得中。擔任專管代皇帝撰擬制詔誥令的知制誥。

過了三年，他出任同州知州，又改任陝州知州。盧生的本性喜歡做治理水上的工程，任知陝州時集合民眾開鑿河道八十里，使阻塞的河流暢通，當地百姓都讚美他的功德。於是，沒過多長時間，他被朝廷徵召入京，任京兆尹，也就是管理京城的地方行政官。

不久，爆發了邊境戰爭，皇帝便派盧生去鎮守邊防。盧生到任後，領軍開拓疆土九百里，又遷戶部尚書兼御史大夫，功大位高，滿朝文武官員深為折服。

盧生的功成名就，招致了同僚們的妒忌。於是，各種各樣的謠言都向他飛來，指責他沽名釣譽，結黨營私，交結邊將，圖謀不軌。很快，皇上下詔將他逮捕入獄。與他一同被誣的人都被處死了，只有他因為有皇帝寵幸的太監作保，才被減免死罪，流放到偏遠蠻荒的地方。

又過了好幾年，皇帝知道他是被人誣陷的，所以，又重新起用他為中書令，封為燕國公，加賜予他的恩典格外隆重。他一共生了五個兒子，都成為國家的棟樑之材，盧家成為當時赫赫有名的名門望族。此時的盧生地位崇高，聲勢盛大顯赫，一時無雙。

後來他年齡逐漸衰老，屢次上疏請求辭職，皇上不予批准。將要死的時候，他掙扎著病體，給皇帝上了一道奏疏，回顧了自己一生的經歷並對皇帝的恩寵表示感激。奏疏遞上去不久盧生就死了。

就在這時，睡在旅店裡的盧生打了個哈欠，伸了個懶腰，醒了。他揉揉眼睛，搖晃幾下頭，發現自己的身子正仰臥在旅店的榻上，呂翁坐在他的身旁，店主人蒸的黃粱米飯還沒有熟。觸目所見，都和睡前一模一樣。他一下子坐了起來，詫異地說：「我難道是在做夢嗎？」呂翁在一旁，對盧生不動聲色地說：「人生的適意愉快，也不過這樣罷了。」盧生悵然失意了好一會兒，才對呂翁謝道：「我現在對榮辱興衰的由來，窮達的運數，得和失的道理，生和死的情形，都徹底領悟了。這個夢，就是先生用來遏制我的私心欲念的啊！謝謝先生的點撥。」

和這個故事相似的夢故事有很多，如淳于棼夢中做南柯太守，醒來發現自己是在螞蟻的國家裡做官的故事，還有徐玄之夢中到螞蟻國的故事、《聊齋志異》中曾舉人夢見自己當輔相做貪官入地獄的故事。《螢窗異草》中也有黃粱一夢類的故事，主人公是女人：黃婉蘭夢見自己做了王妃，國王迷戀她而不理朝政，結果被敵國入侵。敵國的要求是奉送此美女。黃婉蘭大義凜然投河自盡，夢醒才知道做王妃的一生全是一夢。

這一類故事實際多是寓言，目的在於讓人不要貪戀富貴榮華，要把功名富貴看作一場夢。這種夢故事是不必以釋夢的方法來解釋的。

夢遊天宮地府類：在夢中遊天宮、地府、神仙境界等，這種夢故事也是多得不勝枚舉。下面請再看看「夢遊洞庭湖仙宮」的傳說。

南皋居士年輕的時候，曾經做過一次奇怪的夢。夢中，南皋居士不知怎麼來到了洞庭湖中的一個小島上，遇到一個穿一身紅衣服的人，自願引他去遊覽，他也就稀裡糊塗地跟隨這個人往前走。不一會兒，他們來到了一個地方，這裡樓閣華麗，金碧輝煌，很像是王侯的宮殿。南皋居士慌忙整整自己的衣服，跟著傳呼的人往裡走。來到一座大殿前，遠遠看見一個王者模樣的人高高坐在大殿上，殿堂上排列著儀仗。王者賜坐，並問他：「先生會作詩嗎？」南皋居士回答：「懂得一些，但是寫得不好。」王者說：「我這洞庭湖景色很好，請先生吟詩一首，為我洞庭湖增添光彩。」南皋居士當下誦詩一首道：「一輪新月洞庭波，夜色湖先玉鏡磨。八百里中秋水闊，片帆飛看楚山多。」

王者聽了拍案叫絕，非常興奮，又對南皋居士說：「先生博學多才，文思敏捷，談吐風雅，將來必定以詩成名。只是先生這一輩子運氣不好，實在可惜。」正說得高興，忽然看見一個衛士報告，好像說的是關於軍事方面的事情，氣氛突然變得緊張起來。於是，王者只好請南皋居士告辭。到了殿外，南皋居士看見從萬頃碧波中突然升起一輪鮮紅的太陽，它在空中急速地滾動著。不久，又從水中冒出一個既像人又像獸的怪物，它頭上長著一隻角，身上長滿了鱗甲，周身金光燦燦，樣子十分凶猛。它一鑽出水面，就撵上了太陽，同太陽爭鬥起來，景象非常壯觀。突然，有一束光線，像一條光亮閃爍的金蛇，直朝南皋居士的胸前射來。南皋居士大吃一驚，夢也嚇醒了。

這與其說是夢不如說是人對天宮的一種幻想，這種無拘無束的想像在「遊地府之夢」中同樣充滿了奇幻的色彩。清代袁枚編寫的《子不語》中就記錄了這樣傳說。

陝西刺史劉介石，奉調到江南任職，他來到蘇州城，住在虎丘山上。夜晚二更時分，他做了一個夢，夢見自己又駕著輕風回到了陝西，不料在路上遇到一個鬼，緊緊跟在他身後。這鬼有三尺來長，一副囚徒的臉面，相貌醜陋猙獰。劉介石與此鬼，打了起來，劉牢牢抓住鬼並將其夾在肋下，準備到河邊把鬼扔到河裡去。就在這時，碰到了一位熟人，他建議將鬼送到廟裡，讓觀音來處置。

劉介石覺得有道理，於是將鬼夾進廟裡。觀音看了說：「這是陰曹地府的鬼，必須押回陰曹地府，你就跑一趟吧。」劉介石一聽，連忙下跪申述：「弟子我凡胎肉體，怎麼能夠到陰府去呢？」觀音說：「這事容易。」當即往劉介石的臉上連吹了三口氣，然後就叫他去了。

劉介石押著鬼朝北面大路走去，看到有個斗笠，蓋在地上。他拿開斗笠，發現下面遮著一口井。鬼一見井，非常高興，一跳就跳了進去。劉介石也跟著跳進井裡，只覺得寒氣直往身上逼，只聽得一聲碰撞的響聲，才發現自己已經落到屋瓦上，再向四面觀望，只見白日當空，眼前變得十分明亮，而他墜落的屋瓦，正是閻羅殿的殿角。

只聽到殿中群神的呼喊聲：「哪裡來的生人的氣味？」接著就有一個金甲神過來，把劉介石抓到閻王座前。閻王發問道：「你這個生人幹什麼到這裡來了？」劉介石連忙詳細地稟報了奉觀音之命押解鬼的情況。閻王馬上厲聲命令道：「惡鬼難留，把他押回原處。」話音剛落，殿上群神馬上舉起叉子，把那鬼叉起來，扔到池子裡去了。池子裡養著許多毒蛇、怪鱉，一見扔下個鬼來，迅速撲上去爭搶著將鬼吃掉了。

劉介石心想：「我既然到了陰府，為什麼不藉這個機會問一問前生的事情呢？」於是問金甲神。金甲神抽出一冊簿籍，翻到某頁，指著上面道：「你前生九歲那年，曾經偷盜人家的孩子賣了八兩銀子，導致丟失孩子那家人懊恨不已而雙雙死去，你因為造了這個大孽，很快短命死去。到了這一世，還應該受罰當瞎子，這才能抵償前世的債。」劉介石聽了，大驚失色，忙問：「做好事能夠補救嗎？」金甲神說：「那就要看好事做得怎麼樣了。」

劉介石又向閻王請教離開陰間的方法。閻王把他拉過來，在他背上連吸了三口氣。劉介石終於從井裡升了出來。

就在他向觀音講述在陰間的遭遇時，他身旁有個小人兒也在陳述，所說的話和劉介石說的完全一樣。劉驚奇地發現小人兒長得和自己一樣，只是身軀小得像個嬰兒。觀音對劉介石說：「你不要怕，這小人兒就是你的魂啊！你是魂惡而魄善的人，所以做事堅毅剛強，但不很透徹。現在我幫你換一換好了。」劉介石連忙拜謝，而小人兒卻不答應，說道：「如果我被去掉了，難道對他不是傷害嗎？」觀音笑道：「不會的。」

拿起一根一尺來長的金簪，從劉介石的左肋插進去，挑出一段腸子，把它繞起來，每繞上一尺，就見那小人兒身體縮小一截。繞完之後，往屋樑上一扔，小人兒也就隨之消失了。

隨後，觀音用手往桌上猛地一拍，劉介石心中一驚，就嚇醒了。睜眼再看，自己左肋下面真的有紅色的痕跡。

這種故事反映了古人相信天宮地府存在。這種夢故事卻不可能是完全編造的，有可能是以真實的夢做基礎的。

夢中夢到天宮或神仙府第，無非象徵一種美好自由的理想狀態和境界。而夢見地府，有時往往是榮格所謂的集體潛意識的作用，因此，夢見地府的夢中會出現一些原型形象，如上述劉介石夢中的鬼就是魔鬼原型的一個演變，而觀音的形象，正是東方人心目中的聖母原型，閻王顯然也是一個原型形象。就是夢中的劉介石本人，實際上也帶有英雄原型的特點。地府在地下，正是人的深層潛意識的象徵。因此，這類夢故事還是可以當夢來解的，從中我們可以對編撰這個故事的人的心理有所了解。

夢見古人或夢中相會美女類：這類故事在古代的稗官野史一類的書中有很多，如《搜神記》、《世說新語》、《剪燈新話》等等以及我們大家較熟悉的《聊齋志異》中，都記錄了這類故事。這裡就不一一舉例了。

夢見古人的故事，往往是文人編造，無非想藉古人之口發一些議論而已。即使果然做了這類夢，夢中的古人也是夢者自己心中的人物。

夢中相會美女的故事更像真的夢。即使這些故事純屬編造，也完全可以看作一個夢。因為在編這種夢故事時，編故事者並沒有打算藉此說多少微言大義，表達多少深刻的思想，因此，他們的想像是生動的、自然的。

《聊齋志異》中還有一些據說不是夢而完完全全是真實的故事。故事裡有一群美麗妖嬈、婀娜多姿、古靈精怪的女鬼、女狐狸精。在作者的筆下她們多以正面形象出現，並具有人的體態和性格。她們大都風情萬種，愛恨分明。作為窮書生，做夢娶一個「不費一文，白日自上門來」的媳婦當然是極可以理解的。我們可以稱《聊齋志異》中的這類故事是書生的白日夢。但是，這些狐狸精不僅僅是性的對象，她們還有極為鮮明的性格——她們實際上是中國知識份子潛意識中的阿尼瑪原型。

夢兆類：講夢兆如何變為現實，這一類我們書中已經分析過很多，這裡不多說了。

## 二、文化的夢解讀

正如一個人會有夢，一種文化也會有夢。正如用心理學的方法我們可以解讀一個人的夢，在夢荒謬無意義的表面之下找到其意義，我們也可以用這種方法解讀一種文化的夢，從而了解這種文化。以心理學的方法研究文化，可以開拓出一個新的視角，發展出一種新的文化研究的工具，從而可能得到一些新的發現。

夢是什麼？在精神分析理論出現之前，科學界否認夢有任何意義。當然那時的科學界對夢有一種解釋——它對任何事物都有解釋。科學是對自然、人和社會的一種體系化的釋義活動，體系中不能不解釋夢而留下空白。過去的理解是：「夢是大腦神經細胞的無規律的活動。在人們睡眠時，多數神經細胞不活動而處於抑制狀態，而少數神經細胞沒有抑制而進行無規律活動。這就是夢。所以夢沒有意義。它是大腦的塗鴉。如果你夢見了被狗追，這什麼意義也沒有。」

精神分析理論提出了一種新的關於夢的見解，而且通過釋夢的成功實踐使這種見解獲得了一定程度的證實。精神分析理論指出在夢荒謬無意義之表面下有另外的隱藏的意義。例如一個女人夢見一條蛇在追趕她，這也許表示在實際生活中有一個男子對她有性的侵擾（**因為蛇的外形像男性性器，所以在夢裡常作為性象徵出現**），也許表示別的什麼意義。通過心理學的釋夢技術我們可以解讀夢，知道夢隱藏的真意——夢的隱義。

根據精神分析理論的創始人佛洛伊德的觀點，人的心靈或說精神不是一個單一的、完全可以意識到自己的一切活動的主體。人的心理活動大部分是在意識之外的，用佛洛伊德的話說就是：潛意識的。人自己的一些欲望、觀念在潛意識中，人自己意識不到，而它們卻對人的行為有著潛在的影響。

潛意識的認識方式和意識不同，意識中的思維活動是以邏輯方式進行的，而潛意識中的認知用的是另一種方式，佛洛伊德稱之為原發過程。這是一種原始的「邏輯」，一種形象的、感性的認知，一種形象的象徵活動。夢就是潛意識中的主體用形象的象徵方式，用原發過程的語言所做的表達。

佛洛伊德之後，心理學開始了對夢的研究，所有的研究都支持這一基本的對夢的理解：夢是潛意識中的主體的元邏輯的象徵體系。弗洛姆區分了「慣例的象徵」和「偶發和普遍的象徵」。慣例的象徵的示例是：用「桌子」這個聲音代表家具的一種，而偶發的象徵的示例是：一個人如果在某城市遭遇過悲哀經驗，以後對他來說，這個城市的形象就象徵著悲哀。普遍的象徵的示例是：火往往象徵著活力、光明、能量等。火的形象可以代表我們有相同特性的內在經驗：熱情、激動、智慧的光明、心理的能量等。

語言是慣例的象徵體系，而夢是偶發和普遍的象徵體系。夢是可以解讀的，夢的解讀就是把夢的象徵轉化為語言。解夢就是對夢的「文本」的釋意。例如，一個男人夢見：「看到果園裡有蘋果，正想摘，一隻狗朝我追過來。」當我們知道蘋果往往象徵誘惑，而狗往往象徵外在的法律、規範和內在的道德約束時，把這個夢解讀為「他受到婚外的異性誘惑，又受到道德的譴責」似乎是十分合理的。

## 1. 文化是一個夢

榮格、弗洛姆等人的研究把夢這一現象由一種個體的心理活動引向了集體或社會文化。

榮格指出，個人就像一個小群體。人類經歷過的一切都在每一個人的心理結構中留下了痕跡——集體潛意識。在人們的夢裡，有時會出現極為相近的情節，彷彿他們在夢裡講著同一個故事。主人公的名字不同，但是故事是同一個。孩子或沒有受過教育的人做的夢中有極為深刻的哲理和象徵意義，這些哲理和象徵意義是他們清醒時完全不知道的。

榮格指出，這些夢來源於集體潛意識。每個人的集體潛意識中都存儲著人類千萬年來的經驗。不同的人的集體潛意識中的內容是幾乎相同的，因為人們有共同的祖先、共同的心靈史。集體潛意識的內容不僅出現在個人的夢，也同樣出現在其他象徵性的活動中：童話、神話、傳說、宗教、藝術都可以反映集體潛意識的內容。我們感到最能觸動心靈的那些神話，實際上都是集體潛意識的象徵活動。由集體潛意識產生的夢有直覺智慧，因此可以預測將要發生的事件。例如在第二次世界大戰前，榮格的德國患者的夢中經常出現「金色野獸即將出現」的主題。

弗洛姆指出群體就像一個個人，不僅一個個體有潛意識，一個群體、一個社會、一種文化也有潛意識——社會潛意識。那些與主流意識形態不符的觀念、象徵體系，在社會中受到壓抑，不被主流所認可，但是卻依舊存在，成為文化中的一股暗流。社會潛意識會在夢中出現，或在其他的象徵性的活動中表現出來，成為流行的風尚、暢銷書主題、有巨大影響的電影等。

因此，不僅個人有夢，集體、社會或一種文化也有夢。

所謂文化之夢有兩層意義：一是這種文化中某些個人做的、特別有典型性的夢。這些夢或反映出這種文化的基本特點，或反映出這種文化的發展和變遷。二是這種文化中的其他象徵活動，如神話、童話、傳說、宗教，以及流行的風尚、暢銷書主題、有巨大影響的電影等。這些象徵活動可以看成是廣義的夢。我們可以用分析夢的方法分析它們，從它們不可理解的外表後面找到意義。

分析文化中典型的夢和用釋夢法分析文化中的其他象徵活動就是解讀文化之夢。

## 2. 夢的兄弟姐妹

夢是潛意識的產物，如果說潛意識如同一個母親，夢就是她的一個精靈古怪的孩子。但是潛意識這個母親絕不是只有這一個孩子。

神話、童話、民間傳說、非現實的文學藝術作品都是潛意識的產物。可以說，它們就像夢的兄弟姐妹。

它們和夢使用同樣的原始的邏輯和象徵方式。

因此，在我們現代人的日常思維看來，它們都像夢一樣奇異荒謬。

它們和夢不同的只是一點：夢是一個人自己的產品，也只是一個人自己觀看，而神話、童話、民間傳說、非現實的文學藝術作品等等，都是可以在人與人之間交流傳播的。

在遠古的時候，人們認識世界的方式就是像夢一樣的象徵方式，所以原始人之間交流時，所用的形式也就是類似夢的方式，用形象化的事物，進而用神話和傳說。

如果一個原始人看到鄰家少年好像獅子一樣威風勇敢，在他的心裡，他就會把這種相似當成相同，想「他是一隻獅子」；看到這個少年被別的部落的一個少女強烈吸引而不能自拔，他就會想「這個女孩是狐狸或者蛇」。所以在原始人那裡，夢的世界和醒的世界是更相似的。

他會對其他人說：「這個孩子是隻獅子，他肯定是，我看到過他一個人打敗了十個敵人，不是獅子怎麼可能做到？哎，可是這隻獅子被那個部落的一隻狐狸或蛇——我還看不出她是狐狸還是蛇——給迷住了。他現在已經不行了，他飯也不吃，酒也不喝，總是圍著她的房子轉。」而這樣的交流就可能成為一個神話傳說，即一隻獅子如何被蛇誘惑而失去力量的故事。

神話、童話、民間傳說、非現實的文學藝術作品和夢的不同就在於此，通過人與人的傳遞，神話越來越具有普遍性，能夠反映大家的心理，從而得以不斷流傳。

神話、童話、民間傳說、非現實的文學藝術作品都是大眾共用的夢，而夢是個人獨有的神話、童話、民間傳說、非現實的文學藝術作品。

也許有人會說，文學藝術作品不是原始人的作品。實際上，文學藝術作品雖然不是原始人的作品，但是任何文學藝術作品都含有一定程度的白日夢成分，都是日常的思維和人潛意識中的原始象徵思維的混合。

文學作品中含日常思維越少，潛意識原始思維越多，它就越顯得奇異不現實，越像一個夢。文學作品中含日常思維越少，潛意識原始思維越多，寫作的過程就越像做夢——不由自主、形象、生動。

福樓拜寫作《包法利夫人》時，寫到包法利夫人自殺時，福樓拜感到自己口裡有毒藥的味道——他就是在做夢。

作家有時無法控制筆下人物的命運，比如不想寫她自殺，但是卻不由自主地寫她自殺，彷彿書中的人物確有自己的生命。這就是因為作品的創作是潛意識的活動，而人對自己的潛意識——例如對自己的夢——是無法完全控制的。

一般的言情、武俠小說往往是較淺層的潛意識的產物，所以不很神秘深邃，對人的震撼力也較弱。而一些偉大的作品是深層潛意識的產物，是原型形象的展現，所以神秘、深邃，雖然我們不一定能理解，但是我們肯定會被深深觸動。

例如，歌德的《浮士德》就是這類作品。浮士德就是一個原型形象，象徵著永遠追求探索的精神。書中的魔鬼也是一個原型形象。所以我們說前一種作品「淺顯」，後一種「深刻」，因為它們分別來自我們潛意識的「淺」處和「深」處。

好萊塢被稱為造夢工廠，也是有道理的。好萊塢的電影實際就是一個先由編劇做出來，再讓演員表演出來的夢。大眾看了電影，彷彿自己做了一個夢。

既然神話、童話、民間傳說、文學作品都和夢一樣是潛意識的作品，我們就可以用釋夢的方法來解釋這些「大眾的夢」。

## 3.西方文化之夢

我們可以用對海明威的小說《老人與海》的解讀作為對西方文化之夢的分析。海明威的小說《老人與海》是早期美國小說的代表作，是西方文化中影響巨大的作品。人們都能感受到它的巨大感染力。這證明它來源於集體潛意識：一個人集體潛意識的產物最容易打動別人，因為它喚起了別人集體潛意識中相同的東西。

老人冒著風浪到海上捕魚，捕到了一條大魚。因為魚太大，船放不下，於是它被捆在船邊。鯊魚群追趕來吞吃大魚。老人和鯊魚搏鬥並往回趕，等到他回到岸邊，已筋疲力盡，大魚也只剩骨頭了。故事裡有一個小孩，他想繼承老人的事業。

閱讀者在意識層面對這一小說的解讀往往是：小說反映了人的不屈不撓的鬥爭精神。老人和大海、鯊魚搏鬥的結果，雖然沒有把自己捕到的魚帶回來，但是他的精神很偉大。而以釋夢方法解讀的結果是：這個故事裡的海是潛意識的象徵，它深不可測，變動不定，它代表著個性意識的消失，代表著死亡。老人是面對死亡的人。他的態度是抗拒死亡，和死亡鬥爭。魚代表我們獲得的東西，也代表生命本身。而一塊塊奪走魚肉的鯊魚象徵著時間——它把我們的生命一塊塊奪走。如果把這個故事當作夢，夢的隱義就是：我們面對著死亡，面對著個性意識消失的危險。我們的意識就像漂流在潛意識大海上的一條小船，隨時有沉沒的危險。而我們要和一切風雨搏鬥，才能得到生命的收穫。但是時間會一點點奪走我們的生命，我們最後能得到的只有「骨頭」，骨頭代表死，也代表無生命的東西，例如枯燥的理論。最後我們只有死，而新一代的人（由孩子象徵）會重複這一過程。

由此，我們可以看到海明威真正關心的主題是「死亡」（心理分析認為，實際上這是他一生作品的唯一主題），也可以看到西方文化的特點：抗拒死亡，為竭力保持自己的個性，採取鬥爭的方式；而骨子裡是悲劇性的意識，因為鬥爭終將失敗。由此我們可以判斷，一種悲觀的，認為人生空虛無意義，思考死亡的哲學將在這種文化中逐漸興起。

而觀察現在的西方，我們可以看到電影災難片。電影中有龍捲風、地震、小行星撞擊地球、地球變成水世界、侏羅紀的恐龍復活害人等等。表面上主題不同，但是以夢的解讀方法看，這些電影的主題是相同的。電影中的事物都象徵著一種心理的事物。土地象徵著人的本能、人的集體潛意識。人的生命基礎，象徵著黑暗的不為人知的力量。地震代表這種力量的爆發。水世界和海明威故事裡的大海一樣，也代表潛意識。世界被水淹沒象徵著人的心理世界將被潛意識淹沒——非理性的東西將淹沒理性。復活的恐龍是古老的動物，它象徵著我們心靈中古老的成分：原始的思維、集體潛意識、非理性。小行星代表外在於我們世界的力量，它象徵著在現在的意識世界中還不存在，但是卻將從潛意識闖入意識的事物。外星人的意義和小行星一樣。龍捲風代表的是自然的、非人類的，毀滅的力量。總之，所有這些災難片有同一主題：未來西方世界將有巨大的、令人恐懼的改變，潛意識的、原始的、非理性的心理力量將佔上風，秩序井然的現有世界將被破壞。

但願這只是一場噩夢。

### 4.中華文化之夢

我們更應該談談中華文化之夢。

每個文化的夢都有其特點。中華文化中的神話可以稱為古中華文化之夢。

西方（以希臘文化為代表）文化之夢的主題是意識與潛意識、個性與共性、人與非人的鬥爭。古中華文化之夢的基本主題是「救災」。我們熟知的女媧補天的故事，就是一個關於救災的神話。還有大禹治水的傳說、羿射十日的神話也是關於救災的。

關於「救災」主題的神話構成了中華文化中神話的主題。中華神話中的災難不同於西方，西方的災難往往是由一個對立的破壞力量引起的，而中華神話中的災難往往是自然失去平衡，天傾斜了、水氾濫了、太陽太多了，並且中華神話中解決問題的方法也大多是調節而不是鬥爭。女媧補天而大禹疏導河流，只有羿採用的方法有攻擊性，他射掉了多餘的太陽，但是他的行為本質上還是一種調節——人類需要適度的陽光。

由此可以看到中華文化的調和性。中華神話的災難同樣象徵著人的心理狀態——象徵心理失去平衡。而救災的活動說到底是調整心態獲得新的心理平衡的象徵。

西方的現在和中國古代有一個相似點，都是災難的「夢」開始出現。這象徵著這兩種文化正處於相似的處境：雖然都是一個文明的頂峰，但都面臨著走下坡路的危險，都面臨危機。

這預示著中華古文化可能會對西方產生更大的影響。分析現代中國人的夢，尋找典型的夢和夢隨時代的變遷，也是極為有意義的。不幸的是，關於現代中國人的夢，我們沒有「文革」時及「文革」前的中國人的夢的詳細資料。我只發現了近十幾年來中國人夢的特點：前一段常見「趕不上火車」一類的夢，近來「考試」一類的夢增多。這些夢固然有多種可能的象徵意義，但常見的是：害怕「趕不上機會」（「趕火車的夢」和「面臨考驗」）。我們中國人都意識到了改革帶來的機會，也體會到了自己面臨著許多考驗。

夢是原始的智慧，是用象徵對世界的把握，它不是荒誕無稽的。對理解它的人、懂得解讀它的人來說，它是人心靈的語言。一個人的夢可以告訴我們關於這個人的心理狀態的知識，同樣，一種文化的夢可以揭示這種文化的特點、這種文化的問題、這種文化的現狀，以及這種文化將會有的未來。

解讀文化之夢，就是解讀這種文化中的人的心靈。

## 5. 阿拉伯人之夢

每一個民族的夢，或者廣義上的夢如神話、傳說等，都有這個民族的特點，這個特點和這個民族的性格有關，和他們的生活方式有關。很有趣的是，有些時候，一個民族的「夢」，甚至似乎和他們的未來有關。

比如阿拉伯人的夢就是這樣。我沒有辦法找幾個阿拉伯人來給他們釋夢，所以我釋的是阿拉伯人的故事，阿拉伯人的文化之夢。

我在阿拉伯故事裡發現了一個常見的主題，就是「發橫財」。

我們最熟悉的「阿里巴巴和四十大盜」的故事、「阿拉丁和神燈」的故事都是這樣的故事。阿里巴巴和阿拉丁都不是靠自己勞動致富，而是靠從外人那裡得到了意外的財富而一下變得富有。特別是「阿拉丁和神燈」的故事，簡直是阿拉伯人後來的命運的絕妙的寫照。

阿拉丁是一個天真、頑皮並不勤勞的孩子。有一次，一個外國的魔法師來到這裡。這個魔法師知道在這裡的地下有一個寶庫，裡面有許多珍寶，其中最重要的珍寶是一盞神燈。魔法師可以用魔法打開地下寶庫的門，但是，魔法師自己不能進去，要讓阿拉丁為他取寶。

魔法師用魔法打開了門，阿拉丁走進地下寶庫，發現裡面滿是寶物。樹上有黃金、白銀還有鑽石。但是阿拉丁只拿了最珍貴的寶物——一盞舊的油燈。這就是所謂「阿拉丁神燈」，有了這盞燈，他就可以要什麼有什麼。他只需要擦一下神燈，就會出現一個魔鬼，他想要什麼，只要和這個魔鬼說一聲就行。誰是神燈的主人，魔鬼就為誰服務。

阿拉伯人在以後果然遇到了魔法師——科學家。在原始的象徵中，科學家就是魔術師。在中東文化中，魔法師不是那種在舞臺上演一些假的戲法的人，而是真有法術，可以用魔力呼風喚雨的人。科學家就像這種魔法師。馬克思也曾經把科學比為魔法。因為，科學家以一種在較原始的人看來神秘的法術，應用一些神奇的器具，真的可以實現一些奇蹟。他們可以用一把鑰匙，就讓一個鐵做的名叫汽車的小房子跑起來，還可以藉助飛毯似的東西飛上天空，可以移山填海，而最特別的是，可以打開大地的門。而科學家的確為阿拉伯打開了大地的門，也就是說，在大地上鑽井。

在地下寶庫中，最珍貴的寶物是油燈——我們很容易聯想到油、石油。這就是魔術師（科學家）給阿拉丁帶來的寶物——油井。有了油井這盞神燈，阿拉丁（阿拉伯人）就想要什麼有什麼。

在故事裡，阿拉丁和給他帶來機遇的魔法師並不友好。魔法師希望阿拉丁滿足於得到金銀，把神燈讓給魔法師。阿拉丁當然不願意，他認為魔法師只是在利用自己，因此對他沒有好感——直到現在，波灣戰爭等一系列衝突也許仍可以說成是：阿拉丁和魔法師繼續在爭奪神燈。

那麼，阿拉丁用神燈主要做了一些什麼呢？故事裡說：阿拉丁愛上了一位公主。國王當然不願意把女兒嫁給一個窮小子了，於是他要阿拉丁蓋起一座宮殿，否則不能娶她的女兒。而有了神燈，蓋這個宮殿還不容易？於是，國王驚訝地發現，一天之後，在原本是一無所有的荒漠上，蓋起了一座金碧輝煌的宮殿。如果你有機會到阿拉伯國家，見到了極為豪華的大廈，你要知道，那就是阿拉丁的宮殿，是神燈為他建造的宮殿。

「阿拉丁和神燈」的故事彷彿一個預言，而這個預言今天完全實現了。

我們似乎可以說，阿拉伯人的集體潛意識，或說深層的直覺，早已感覺到在這片荒漠的地下有一個和油有關的寶庫，一旦有「外國魔法師」來，就可以為自己帶來無窮無盡的財富了。

## 6.《易經》中的夢象

以夢的解讀方法去看《易經》，也會有一些發現。

《易》是對中國文化影響最大的幾部著作之一，也是最古老的幾部著作之一。從漢代開始易學就興盛於中國，兩千年以來研究易學的著作汗牛充棟，幾乎絕大多數古代學者都對它有所研究。後來，《易》被稱為《易經》，成為科舉取士中的必修課，讀它的人就更多了。在這種情況下，《易經》的各個方面都曾被無數才智之士苦心研究過。在今天，我們試圖在《易經》研究中獲得新的發現已不是件容易事，獲得較大的發現更好像是天方夜譚，如果說是由一個並非專攻古文的人獲得較大發現，那可以說像是個笑話了。

但是我還是斗膽提出我的一個初步發現，那就是，《易經》中卦辭和爻辭有些是對夢境的描述。我更進一步提出假說：《易經》的一個來源是占夢的著作，《易經》中大多數卦辭和爻辭以及占斷是夢和對夢的占斷。占夢和龜占、蓍草占相結合構成了《易經》。

這是個極簡單的發現，但是，以往卻幾乎沒有什麼人看到這一點。這類事在科學發展史上其實極為常見。許多大科學家看不到極容易被看到的事實。原因往往是，他們的思維受固有定勢的影響，已經緊緊黏附在舊的思路上了，因而也就不容易轉換到新思路上。

《易經》中有哲學，有倫理，有數術，吸引著無數學者在這些方面下工夫，但學者們卻較少把其作為一本占卜的書去看待。而江湖術士雖然努力用它卜卦，卻少有人對它的起源和演變這類問題感興趣。因此，此書作為占卜書的最基本的問題卻被人們忽視了。

如果我們拋開兩千年來人們對《易經》的一切注解、評論和衍化，用看古代卦書的眼光看它，我們就會很容易接受這個論點：它包含占夢的內容。而不用占夢書去解釋，許多經文將不可理解。

下面我們對卦辭和爻辭予以初步分析。

《易經》包括兩個部分。一是本文部分，稱作經；二是解說的部分，稱作傳。經由六十四個卦以及所附的卦辭、爻辭構成，據說是由周文王被殷紂王囚禁時所著。也有人說爻辭不是周文王寫的，而是周公寫的。但無論如何，經是《易經》中更古老的部分，當我們探討關於《易經》的來源的問題時，經是更可靠的。《易經》的傳包括《彖傳》上下、《象傳》上下、《繫辭傳》上下、《文言傳》、《說卦傳》、《序卦傳》、《雜卦傳》等十篇，相傳為孔子所著。

傳只是孔子作為後人讀《易》時的讀後感，對理解《易》的來源來說，傳的可靠性就差多了。

《易經》的卦辭和爻辭，也可以分為兩個部分，第一部分是對某個形象或事件的描述，第二部分是吉凶的占斷。

如：「履虎尾，不咥人，亨。」（**履卦卦辭**）可分為兩部分：一是「履虎尾，不咥人」（**踩了老虎尾巴，老虎沒咬人**），這是一個描述，二是「亨」（**順利**），這是一個占斷。

再如：「出涕沱若，戚嗟若，吉。」（離卦六五爻辭）可分為「出涕沱若，戚嗟若」（哭得淚水直流，一陣陣歎氣）和「吉」（吉祥）這兩部分。

大多數卦辭都沒有前一部分，只有詳細的占斷。如：「乾：元亨，利貞。」（乾卦卦辭）據劉文英先生考證，「貞」就是古代的「占」字的別體。這卦辭的意思是：乾卦，萬事順利。沒有描述什麼形象。再如：「咸，亨，利貞，取女吉。」（咸卦卦辭）意思是：咸卦，順利，娶妻的人占卜吉祥。也沒有描述什麼形象。

而大多數爻辭卻都有前一部分。如：「枯楊生稊，老夫得其女妻，無不利。」（大過卦九二爻辭）前一部分是「枯楊生稊」（枯楊柳生出新葉），後一部分是「老夫得其女妻，無不利」（占斷老人娶到了年輕妻子，沒什麼不好的）。

那麼，描述部分是什麼？

如果按過去的認識，說《易經》只是從龜占或春占中發展出來的，那麼這本占卜書的卦辭、爻辭似乎應該是沒有前邊的描述部分才更合適。

龜殼燒出乾卦來，占卜者說，是乾卦，什麼事都會順利。這合乎情理。卦辭，特別是爻辭，又何必加上一段描述的話呢？比如某個人決定不了該不該結婚，就拋硬幣決定，正面就結婚，反面就不結婚。結果拋出正面，他決定結婚，他會說：「正面，還是結婚好。」但是他不會這麼說：「正面，枯柳樹發了個芽，我還是結婚好。」

我們相信，《易經》的編著者不會無緣無故地寫上這樣一段話。那麼這段話是什麼意思呢？有這樣一些可能性：

（1）龜殼被燒時顯示的形象。

（2）是實際發生的事或是當時占卜者實際看到的形象。

（3）是一個比喻，或者是一個夢。

這段描述到底是哪一種呢？或者說它是否有些是龜占形象，有些是實際事件或實際形象，有些是比喻或夢呢？對此很難下一個肯定的結論。但是，在我看來，它是夢的可能性要大一些。下面我具體說一下我的理由。

如果我能證明描述部分不適於作其他解釋，或至少證明部分卦辭和爻辭的描述部分不適於作其他解釋，這就可以初步證明這些描述只能是對夢境的描述。

下面我將嘗試這樣做。

**（1）描述部分不適於解釋為龜占的形象**

最早的占卜主要方式是龜占，也就是烤龜殼，根據殼上的裂紋判斷吉凶。這些裂紋也的確構成一些形象，那麼，卦辭和爻辭中的描述部分是否就是在描述這些形象呢？例如「履虎尾，不咥人」一是否就是龜殼上顯示出的一個圖形呢？是否原來龜占時，這個圖形的出現表示吉祥，後來，《易經》編著者把這個龜占的內容編入《易經》了呢？對這一假定，我的回答是否定的。

理由是：

首先，龜占時絕對不會根據如此複雜的形象去判斷吉凶。「履虎尾，不咥人」，這個形象是很複雜的，包括一隻虎的形象、一個人的形象，人的腳還踩著虎尾，虎的頭還不對著人。燒一只龜殼，在某一次偶然出現類似這樣的圖形或許可能，但是這種圖形不可能常常出現。作為龜占的經驗總結，總結出這麼一條說，「如果出現好像一個人踩著虎尾巴，虎卻不咬人的圖形，占斷是吉祥順利的」，這是不可能的。也許幾千幾萬次也燒不出一次這樣的圖形。龜占肯定要採用一些更常見的、更簡單的圖形作為占斷的基礎。我們可以合理地斷定，某種龜占是根據裂紋的斷續占斷吉凶的，連線「—」和斷線「- -」是基本的圖形，由一組這樣的線構成的圖形就是龜占的圖形，如「☵」，代表水。

其次，蓍占是在龜占的基礎上發展出來的。我們可以假設，周文王被囚禁時，極想占卜自己的命運，但身在獄中無法燒龜殼，便找了些蓍草棍（**也許是從草席上抽下來的**）用來占卜，並且把蓍草的數目和龜占的各個圖形聯繫了起來。把不同的數目指派給「☴」、「☷」、「☱」、「☵」、「☳」、「☰」、「☶」、「☲」這些圖形，又進一步把兩組圖形疊加形成一些稍複雜的圖形，如「䷔」、然後據此占斷。

也就是說，龜占的形象，在《易經》裡轉化成了卦形。如「䷔」，好像上下牙咬著東西，它的意義就是表示「咬」，就是對這一圖形的描述。因此，卦辭和爻辭裡的描述部分，如噬嗑卦第一爻的爻辭中的描述部分「履校滅趾」（**腳鐐傷了腳趾**），就不會是對這一龜占圖形的描述。䷔這個形象，怎麼也不像腳鐐傷了腳趾的樣子。

總之，龜占的形象轉化為卦形，並用卦名來描述，卦辭、爻辭的描述部分不描述它。

## （2）有些描述部分不適於解釋為實際事件或實際形象

古人相信徵兆，相信一件事的發生可以預示另一件事。

例如，喜鵲在門前叫這件事，預示著有喜氣到來。而貓頭鷹叫則預示著災禍。如果我們把描述部分解釋為徵兆，也就是有預示意義的實際事件，則至少在理論上是能自圓其說的。

但是，卦辭、爻辭中的描述部分，並不都像是徵兆。如果說《易經》的確像記載所說的，主要是文王所做，那麼用徵兆解釋也不合理。一個被囚禁的人，所能看到的東西很有限。描述部分中的許多內容，都是他所不可能在獄內見到的。而即使說文王創作《易經》時歸納了民間關於徵兆的說法，有些描述也不好解釋。

例如睽卦上九：「睽孤，見豕負塗，載鬼一車……遇雨則吉。」古人怎麼可能會說，如果你見到一隻滿身是泥的豬拉了一車鬼，那麼你出門趕上下雨是吉利的？因為難得會有誰見到這種徵兆，除非他有幻覺，所以這種徵兆毫無價值。只說見到豬一身泥預示著什麼，才是更合理的徵兆性語言。

再如大過卦上六：「過涉滅頂，凶。」蹚水過河水沒了頭頂，凶。這又是一句廢話，水淹沒頭頂本身就是災禍，它不是另一個災禍的徵兆。

另外，許多中國人極為相信的徵兆，比如日食預示災禍，地震預示戰爭，喜鵲叫預示喜事等等，在《易經》中都沒有出現，這也說明描述部分不是徵兆。不可能說周文王時代的人相信的徵兆，和過後並不很久的春秋時期的人相信的徵兆就完全不同了。也不大可能周文王不把日食等重要預兆收入《易經》內。然而，把這些描述說成是一個比喻，或一個夢卻都是說得通的。但是解釋為比喻相對來說不很合適，因為用「履虎尾，不咥人」這種少見的事情作比喻，不如用一些更常見的事。再如旅卦上九：「鳥焚其巢，旅人先笑號啕。喪牛于易，凶。」如果作為比喻，把什麼可以比做先笑後哭呢？

### （3）描述部分很像夢

有些卦的描述部分，明確提到了「夢見什麼如何」，這些描述當然是夢。

有些卦的描述部分，和古代流傳下來的釋夢書中的條目或古人釋夢的例子極相似，例如，「困卦六三」的描述部分有這樣一句：「入于其宮，不見其妻，凶。」《敦煌本夢書》中有：「夢見宅空者，主大凶。」再如乾卦九五：「飛龍在天，利見大人。」《敦煌本夢書》中有：「夢見龍飛者，身合貴。」

一卦中各爻的描述，往往是同一形象的不同狀態，比如乾卦是龍的七種狀態：潛藏的龍、在田地裡的龍、在淵中的龍、在天上的龍……漸卦則是：大雁落在小河邊，大雁在石頭上吃東西，大雁在樹上……這種形式極像一本夢書：夢見大雁在地上如何，在樹上又如何。

如果我們把《易經》的描述部分當作夢，用釋夢的方式解釋，解釋出的結論和《易經》的占斷有很高的一致性。

例如屯卦六四：「乘馬班如，求婚媾。」按夢來解釋：騎馬可以是一個性象徵。因此夢見騎馬，對應白天的婚姻是很恰當的，而且表明了夢者的生理願望已經有一定程度，這對婚事成功是個有利因素。這和卦中占斷「無不利」是一致的。反之，如果夢見「屯如邅如，乘馬班如。匪寇，婚媾」（**屯卦六四**），即說騎馬走得極為艱難，求婚的人弄得像強盜一樣，那麼這種夢雖然也是性象徵，但同時有困難、強求的特點，相對就較難成功。卦中占斷是：「女子貞不字，十年乃字。」一時還結不成婚。卦的占斷和釋夢也是相似的。

再如大過卦九二：「枯楊生稊，老夫得其女妻，無不利。」夢見「枯楊生稊」，即老樹長了新葉子，象徵老年人重新恢復青春。「老夫得其女妻」，即老夫得到了年輕妻子，也同樣象徵老年人恢復青春。進一步，老年人象徵精力衰弱，而「枯楊生稊」、「老夫得其女妻」則象徵一個人（**未必年紀真老**）精力得到恢復，這自然是一個很好的象徵。卦上的占斷「無不利」和夢的解釋也是一致的。而大過卦九五（**「枯楊生華，老婦得其士夫」**）則不同，枯老的樹上開出了花朵，花象徵女性，所以這個象徵代表的和九二爻有性別差異。

再如井卦各爻，就是各種有關井的情境。如果我們把它理解為夢見井的種種具體情境，就可以這樣分析：正如我們前邊所說，夢中的井，往往象徵著內心的泉源、心理力量的源頭、一種滋養等等。但是同是夢見井，「上下文」不同，意義也不盡相同。夢見井水渾濁，夢見舊井可能已半乾，一般象徵著心理潛能沒有得到開發。這不是很好的心理狀態。而井卦初六正是「井泥不食，舊井無禽」。這一爻的結果是得不到滋養。再如，夢見井水清澈但是沒有人喝，我認為象徵著心理能量沒有被使用。而井卦九三中則說：「井渫不食，為我心惻。可用汲，王明並受其福。」即是說，如果國王是明君，你就有福，否則你會懷才不遇，也很可惜。以夢來解，《易經》這樣解也是對的。只是《易經》沒有提到夢的更深一層意義：你只有自己提升了心理能量，才會得到機遇。清清井水象徵你的能力，它能不能被使用不僅在於國王，也在於你自己。

## 7.夢書與《易經》的「親緣」

既然我們認為《易經》中的描述有些是夢象，那麼我們必須說明，為什麼夢象會進入《易經》。我認為，這是古人用龜占、夢占等占卜方式相結合而造成的結果。

為了保證更可靠，古人同時應用多種占卜術，這是完全可以理解的。那麼，在用八卦以至六十四卦占卜時，也會參考占夢的結果。這樣，他們就很自然地要對照這兩種占卜方式。對照的結果，自然是將有類似的占斷的放在一起，相互參照。我認為就是這樣，古人最後把夢書的內容放進了《易經》，按六十四卦把常見的夢象進行了分類。

如果我們更進一步假設傳說中周文王被囚期間創作《易》的事件是真實的，那麼，被囚的他在占吉凶時，當然除了用蓍草，最方便的就是釋夢了。因為被囚的人，最有時間去做夢。

當然，我們說《易經》中有夢象，也並不是說《易經》中所有的描述部分都是夢象。有些顯然不是夢，如「帝乙歸妹」，是典故，還有一些是不是夢很難說清楚。

《易經》中藏著一本夢書，這個假設是否成立，還需要研究者去進一步探討。本書的說法，不能稱為定論。不過，至少可以對這一有趣的題目加以思考，也許你也會有新的發現。

在《夢的迷信與夢的探索》一書中，劉文英先生也關注到了夢與《易經》的關係。有興趣的讀者不妨讀一讀。

# 大地叢書介紹

**作者：黃鐵鷹**
**定價：280 元**

【強力推薦】

**台灣最成功的餐飲集團是《王品》**

**大陸最火爆的餐飲業是《海底撈》**

**《哈佛商業評論》授予唯一的中國最佳商業案例研究獎**

本書主要是講大陸最有名的火鍋連鎖店的成功故事，店名就叫做：海底撈火鍋店。

2009年，黃鐵鷹主筆的「海底撈的管理智慧」，成為《哈佛商業評論》中文版進入中國八年來影響最大的案例。一夜之間，幾乎中國所有商學院都講授「海底撈」。可是黃鐵鷹卻認為，海底撈你學不會。

本書告訴你，為什麼海底撈得以成為中國餐飲業的新生力量？為什麼一句「把人當人對待」，能成為海底撈的成功要訣？

全書由50多篇的短文組成，講的都是小故事，但微言大義，讀來引人入勝。

這本書也因為火鍋店生意火爆，變成一本暢銷百萬的書，更因本書掀起了一股學習「海底撈」的熱潮。

# 大地叢書介紹

**作者：威廉・薩默塞特・毛姆**
**譯者：沉櫻**
**定價：220 元**

本書收錄了毛姆具代表性的十個短篇：「療養院裡」、「生活的事實」、「冬季旅行」、「家」、「午飯」、「珠鍊」、「臉上有疤的人」、「落魄者」、「藝人」與「減肥」。毛姆作品對人性及生活觀察入微、冷靜透徹、筆調親切，透過沉櫻女士精湛的譯筆，呈現毛姆精采的篇章。

**【作者簡介】**

**威廉・薩默塞特・毛姆**

1874年1月25日生於巴黎，是英國著名的小說家與劇作家，他的作品以取材廣泛、洞悉人性、清晰樸素見長，極為膾炙人口。他畢業於聖托馬斯醫院，原來是一名婦產科醫生，在此期間，他以做婦產科醫生的經驗為題材，創作了長篇小說《蘭貝斯的麗莎》，之後棄醫從文，開始七十年的寫作生涯，他的主要成就是小說創作。

毛姆雖然對人類的善良與智慧均持懷疑的態度，而且是一個無可奈何的無神論者，然而一生幽默而豁達，著名的作品有《人性枷鎖》、《月亮和六便士》等。

# 大地叢書介紹

**作者：賽琳娜・黑斯廷斯**
**譯者：趙文偉**
**定價：450 元**

**如果有人能將毛姆的一生寫出來，那將比他的小說精彩一百倍。**

毛姆是下述一切的總和：一個孤僻的孩子，一個醫學院的學生，一個富有創造力的小說家，一個放蕩不羈的巴黎浪子，一個成功的倫敦西區戲劇家，一個英國社會名流，一個一戰時在法蘭德斯前線的救護車駕駛員，一個潛入俄國工作的英國間諜，一個同性戀者，一個跟別人妻子私通的丈夫，一個當代名人沙龍的殷勤主人，一個二戰時的宣傳家，一個自狄更斯以來擁有最多讀者的小說家，一個靠細胞組織療法保持活力的傳奇人物，和一個企圖不讓女兒繼承財產而收養情人秘書的固執老頭子。

——傳記作家 泰德・摩根

**【作者簡介】**
**賽琳娜・黑斯廷斯**

英國著名傳記作家，曾是《每日電訊報》(The Daily Telegraph)資深記者，離職後一心從事文學創作，主攻名人傳記文學。已出版的主要作品有《南西・米特福德傳》《伊夫林・沃傳》《羅莎蒙德・萊曼傳》《毛姆傳》等。賽琳娜・黑斯廷斯還曾擔任英國最高文學獎布克獎評審。

# 大地叢書介紹

**作者：姚巧梅**
**定價：300 元**

鴻夏戀這個2016年台灣和日本經濟圈最熱門的話題，其至為關鍵的舉動，正要拉開序幕。世界100強執行長郭台銘窮追夏普四年為哪樁？鴻海能否因而成為品牌公司？百年老舖夏普能否回春？兩家企業身心靈能契合嗎？所有人都很好奇。本書試著從台灣人的角度，透過鴻海與夏普台日兩種不同文化的交會、衝突和發展可能，帶領讀者一窺鴻夏聯姻的背後與前景。

「夏普和鴻海聯姻是台灣科技產業史上一個重要的里程碑，而且具有相當指標意義。換句話說，日本的High touch(高感度)與High quality（高品質），與台灣廠商的Flexibility（彈性）與Speedy（速度）等優勢，應可發揮互補效益。那麼，未來其他日本大廠有可能參考這個方向，而更加緊密兩國產業實質的合作，」是資策會產業情報研究所所長詹文男的期待。

**【作者簡介】**
**姚巧梅**

自由作者。世界新聞專科學校編輯採訪科畢業，日本龍谷大學日本文學博士課程修了。

歷經記者、編譯、教師等工作，曾任職台灣時報、自立晚報、天下雜誌、大漢技術學院及淡江大學等。目前是太陽文化事業有限公司負責人。

著有論文集《佐藤春夫與台灣》(佐藤春夫と台湾)、散文《京都八年》，翻譯有商管《後五十歲的選擇》、小說《成吉思汗》、散文《為誰而愛》等50多本。

釋夢／朱建軍著. -- 一版.-- 臺北市：大地, 2017.09
面： 公分. --（大地叢書：41）
ISBN 978-986-402-274-8（平裝）
1. 解夢 2. 精神分析 3. 通俗作品
175.1 106014376

# 釋夢

大地叢書 041

| | |
|---|---|
| 作者 | 朱建軍 |
| 發行人 | 吳錫清 |
| 主編 | 陳玟玟 |
| 出版者 | 大地出版社 |
| 社址 | 114台北市內湖區瑞光路358巷38弄36號4樓之2 |
| 劃撥帳號 | 50031946（戶名：大地出版社有限公司） |
| 電話 | 02-26277749 |
| 傳眞 | 02-26270895 |
| E-mail | vastplai@ms45.hinet.net |
| 網址 | www.vastplain.com.tw |
| 美術設計 | 普林特斯資訊股份有限公司 |
| 印刷者 | 普林特斯資訊股份有限公司 |
| 一版一刷 | 2017年9月 |

大地
定　　價：320元